近・現代日本語謙譲表現の研究

ひつじ研究叢書〈言語編〉

第183巻　コピュラとコピュラ文の日韓対照研究　　　　　　　　　　金智賢 著
第184巻　現代日本語の「ハズダ」の研究　　　　　　　　　　　　　朴天弘 著
第185巻　英語の補部の関係節の統語論・意味論と先行詞の問題　　　渡辺良彦 著
第186巻　語彙論と文法論をつなぐ　　　　　　　　　　　斎藤倫明・修徳健 編
第187巻　アラビア語チュニス方言の文法研究　　　　　　　　　　　熊切拓 著
第188巻　条件文の日中対照計量的研究　　　　　　　　　　李光赫・趙海城 著
第190巻　書き言葉と話し言葉の格助詞　　　　　　　　　　　　　　丸山直子 著
第191巻　語用論的方言学の方法　　　　　　　　　　　　　　　　　小林隆 著
第192巻　話し言葉における受身表現の日中対照研究　　　　　　　　陳冬姝 著
第193巻　現代日本語における意図性副詞の意味研究　　　　　　　　李澤熊 著
第194巻　副詞から見た日本語文法史　　　　　　　　　　　　　　　川瀬卓 著
第195巻　獲得と臨床の音韻論　　　　　　　　　　　　　　　　　　上田功 著
第196巻　日本語と近隣言語における文法化　　　ナロック ハイコ・青木博史 編
第197巻　プラグマティズム言語学序説　　　　　　　　　山中司・神原一帆 著
第198巻　日本語変異論の現在　　　　　　　　　　　　　大木一夫・甲田直美 編
第199巻　日本語助詞「を」の研究　　　　　　　　　　　　　　　　佐伯暁子 著
第200巻　方言のレトリック　　　　　　　　　　　　　　　　　　　半沢幹一 著
第201巻　新漢語成立史の研究　　　　　　　　　　　　　　　　　　張春陽 著
第202巻　「関係」の呼称の言語学　　　　　　　　　　　　　　　　薛鳴 著
第203巻　現代日本語の逸脱的な造語法「文の包摂」の研究　　　　　泉大輔 著
第204巻　英語抽象名詞の可算性の研究　　　　　　　　　　　　　　小寺正洋 著
第205巻　音声・音韻の概念史　　　　　　　　　　　　　　　　　　阿久津智 著
第206巻　近現代日本語における外来語の二層の受容　　　　　　　　石暘暘 著
第207巻　「ののしり」の助動詞でなにが表現されるのか　　　　　　村中淑子 著
第208巻　近・現代日本語謙譲表現の研究　　　　　　　　　　　　　伊藤博美 著
第209巻　アヤクーチョ・ケチュア語の移動表現　　　　　　　　　　諸隈夕子 著

ひつじ研究叢書
〈言語編〉
第208巻

近・現代日本語
謙譲表現の研究

伊藤博美 著

ひつじ書房

目　次

序章　本書の目的と方法　　　　　　　　　　　　　　　　　　　　　 1
　1　背景と動機　　　　　　　　　　　　　　　　　　　　　　　　　 1
　2　先行研究概観と問題の所在　　　　　　　　　　　　　　　　　　 5
　　2.1　敬語研究史概観　謙譲語を中心に　　　　　　　　　　　　　 5
　　2.2　文法現象としての把握　松下（1923）・山田（1924）の場合　　 7
　　2.3　関係規定としての把握　時枝（1941）の場合　　　　　　　　 9
　　2.4　敬語的人称の設定・素材敬語と対者敬語の二大別　石坂（1944）・辻村（1963）の場合　　　　　　　　　　　　　　　　　　　　　10
　　2.5　運用面も重視した謙譲語の把握　渡辺（1971）・大石（1976）の場合　　　　　　　　　　　　　　　　　　　　　　　　　　　11
　　2.6　現代の謙譲語の扱い　菊地（1994）、蒲谷等（1998）の場合　 14
　　2.7　ポライトネス理論上の謙譲語の扱い　　　　　　　　　　　　18
　3　先行研究からうかがえるもの　　　　　　　　　　　　　　　　　21
　　3.1　敬語像の変遷と「謙譲語」という名称　　　　　　　　　　　21
　　3.2　敬語の「正しさ」とそこに見られる意識　　　　　　　　　　23
　　3.3　謙譲語の扱いの難しさ　　　　　　　　　　　　　　　　　　24
　4　本書の目的と方向性　　　　　　　　　　　　　　　　　　　　　27
　5　本書における方法と展開　　　　　　　　　　　　　　　　　　　29

　　　Ⅰ　近・現代における謙譲語の成立と展開　　　　　　　　　　 37

第1章　現代の謙譲語の成立条件　「お／ご～する」を例に　　　　　　39
　1　はじめに　　　　　　　　　　　　　　　　　　　　　　　　　　39
　2　「お／ご～する」成立に関する先行研究　　　　　　　　　　　　39
　3　検討方法　　　　　　　　　　　　　　　　　　　　　　　　　　42
　　3.1　用いる資料とその性格　　　　　　　　　　　　　　　　　　42
　　3.2　検討方法の実際　　　　　　　　　　　　　　　　　　　　　42
　4　「お／ご～する」成立の条件　　　　　　　　　　　　　　　　　44
　　4.1　動詞の分類とタイプ　　　　　　　　　　　　　　　　　　　44

		4.2	A群	44
			4.2.1 動詞の語彙的意味と表現としての成立・不成立について	45
			4.2.2 格表示による働きかけの違いと表現としての自然さ	48
		4.3	B群	51
		4.4	C群	54
		4.5	不成立のもの	55
	5	考察とまとめ		55
	6	「お／ご～する」と「お／ご～申し上げる」との比較		58

第2章　近・現代の謙譲語の成立と展開1　先行研究と明治・大正期の使用例から　63

1　はじめに　63
2　先行研究から　63
3　資料と方法　65
4　明治・大正期の文学作品にみる使用例　67
　4.1　二葉亭四迷の場合　『浮雲』『其面影』を中心に　67
　4.2　夏目漱石の場合　主要作品を中心に　71
　4.3　その他の作家の場合　74
5　「お／ご～申す」の位置づけについて　76
　5.1　従来の位置づけと疑問　76
　5.2　再考の必要性　76

第3章　近・現代の謙譲語の成立と展開2　「お／ご～申す」と「お／ご～する」を中心に　79

1　はじめに　79
2　先行研究と問題の所在　79
3　「お／ご～申す」と「お／ご～する」の使用状況・形式内に入る語　80
4　「お／ご～申す」と成立期・現代の「お／ご～する」との違い　83
5　考察とまとめ　89

第4章　近・現代の謙譲語の成立と展開3　「お／ご～する」への移行と「させていただく」　95

1　はじめに　95
2　問題の所在と本章の構成　95
3　「お／ご～申す」と「お／ご～する」の相違と受影性配慮　96

4	「お／ご〜する」における表現形の拡張	99
5	「させていただく」の成立と展開	104
	5.1 先行研究	104
	5.2 「させていただく」の成立と展開	105
6	まとめ	110

第5章　近・現代の謙譲語の成立と展開4　「お／ご〜申す」と「お／ご〜いたす」　115

1	はじめに	115
2	先行研究と両形式の位置づけ	115
3	江戸末期の「お／ご〜いたす」と「お／ご〜申す」	116
4	「お／ご〜いたす」と「お／ご〜申す」の相違と丁寧語共起	122
5	考察とまとめ	124

第6章　近・現代の謙譲語の成立と展開5　形式の消長と受影性配慮　129

1	はじめに	129
2	従来の四形式の扱い	129
3	「お／ご〜申し上げる」と「お／ご〜申す」	130
4	四形式の使用状況と使用比率	133
5	四形式の相違点の整理	138
6	考察	139
	6.1 近代以降の社会状況と敬語システムの変更	139
	6.2 受影性配慮と謙譲語形の消長・発達との関連性	145

第7章　近・現代の謙譲語の成立と展開6　「差し上げる」「てさしあげる」を中心に　155

1	はじめに	155
2	先行研究とその再検討	157
3	現代と明治・大正期の「差し上げる（てさしあげる）」	160
4	まとめ	167

第8章　近・現代の謙譲語の対象配慮の諸相　受身形と使役形を中心に　171

| 1 | はじめに | 171 |

	2	六形式と受影性配慮の諸相	171
	3	敬意対象配慮と尊敬語「お〜になる」	178
	4	おわりに	182

第9章 謙譲語形式における参与者間の関係性について　185

	1	はじめに	185
	2	研究史にみる謙譲語における参与者の関係性	185
	3	謙譲語における参与者をめぐる問題	188
	4	まとめ	194

第10章 近・現代の謙譲語の成立と展開7 「ていただく」を中心に

197

	1	はじめに	197
	2	「ていただく」に関する先行研究と成立期の用法	199
	3	「ていただく」における用法・機能拡張	201
	4	「（さ）せていただく」の用法・機能拡張との関係性	205
	5	おわりに	207

II 謙譲語使用に関する意識と今後の変化　211

第11章 謙譲語と関連表現にみる「話者認知」という視点　213

	1	はじめに	213
	2	従来の方法の問題点と新たな観点の有効性	213
		2.1 従来の研究の観点と問題点	213
		2.2 新しい観点による研究の有効性	214
	3	調査の概要と被調査者の特性	215
		3.1 調査の概要	215
		3.2 調査地とその特性	216
		3.3 調査方法の実際	217
	4	敬語の今後の変化傾向について	218

第12章 謙譲語における話し手の判断の多様性　221

	1	はじめに	221
	2	先行研究	222
	3	調査	223

		3.1 調査方法等	223
		3.2 調査対象者の特性	224
	4	「お／ご〜する」「お／ご〜される」形に関する認知判断と尊敬語転用	227
		4.1 「お／ご〜する」の認知判断と尊敬語転用	227
		4.2 「お／ご〜される」の認知判断と尊敬語転用	234
		4.3 認知判断に関するその他の要因	240
	5	まとめ	240

第13章 受益表現と敬意をめぐる問題　　247

1	はじめに	247
2	先行研究	248
3	授受補助動詞における受益と恩恵	249
	3.1 「てくれる」文における受益と恩恵	249
	3.2 「てもらう」文における受益と恩恵	256
4	受益と恩恵に関する新しい視点の有効性	258
5	依頼表現にみる「てくれる」文と「てもらう」文	260
6	「てくれる」文と「てもらう」文の丁寧度の違い	264
7	敬語における上下意識と丁寧度	265
8	両形式の丁寧度の違いの発生要因	267
9	おわりに	270

第14章 謙譲語に関する自然度判断とその要因　　275

1	はじめに	275
2	主な先行研究	276
3	調査方法の実際	279
4	結果と分析	283
5	考察	291
6	おわりに	294

終章　今後の研究の方向性と課題　　297

あとがき	299
参考文献等一覧	303
初出一覧	313
索引	315

序章

本書の目的と方法

1　背景と動機

　本書は、近・現代日本語のいわゆる敬語表現、なかでも一般に「謙譲語」と呼ばれる一群の語・表現を中心に扱ったものである。

　近・現代語の敬語については、その語形や機能、適用範囲はもとより、地域差・位相差などに関する膨大な研究成果が示すように、もはや語り尽くされた感があるかもしれない。

　また、特にこの30年ほどは、マイナス敬語・卑罵表現等も含みつつ、待遇表現の一つという位置付けがなされるとともに、広く対人コミュニケーション理論としてのポライトネス理論に包括され、その一部としての扱いもなされるようになっている。こうした流れの中、敬語の位置づけは、日本語表現の代表的特徴の一つというものから、対人コミュニケーション上の言語方略の一つという、個別言語を超えた汎言語的特徴の一つにすぎないという扱いに大きく変化してきている。そしてそれに伴い、従来の敬語研究が暗黙の前提としていた（と思われる）価値観、従来の延長としての研究の意義自体も問われるようにもなっている。視点を変えると、近年では東京語以外の諸方言に関する歴史的研究も進展し、日本語史全体について比較・対照の視点の上で論じることが半ば常識となっているといった流れもある。

　こうした中、謙譲語については、長らく続いた尊敬・謙譲・丁寧の三分類上の一つとしての位置づけから、例えば渡辺（1971）、大石（1976）、菊地（1994）、蒲谷、他（1998）などを経て、文化審議会答申（2007）で示された謙譲語Ⅰ・謙譲語Ⅱのように、現在では二種類に分けるのが一般的となっている*1。そこには、実例の丁寧な観察とそれによる詳細な機能の分析、そこから導き出され

た精緻な理論がある。

代表的なものである菊地（1994）*2と文化審議会答申（2007）*3を挙げる。

(1) 菊地（1994）

謙譲語Ａ…話手が補語を高め、主語を低める（補語よりも低く位置づける）表現

謙譲語Ｂ…話手が主語を低める（ニュートラルよりも《下》に待遇する）表現

謙譲語ＡＢ…謙譲語Ａの《補語を高める》という〈機能〉と、謙譲語Ｂの《主語をニュートラルより低める》という〈機能〉（および、それによって《聞手への丁重さをあらわす》という事実上の〈機能〉）をあわせもつ敬語。

(2) 文化審議会答申（2007）

謙譲語Ⅰ…自分側から相手側又は第三者に向かう行為・ものごとなどについて、その向かう先の人物を立てて述べるもの

謙譲語Ⅱ…自分側の行為・ものごとなどを、話や文章の相手に対して丁重に述べるもの（丁重語）。

なお、菊地（1994）では、謙譲語Ｂから派生した用法を「丁重語」*4とし、文化審議会答申では、謙譲語Ⅱそのものを「丁重語」ともしている。また菊地（1994）での「高める」という表現にあたるものを、同答申では「言葉の上で高く位置付けて述べる」として、「立てる」という表現を用いるなど*5、小異とは言いがたい違いもある*6。

現代敬語は、社会的慣習に従いつつも基本的には話し手の判断で使用判断・語形選択等が行われるという点、また、それによって臨時的な上下関係といった位置づけを行う、などの点にその特色があるが、こうした現代敬語の本質とも言える点においては、諸説とも見解はほぼ一致しているように思われる。

しかしながら、これらの見解はいずれも実際の使用例の調査・分析から出されたものであり、いわば、実際に存在する表現から帰納

的に導き出されたものであるといえよう。それゆえ、なぜ、こういう語形・表現は存在しないのか、さらには、どういう原理をもとに謙譲語とそれを用いた表現が生成されるのか、といった原理的な探究・説明はこれまで十分になされていないというのも実情であろう。

　例えば、本書で扱っている謙譲語の表現を一つとっても、売買行為について「お売りする」とは言えるが、なぜ「お買いする」とは言えないのか、テストを「お受けする」とは言えないが、受章について「お受けする」は可能であるなど、語・語用論レベルでの可・不可あるいは適・不適に関する整合的な説明は難しく、個々の表現について、いわば「後付け」的な説明がなされるのが現状であるようにも思われる。

　そのようにみるならば、謙譲語の使用原理、それを生み出す背景や本質に対する探究が十分になされているとは言いがたい現状が見えてくる。

　このように、謙譲語についてもその成立期からの原理的探究の余地は十分すぎるほど残されているのであり、現在の敬語研究において、その解明が求められる残された大きな領域であると言えるだろう。

　また、これは謙譲語に関するものではないが、例えば森山（2013）で、丁寧語とされる一群の語彙に関する疑問点*7を述べ、新たな研究の必要性を指摘したことに現れているように、敬語研究の領域においては、半ば自明とされている面についてもまだ研究の余地が十分に残されていることが確認できるだろう。それは、三分類中、最も複雑な様相を呈するといわれる謙譲語にとっても同様ではあるまいか。

　管見ではあるが、この数年間の文法研究を見渡してみると、機能面・運用面での通時的変化、地域的変異に関するものが多いように思われるが、それは、上述の原理的探究につながる流れと言ってもいいだろう。こうした流れからみても、謙譲語A（菊地）あるいは謙譲語Ⅰ（敬語の指針）とされるものについても、いくつかの問題、探究の余地が残されているはずである。

　例えば、古代語の「奉る」、あるいは江戸後期から明治後期頃ま

で盛んに用いられた「お／ご～申す」では、それぞれ「誉め奉る」「お誉め申す」はいえるのに、それに交替したとされる「お／ご～する」形を用いた「お誉めする」はいえない。また、「思ひ奉る」「お思い申す」はいえるのに、「お思いする」はいえない、などが例として挙げられよう。

　すなわち、形式によって、あるいは時代的（あるいは社会的）に、形式内に取ることができる語の違いや表現上の制約の違い等が認められるのであり、そうした事実に謙譲語の使用原理の変化を窺うことができるのである。

　なお、これらについては、森山（1993, 2002, 2003）*8を代表とする充実した論考があるものの、そこにどのような法則、原理が内在しているのか、それが個々の形式の消長にどのように影響しているのか、といった包括的研究は途上にあるというのが現状といえるだろう。

　さらに、こうした問題に加えて将来の予測として、謙譲語は衰退し続け、丁重語等を経ていわゆる丁寧語に一元化するという指摘も多くあるものの、それがどういう要因の相互影響下に、どのような形・速度で進行するのか、等に関する十分な分析・検討に基づく予測も十分にはなされていないといってよい。

　本書では、こうした問題意識のもとに、近・現代の謙譲語をめぐるいくつかの問題に対して、個々の語形の成立過程、成立後から現在までの変化、さらには今後の動向予測について、多様な方法を用いて論じる。ただし、本書は近代以降の東京語を中心として扱っており、前述のように、日本語史全体について比較・対照の視点の上で述べたものとはいえないこと、その点については明記しておく必要があろう。

　さて、明治40年頃から中等文法教科書に採用されるにつれて次第に広まったとされる「尊敬語」「謙譲語」「丁寧語」の三分法であるが、その中でも特に「謙譲語」の機能・位置づけ、その下位分類等については、上述のように時代とともに大きな変化を遂げてきた。そしてそれは多かれ少なかれ、昭和前期以降の言語を一つの共時態とみなした上で展開されてきたものが多いと思われる。だが、本書

で示したように、明治末以降、「謙譲語」とされる一連の表現自体について、その機能・適用上の変化も静かに、かつ確実に起こってきた（あるいは現在も変化している）のは事実である。それゆえに、今後の敬語に関する議論は、機能・適用に関するより丹念な記述はもとより、その生成原理の変化の視点も含んだ、より柔軟性を持った新たな解釈・意味付けが必要になるのではあるまいか。

　本書ではそうした点も考慮し、現代語の謙譲語の機能・適用面を詳細に検討した上で、その成立期からの変化を辿り、変化の実態と諸相、その原理に関する記述を試みた。

　なおかつ、今後の変化に際しては、話し手に共有されているはずの意識とその変化が、今後の語形や機能、使用条件等の変化予測に大きく関わると考え、多人数調査に基づく数理的研究、具体的には統計解析・心理分析等の手法も積極的に用いている。

　そうすることにより、過去から現在、そして今後という見通しのもと、それを貫く謙譲語の生成、およびその使用原理に接近することが可能になると考えたためである。

2　先行研究概観と問題の所在

2.1　敬語研究史概観　謙譲語を中心に

　近代以降の敬語に限っても、膨大な研究の蓄積があることは論を俟たない。個々について詳細に説明することは本書の著者の力量をはるかに超える。それゆえ、ここでは敬語に関する基本的な捉え方の変遷に絞って扱う。

　まず、これまでの敬語研究における基本的視座の歴史的変化と研究の実際に関して明治以降について簡潔に整理すると、おおよそ以下のようになるといってよいだろう[*9]。

敬語研究における視座および研究内容の歴史的変遷

時代	研究の主な視座	研究の実際
明治大正	1. 文法現象としての把握	文法現象としての体系記述（松下、山田、他）
昭和前期	2. 関係規定としての把握	関係規定としての「詞辞別」による表現形・機能研究（時枝）
戦後昭和30年代以降	3. 機能・運用面からの把握	機能・運用面を重視した体系記述（大石、辻村、宮地、南、三上、Harada、他）
	3'. 「素材敬語」と「対者敬語」との大別	素材敬語と対者敬語の基本分類の確立（辻村、渡辺、他） （あるいは「話題の敬語」と「対話の敬語」）
平成以降	4. 社会構造の変化の観点や運用面も踏まえた記述・体系研究	社会構造の変化も踏まえた、体系面・運用面からの研究（菊地、他） 日本語教育の視点も導入した運用に重点をおいた研究（蒲谷、他）
	5. 敬語も含んだ包括的・普遍的対人関係理論	「ポライトネス」理論を用いた記述・解釈 パラ言語的要素・非言語的要素も含んだ対人コミュニケーションを軸とした関係理論（宇佐美、滝浦、他）

※3と3'は、ほぼ同時期に平行して進んだものである。

　敬語はその運用において、深く人間関係や社会秩序の維持に関わる面を持っているため、ある種の基準や規範、あるべき姿やその理想といった面も含んで語られることが多い。そうした観点から見た時、上に示した現代敬語の研究史と重ね合わせる形で、「敬語」に対する価値意識の変化も見て取れる。「敬語」の本質をどう認識するかは、人間関係をどう捉えるか、また、それがどうあるべきものか、それによってどういう社会を形成することが望ましいか、といった価値意識とも密接に関わるからである。

　つまり、そこには、使用実態の調査・記述に基づく現状認識とそれに対する評価意識に加え、どうあるべきかと言った志向やそれを支える信念、今後の理想や期待等、様々なものが反映されているといってよい。

　以下、それらをふまえ、謙譲語に関する先行研究について簡単に整理し*10、そこから浮かび上がる問題点について指摘する。

2.2　文法現象としての把握　松下（1923）・山田（1924）の場合

　近代以降の敬語研究の嚆矢としては、松下（1923）*11 や、山田（1924）*12 などが代表的なものとして挙げられようが、端的にいえば、これらはいずれも、敬語という一つの体系を、ある種の文法現象として扱っているといえよう。

　松下（1923）では、まず「日本語の敬語は文法的敬語であって、名詞にも代名詞にも動詞にも形容詞にも一貫して存する」（同:43）と述べる。そして敬語を「敬称」とし、さらにそれを「名詞の敬称」「動詞の敬称」に二分し、前者については「自体敬称」「所有敬称」「主体敬称」「客体敬称」の四種に分け、後者については、「主体敬称」「客体敬称」「所有敬称」「対者敬称」の四種に分けている。このうち、「お」「御」の付くものは所有敬称とされ、その敬意対象によって、「主体的所有対象」（「御帰りをお待ち致します」の「御帰り」など）「客体的所有対象」（「どうも御答へが出来ません」の「御答へ」など）に分けられる。それらを踏まえ、謙譲語は基本的には、対者敬称*13（敬意対象が二人称の場合）と客体敬称とに分けられるが、本書で扱う「お／ご〜申す」などは、「客体敬称兼所有敬称」とされている。そして、「一切の動詞は第二段を用ゐて頭へ「お」を附ければ無活用動詞になるから」（同:53）とし、第二段すなわち連用形に「お」を上接する形で動詞が名詞的性質を有するものになることを指摘するなど、今日でもその見解は新鮮さを有していると思われる。

　また、「お／ご〜申す」と「お／ご〜申しあげる」との違いにも触れつつ、さらに、

（1）　a．貴方をお手伝ひ申す。
　　　b．貴方の御仕事をお手伝ひ申す。

のように、「直接に客体を敬ふ場合」（1a）と、「間接に客体の所有者を敬ふ場合」（1b）などにも言及しており（同:53）、本書で中心的に扱う語形の一つである「お／ご〜申す」の例が様々に述べられている。重ねて「申す」を対者敬称とし、「申し上げる」を客体敬称とするなど、現代の謙譲語の二種に関する区別が正確になされて

いる。

　ただ、上述した所有敬称について、「社長が何と御云いになつても僕は御答へしない。」の「御答へ」について、「これは社長に答へるのでその答へは社長に奉る動作であるから社長の所有に帰すべきもの」（同：48）と述べるなど、謙譲語の権限（所有者）を客体（敬意対象）に求めていると思われるような面*14もある。他方で、例えば同じ「申す」についても、「よそよそしく厳粛にいふ場合には自己の威厳を保つことになる」（同：55）として「荘重語」を認めるなど、敬語使用に関する話者の主体性を認めている場合もみられ、後の渡辺（1971）のいう「品格保持」に近い機能も指摘している点などに、その特徴および先見性がみてとれる。また、「お茶」「お花」などについて「今日では敬ふべき所有者がない」（同：46）として、こうした「お」を「美称」とするなど、美化語についての正確な指摘もなされている。

　他方、山田（1924）の場合には、敬語一般に対して実質的な敬意の存在という当時の時代風潮に合致したとも思われる捉え方をしていたが、他方で、人称との対応を重視した、当時においては先駆的ともいえる位置づけを行っている。

　そこでは、人称が、称格*15に基づいて敬称・謙称とに二大別され、敬称が「対者又は第三者に関する者をさして尊敬の意をあらはすものにして第二人称又第三人称をいふに用ゐるものなり」とされているのに対し、謙譲語は、謙称として「他に対して謙遜をあらはす語にして、主として第一人称に立てる者が自己をさし又は自己に附属するものをさしていふに用ゐるなり」（ともに同：15）とされている。

　こうした山田（1924）の捉え方は、人称対応という敬語の文法的性質を指摘した嚆矢ともされるが、実際には謙称は、例えば
（2）　a．あなたが先生をお誘いしたのですか。
　　　b．先生は彼がご案内します。
のように、文法的人称としては二、三人称に用いられる場合も普通にあるなど、「西洋文典の称格」との対応という点でいえば、説明不十分ととれる面もある*16。また、いわゆる謹称（です・ます

等）の扱いの不明確さについてもあわせて指摘されることもある。

　だが、こうした山田（1924）の捉え方は、一人称を文法的人称ではなく使用主体、すなわち「話し手」とすると、(2a) の「あなた」(2b) の「彼」ともに、山田（1924）のいう「自己に附属するもの」と解釈でき、整合性のとれたものとなると思われる。

　山田（1924）の把握は、上記の点において後の石坂（1944）の〈敬語的人称〉*17をも示唆・用意するものとなっており、今日の基本的枠組みを提示したものともいえよう。

　このように、近代初期の諸研究において、謙譲語に関わる文法的観点はほぼ提出されているともいえよう。

2.3　関係規定としての把握　時枝（1941）の場合

　時枝（1941）*18の場合、その言語過程説に則り、詞辞二分類に従った敬語の分類・位置づけを行っているということは周知の事実であろう。そのうち、尊敬語と謙譲語はともに「詞の敬語」に属し、素材間の上下尊卑を表すものとされており、尊敬語の多くが「話し手と素材との関係を規定するもの」、謙譲語は「素材と素材との関係を規定するもの」とされている。そして、これら詞としての敬語を敬意の表現とはせず、話し手の敬意は、もっぱらいわゆる丁寧語の一部の「辞」が表しているとしている。今日では、敬意の担い手は、表現の生成主体である話し手とするのが通説であるが、謙譲語が「素材と素材との関係」の認識に基づいてのみ使用されるという把握の仕方ではいくつか矛盾が生じることになる。例えば、同じ行為について、

　(3)　a．（係長が）「彼は部長にご報告したでしょうか。」
　　　　b．（社長が）「彼は部長に報告したのか。」

となるなど、話し手によって謙譲語の使用・不使用が変わるのであり、(3a) の「ご報告し」という語の使用は、話し手の「係長」からの敬意であることは明らかである。そう見ると、敬語使用には話し手の判断、素材に対する把握の仕方が深く関わってくるといえるからである。

　しかしながら、敬語の基本的枠組みとして、話題の中の人物に対

する敬語と聞き手に関する敬語とは別物であるという把握をしているという点において、詞の敬語としての尊敬語・謙譲語と、辞の敬語としての丁寧語を峻別したことは大きな意味のあることであった。それは例えば、後の辻村（1963）*19の素材敬語と対者敬語という、いわば今日の敬語の二大別を用意する源流になったともいえるからである。

　また、時枝（1941）により、「実質的な敬意の存在」を前提としていた敬語論からの離脱が図られた点で、その敬語論の意義は大きなものがあったともいえるだろう。敬意はあくまで辞から発生する、すなわち対人コミュニケーション的なものであるとらえた点、そして、詞の敬語を一つの慣用的な言語ルールとして把握した点に、「敬意」という実態が不明確ともいえるものから解放された、「新たな敬語論」の萌芽と方向性をみることができるのである。

2.4　敬語的人称の設定・素材敬語と対者敬語の二大別
　　　石坂（1944）・辻村（1963）の場合

　これまで述べた三者（松下・山田・時枝）をみてみると、それぞれに今日敬語について議論する際の基本的論点が提出され、かつ、個々の形式の機能の相違についてもかなり的確な指摘がなされていたといっていいだろう。

　だが、敬語を一つの文法現象ととらえた際、敬語のタイプと人称との関係については山田（1924）以来、曖昧・不備な点が残されたままであったことも事実である。そして、それを批判的・発展的に検証しつつ、新たに「敬語的人称」概念を導入したのが石坂（1944）*20であった。

　周知のように石坂（1944）では、人称概念について、話し手および話し手側にあるものを「敬語的自称」、聞き手もしくは第三者側にあるものを「敬語的他称」、さらに丁寧語を、尊敬・謙譲の他、あらゆる表現に付くことから、無人称的人称として「敬語的汎称」とする。これによって山田（1924）等で不明確であった人称の問題はほぼ解決されたといえよう。特に、謙譲語とその人称に関わる問題については、矛盾はなくなったようにみえる。

ただし、「敬語的汎称」は、「無人称的人称」を人称として立てたものであり、それゆえ、「人称でない人称」ということになって論理矛盾が生じてしまっていることも事実であろう。小松（1963）＊21では、その点について「これを立てれば原理に反し、これを廃すれば事実に反するという、人称説の矛盾のあらわれ」としており、さらに、この「敬語的汎称」の「無内容性をおおうために、丁寧という敬意が利用され、分類基準をあいまいにしてきた」とし、こうした分類は「敬語における聞き手の処遇をあやまったと要約できる」ともしている。ここでは分類の適否を論じることは目的ではないが、こうした指摘は、前述した森山（2013）の指摘のような、丁寧語とされる一群が抱えている問題に対する予見的・先駆的指摘とみることもできよう。

　そして、その後、敬語の分類は敬意対象に着目した「素材敬語」「対者敬語」、あるいは「話題の人物に対する敬語」「聞き手への敬語」という二分法を前提にして行われるようになるが、謙譲語とされる一群については、その両者に関わる存在として、その位置づけ・扱いに関する多くの議論をもたらすことにもなるのである。

　両者の峻別が前提として敬語分類が行われるようになったため、それまで謙譲語とされた一群は、素材敬語側といってよいものと、対者敬語側といってよいものの二種があることが指摘されることになった一方で、両者の峻別という意識に拘束されたがゆえに、後述する菊地（1994）で初めて指摘された「謙譲語ＡＢ」のように、一つの語形が両者にまたがるという点などは想像しにくいものとなったともいえまいか。

2.5　運用面も重視した謙譲語の把握　渡辺（1971）・大石（1976）の場合

　さて、こうした経緯を経て謙譲語の研究は、実際の運用面の詳細な観察をもとに、その全体像が明確化していったが、まず、渡辺（1971）＊22において謙譲語の「受手尊敬」としての本質が的確に述べられることになった。そこでは、従来の見解に対し、「受手尊敬も謙遜も、為手を冷遇するという手段がその本質であると誤認さ

れ、ここにその当然の結果として、この二つの敬語は不当に混一されて来たのであった」(同：437) とし、以下の (4) の例

(4) a．わたくしが（あなたを）御案内申しあげましょう。
　　b．わたくしが（あなたを）御案内致しましょう。

を挙げている。両者はともに聞き手への敬意を表現している点でまぎれやすいが、「一方（ここでは (4a)）は聞手と合致しない別人、必ずしも聞手のサークルの人物と言い切れない人物を受手とする時にも使い得る敬語であり、一方（ここでは (4b)）は受手のありなしにかかわらず、話手自身少なくともその延長としての家族・同輩などを為手として話す時にのみ使い得る敬語であって、あくまで性質の異なる敬語なのである。」(同：437) として、「お／ご～申しあげる」と「お／ご～いたす」の違いについて言及する（渡辺はそれぞれ、(4a) を「受手尊敬」、(4b) を「謙遜」としている）など、これまで謙譲語と一括されてきたものについて、その大きな違いを指摘している*23。

そして、受手尊敬の場合には、「受手よりも為手を低く待遇することによって設けた身分の落差を手段とし、受手への敬意の表現を目的とするもの」(同：436) として、「為手を受手よりも低く位置づける」ことを受手尊敬における「手段」としている。

さらに、敬語使用の際には、まずもって「聞手に対して失礼にならないこと」が大原則になるということ（渡辺 (1971) の言を借りれば、「敬語抑制」）について明確に指摘している。「話題の人物に対する敬語（受手尊敬・為手尊敬）は、聞手に対して失礼にあたる場合にはさしひかえられる」、「聞手への心配りは、話題の人物への敬語の使用を背後で制約している力」(同：434–435) として、実際の運用に働く条件の整理もなされている。

そして、それに続く渡辺 (1974)*24 では、同 (1971) で設けた「話手自身のための敬語」を「品格保持」とし、加えて敬語の分化・発達について、「根源にあるのは、話手のことばのみだしなみ、品格保持の意識であろう」(同：199) と述べ、究極的には自分のために使うものが現代敬語である、という本質を指摘している。またそこでは、古代語と現代語の（発達の）違いについて、以下のよう

にも述べている。

(5)「嗜み、品格保持の意識が根底にあって、そこから聞手への敬語意識が発達し、更にそこから話題の人物への敬語の世界が展開する。歴史的な敬語発達の事実は、これと反対に話題の人物への敬語から品格保持へと進むのだが、現代の敬語のあり方としては、右のように考えるべきものであろう。」 　　　　　　　　　　　　　　　　　　　　　　　（同：200）

さて、この渡辺（1974）の指摘は、敬語の発達の原理について、古代語と現代語の間には断絶があることを示しているといえまいか。あるいはまた、両者に一貫性を求めるなら、古代語の場合には「話題の人物への敬語」を保持することが、自身の品格保持ならびに聞き手への敬意に沿った使い方であったということも可能であろう*25。ともあれ、このことは「絶対敬語」から「相対敬語」という、古代語と現代語の敬語との違いの指摘を言い換えたものとそのまま同義であるともいえないだろう。

このように、渡辺（1971, 1974）により、聞き手をまず第一に意識するという現代敬語の運用規則が的確に指摘されるとともに、謙譲語の二種の違いの明確化がなされたが、これらは、後の大石（1976）*26での、敬語体系全体での謙譲語の正確な位置づけとその分類へとつながっていくのである。

大石（1976）では、謙譲語を謙譲語Aと謙譲語Bに分けるとともに、謙譲語Bに属する語の、話題主（の人間）が存在しない用法として丁重語Aを設定し、さらには、いわゆる丁寧語について丁重語Bという分類を行っている。

また、大石（1976）の場合は、謙譲語A・Bに共通的性格として、「話題主を低め、その行為の向かう相手方あるいは聞手を高める表現のために用いられる敬語」（同：889）としており、ここからは、渡辺（1971）の言う為手（大石では「話題主」）を低めるという手段を通じて、受手（大石のいう「相手方」）を高めるという見方が共通していることが確認できよう*27。

ただ、ここでも果たして、「為手（話題主）を低めることによって、受手（相手方）を高めること」が可能になっているのか、つま

り、「為手（話題主）を低める」ことが、「受手（相手方）を高める」ことの手段になっているのか、という点が依然として問題として残されていたとはいえるだろう。

というのも、「為手（話題主）を低める」ことと、「受手（相手方）を高める」ことをそれぞれ独立かつ同時（あるいは並行的）にもたらすものが謙譲語Aであるという解釈も可能だからであり、両者の間に論理的連関を認める必然性がないともいえるからである。

次に、この残された点について、菊地（1994）等をみてみる。

2.6　現代の謙譲語の扱い　菊地（1994）、蒲谷等（1998）の場合

菊地（1994）では、大石（1976）の謙譲語A・謙譲語Bといった用語は踏襲しつつも、その内実においては若干異なった定義づけをしている。それどころか、敬語全般を捉える姿勢やそのありかたについては、大石（1976）とは大きな相違があるともいえよう。

前述したが、菊地（1994）では謙譲語について以下のように定義づけている。

（6）謙譲語A＊28…話手が補語を高め、主語を低める（補語よりも低く位置づける）表現

　　　謙譲語B＊29…話手が主語を低める（ニュートラルよりも《下》に待遇する）表現

　　　謙譲語AB＊30…謙譲語Aの《補語を高める》という〈機能〉と、謙譲語Bの《主語をニュートラルより低める》という〈機能〉（および、それによって《聞手への丁重さをあらわす》という事実上の〈機能〉）をあわせもつ敬語。

菊地（1994）になり「謙譲語AB」が新たに設けられているが、謙譲語ABは、いわば謙譲語Aと謙譲語Bの中間種（あるいは混成種）としての位置づけである。また、丁重語として「Ⅲ人称者を主語として《聞手への丁重さをあらわす》だけの使い方を、〈謙譲語Bの、（純粋に）丁重語としての用法〉と呼ぶ、ということにしたい。」（同1997：275）＊31ともしている。

まず、菊地（1994）での人称の立て方であるが、前述の石坂（1944）の「敬語的人称」を発展させて、「敬語上のⅠ人称」（話手側の領域の人物）「敬語上のⅡ人称」（相手側の領域の人物）「敬語上のⅢ人称」（どちらか一方の領域とはいえない人物）を立てている*32が、これによって、山田（1924）以来の、文法的人称と敬語の人称との対応上の問題が、一通り整理・克服されたとみることができよう。

　また、菊地（1994）の謙譲語の分類では、従来の謙譲語の２タイプに加えて、上述した謙譲語ＡＢを指摘したことが新たな点として挙げられよう。本書でもその成立と展開について論じた「お／ご～いたす」がそれに該当する語形であるが、「話題の敬語」と「対話の敬語」との区別（あるいは峻別）が基礎となっている現代の敬語論の中にあって、両者にまたがる存在を指摘したことは、大きな意味のあることであった。

　またそれと同時に、実際の用例と分類の再考から、「謙譲語」という名付け自体の妥当性を問うた点も評価されよう。菊地（1994）では、謙譲語の上記三種を指摘した上で、「ＡとＢとの厳密な意味での共通点というのは、実は見出せないのである」としつつも、「便宜的には、両者を同じ〈謙譲語〉として括ってしまい、必要に応じてその中をＡ・Ｂと分ける－というのも、実はなかなか便利だ」と思われるとして、便宜上あえて〈謙譲語〉という名称を用いていると断っている（同1997: 280）。

　さて、こうした菊地と前述の渡辺、大石との相違であるが、謙譲語に関する最も大きな違いとして、「主語（あるいは為手・話題主）を低める」ことを、「補語（あるいは受手・相手方）」を高める（あるいは、敬意を示す）ことの手段としての位置から解放した、換言すれば、両者の直接的関係を断ち切った*33ことが挙げられるだろう。

　例えば、菊地（1994）では、古文（中古語）の謙譲語Ａについて、「《補語を高める》という〈機能〉だけを持ち、《主語を低める》性質はなかったようである（そう見るのがよいと思う）」（同1997: 267）として、いわゆる二方面敬語の「聞こえ給ふ」等を例にして

*34 論じている。古文の「〈二方面敬語〉は、「謙譲語Aが補語を高め、尊敬語が主語を高め、結局両方を高める」というだけのことで、いたって明快なのである」とし、現代語の〈二方面敬語〉については「謙譲語Aが補語を高め、尊敬語が主語を高め、結局両方を高める。ただし、現代語の謙譲語Aの性質として、主語を補語よりも低く位置づける」(ともに同1997: 269)と説くのが適切だと思われる、としている。

菊地(1994)の謙譲語Aの扱い方は、主語が結果的に補語に比して相対的に低められることを指摘した点、そして、上記のように、古代語からの連続と同時にその違いをも意識して論じているところにその特徴があろう。

そして敬語使用に関しては、渡辺(1971)と同様、話し手が使用を決定するものとしており*35、言語外的(社会的・心理的)諸ファクターと《待遇的意味》を区別し、それらの関係性によって表現が選択されるともしている。

菊地(1994)は、時代的・社会的な違いについても考慮に入れ、「諸ファクター」という一種の「変数の相関」としてとらえられるモデルを提示したことにもその斬新さがあるといえるであろう。豊富な実例を用いて現代敬語の基本的な構造を押さえつつ、古代語からの連続性と変化に加え、今後の変化をも想定した議論を展開している点にその特徴がある。

一方、それとは別に菊地(1994)では、森山(1990)の指摘を受けて、謙譲語Aについて、「《主語が補語を高める意図をもっている、と話手が想定している》という点も必要なようである」(同1997: 258)としている*36。そして同時に、「現代語の謙譲語Aについて先程触れた《主語が補語を高める意図をもっている、と話手が想定している》という条件は、古文ではどうなのか－という点については、立ち入らないでおく」(同1997: 269)ともしている。

このようにみてくると、菊地(1994)では、基本的に敬意の内実自体、あるいは、表現形成立の際の詳細な条件等には深くは立ち入らず、敬語使用の際の条件と敬意の方向性(あるいはどこを立てるのか)といった記述が中核になっていると思われる。社会的諸フ

ァクターとして、「親疎」「上下」「立場」「内／外」を挙げるとともに、心理的諸ファクターとして、「それに対するどういう待遇をしたいか」という点を挙げ、それらの変数の関数として敬語が選択されるといった、使用を決定する要因、それによる敬意の方向性に関する記述が中心に展開されているのである。

　さて、他方で敬語に対するこうした傾向は、辻村（1963）等を引き継ぎ、日本語教育上の必要性等も視野にいれつつ、その記述を発展させた蒲谷、他（1998）*37 では一層鮮明になっているようである。そこでは、「です・ます」調でのニュートラルな記述態度もさることながら、言材（表現形）、場面等に対して、個々に待遇価を設定（「−2」～「＋2」の五段階）し、その相関関係を用いて極めてシステマティックに説明することで、より完全な価値中立と運用上の有効性を目指したものと思われる。

　こうした研究を概観すると、これらの研究は、確かにこれまでのいわば「敬意中心の敬語論」*38 から敬語を解放したという点で大きな前進をもたらしたことは事実である。また、敬語研究全体を俯瞰するならば、これらはいわば、敬語の「外的」な側面に対する精緻な記述であるともいえるだろう。

　ここで「外的」というのは、例えば、尊敬語使用に関して、「話し手が主語の行為に言及するということが主語にもたらす影響」、あるいは、謙譲語使用に関して「主語の行為が補語にもたらす諸影響等に対する話し手の使用判断」といった観点とそれに対する検討は特に意識されていないといってよいからである。

　それゆえ、こうした点は後の森山（1990, 1993, 2002, 2003）らの研究等につながっていくのであるが、これまでの到達点によって、現代敬語研究上の主たる論点は、話し手が「話題の世界」の登場人物に対して言及する際にいかなる意識がその内面に生じているのか、あるいはまた、それがどのような言語形式を選択させ、あるいは選択させないのか、そして、それらは歴史的にどのような変遷を遂げ、今後どのような方向に向かうのか、といった点に焦点化されていったともいえるのであるまいか。

2.7　ポライトネス理論上の謙譲語の扱い

　さて、これまでは伝統的とされる敬語研究の流れを見てきたが、こうした流れとは別に、対人コミュニケーション理論といった包括的観点から敬語の位置づけを行ってきたのが、ポライトネス理論とそれに関する一連の研究といっていいだろう。ここではポライトネス理論における敬語の扱いについて若干ふれておきたい。

　2000年頃までのポライトネス理論に依拠した議論は、主としてBrown & Levinson（1987）[39]の理論を軸に、それが日本語の敬語にも適用可能なのか、あるいは、敬語もポライトネスの中の一つの言語方略として位置づけられるのか、といったものが主流であったように思われる[40]。

　Brown & Levinson（1987）では、まず、固有の文化を超えて人間が共通に有する対人関係上の「基本的欲求」として二つのフェイス（ポジティブ・フェイスとネガティブ・フェイス）があるとする[41]。そして、フェイス侵害行為（face-threatening act [FTA]）によって欲求が満たされず、フェイスが脅かされる可能性が生じた時、それを軽減・あるいは補償・回避し、フェイス保持のために機能するのが「ポライトネス」であるとしている[42]。

　さて、こうしたBrown & Levinson（1987）と敬語との関係であるが、最も関わりが深いものとしては、「ネガティブ・ポライトネス（negative politeness）」を挙げることができよう。ただし、敬語がそのままネガティブ・ポライトネスと同一なのではなく、敬語はあくまで相手のネガティブ・フェイスを顧慮する方略の一つにすぎず、「ネガティブ・ポライトネス」の一部として他の様々な方略とともに包摂される存在ととらえられる[43]。

　基本的に敬語をポライトネスの一部とする滝浦（2005）では、素材敬語について、「素材敬語の機能は、対象人物を敬避的に"遠くに置く"ことであり、それ以上でもそれ以下でもない」（同：164）として、〈敬意〉の敬語論に代わる、いわば〈距離〉の敬語論を展開するが、ここでは、相互の距離の設定に関わる方策のコード化されたものが敬語であると考えられているともいえよう。また、宇佐美（2001）等では、敬語や相づち等も含んだものとしてディ

スコースレベルで敬語の位置づけを行っているが、これらに至って敬語は、〈敬意〉とは別の、対人コミュニケーション上の言語方略の一つとして位置づけられるようになったともいえる。

さらに、滝浦（2005）を引き継いだ滝浦（2008a）＊44 では、ポライトネスに基づいた敬語のコミュニケーション機能について具体的に言及しているが、そこでは、「敬語という道具の機能はひとつ、すなわち対象者との間に距離を置くことであるとの説明を与えることができる。このことは、敬語体系のシステマティックな機能的分類を可能にする」（同：56）として、より明確かつ発展的に〈距離〉の敬語論を展開している。

そして、「結局、"動作をする人"＝動作主、"動作を受ける人"＝受容者、"話し相手"＝聞き手、という三者に対する遠隔化待遇──"上げる""遠ざける"等のソト待遇──に、話し手自身や話し手にとってのウチ的な人物に対する近接化待遇──"へりくだる""下げる"ウチ待遇──を加えた4分類で、日本語敬語の体系がとらえられることになる。これに"全般的丁寧さ"としての「美化語」──「お料理」や「おビール」といった「お」の用法──を加えると5分類になる。」（同：57）として、文化審議会答申「敬語の指針」（2007）ではこうした考え方が採用されることになった、ともしている。

滝浦（2008a）で挙げられている「敬語の機能と語形」について、「美化語」を除いて示す（個々の表現例は省略する）。

(7)

名称	機能	代表的な語形
「尊敬語」	動作主待遇 （ソト待遇）	「お／御……になる［です］」 「〜（ら）れる」「おっしゃる」等
「謙譲語」	受容者待遇 （ソト待遇）	「お／御……する」「さしあげる」等
「丁寧語」	聞き手待遇 （ソト待遇）	「です」「ます」「ございます」
「丁重語」	動作主待遇 （ウチ待遇）	「参る」「申す」「致す」「存ずる」等

序章　本書の目的と方法　19

このようにして、滝浦（2008a）では、〈距離〉とウチ・ソトを用いて、謙譲語を含む日本語敬語の全体像がとらえられている。
　こうした〈距離〉を軸にして敬語の機能を語ることで、これまでその内実が不明確であった「敬意」という概念への依拠が回避できるメリットがあるものと思われる。
　なお、明治半ばまで主流であった生産的謙譲語形式「お／ご～申す」を用いた「お誉め申す」「お思い申す」などとは言うものの、その後に主流となった「お／ご～する」を用いた「お誉めする」「お思いする」などとは言わない、という事実がある。こうした事実について、敬語を対人コミュニケーションにおけるフェイス管理上の言語方略の一つと捉えるポライトネスの枠組みに従えば、「受容者待遇のルールが変わったから」ということになるだろうか。あるいは、それをもたらすフェイスのあり方（あるいは社会、話者のフェイスの捉え方）が変化した、ということになるだろうか。あるいは、Brown & Levinson（1987）の公式上の変項*45に従えば、「文化内における行為の負荷度」が変化したために、フェイス侵害度が変化し、結果的に、表現が変化したということになるかもしれない。だが、社会的な慣習に依拠しているにせよ、言語表現を用いるのは、基本的に話し手であるから、話し手自身の「行為の受け手に対する認識の変化」によって違いが生じたということができるだろう。それゆえ、フェイス侵害度自体が変化したというより、フェイスに対する社会的、あるいは話し手の捉え方が変化した、と考えることができるのではないか、など様々なことが想定される。
　これまで確認してきたように、確かにポライトネス理論によって敬語は実態不鮮明な「実質的な敬意の存在」といった見方から解放されることになった。その意味でもポライトネス理論による功績は大きい。また、敬語をその言語特有のものとするのではなく、個別言語を超えて汎言語的なものに位置づけることに成功していることも事実である。
　他方で、上述したようにポライトネス理論におけるフェイス侵害度の変化といった観点等については、今後の研究上の発展を待つ、といった状況であるともいえるだろう*46。

そして、もし仮に、前述した菊地（1994）での残された問題、例えば「犯人は先生に脅迫状をお送りした」とはいわない理由について、受容者待遇である謙譲語Aに関する〈距離〉の敬語論で説明可能であれば、ポライトネス理論の可能性はより大きなものとなるともいえるだろう。あるいは、この場合、「犯人」と「先生」との関係自体がポライトネスの表現を拒否するものであるから、話題の中の人物である「先生」と「犯人」との間にもフェイスの概念を援用することによって説明が可能になるかもしれない。つまり、話し手と受け手との間の関係だけではなく、為手と受け手との間にもフェイスの概念を入れること、すなわち、入れ子型的な構造にした説明などが考えられるのかもしれない。

　ともあれ、ポライトネス理論による敬語の解釈については、本書で触れた研究以降、様々な展開がなされており、こちらについてもさらなる今後の展開を待ちたい*47。

3　先行研究からうかがえるもの

3.1　敬語像の変遷と「謙譲語」という名称

　これまで明治以降の敬語論について、特に謙譲語に関係する部分に焦点を当てつつ確認・再検討してきたが、これらからこれまでの敬語研究の変遷を大まかにまとめると以下のようになろう。

　明治初期の、半ば実質的な敬意の存在を自明とする位置づけに始まった敬語研究は、戦前にかけて次第に実質的な敬意から離れ、敬語をシステマティックなものと捉える見方へと移り変わっていく。そして戦後の研究では、敬語（の使用）の美化を前提、自明とする見方と、価値中立の立場からの記述・体系化を行う見方とが混在した状況となるとともに、次第に体系の解明と有効な分類を中心として行われるようになり、平行して方言敬語も含めた地域社会での調査も盛んになっていく。

　その後、そのような流れの中で1957年に国語審議会から「建議」として提出された『これからの敬語』によって明示された「平

明・簡素」化等と呼応する形で、運用面での簡素化も主張されるようになり、体系記述に加えて実用面からの要請にも応えた形で敬語研究は進む。そして、渡辺（1971）、大石（1976）らを経て、菊地（1980）＊48『敬語』（1994）等によって体系記述が一つの形に結実する。そこでは、これまでの体系研究のまとめを行うとともに、運用に対する一種の指針も示されているが、それがある種の「絶対的規範」になることを回避する形で記述がなされ、蒲谷、他（1998）らの研究とあわせて価値中立的な捉え方がなされるに至った。

さらに、対人関係心理の観点を主としたディスコースレベルでの敬語表現把握、ポライトネスの枠組みを用いた汎言語的、普遍的言語理論の中への位置づけが積極的に行われるようになり、敬語は、対人コミュニケーション上の言語方略の一つとして位置づけられるようになってきている。

敬語研究史の概略はおおよそ上記のようにまとめることができよう。

そして、こうした敬語像の変遷からは、時代や社会構造からの影響、あるいはそうしたものからの要請等も様々に想定されよう。明治半ば以降の国民国家建設の加速化や、それにともなう「国語」意識の高揚に伴う敬語の価値付けであったり、戦後の「これからの敬語」などに典型的に示されているように、旧秩序からの解放といった機運による敬語の簡素化と価値中立的な扱い、などである。上述した山田（1924）や時枝（1941）、さらに戦後の多くの研究を経て、菊地（1994）や滝浦（2005, 2008）らに至る研究史を振り返ってみることにより、その事は十分に了解できる。

他方で、このように敬語自体の位置づけが変化したにもかかわらず、「尊敬」「謙譲」「丁寧」という名称は、基本的に保持・継承され続けている。そしてこのことが、敬語に対する話し手の意識や、敬語全体に対する我々の意識を様々に拘束してきたともいえるだろう。

例えば、「尊敬語」は、主語（為手）に対する実質的な尊敬を表

すものなのか、あるいはまた、尊敬という意志表示の表現なのか、さらにはそれらと異なり、尊敬という形をとって主語（為手）を形式的に「立て」た表現なのか等、その固定化された名称ゆえに、実質とその変化がわかりにくくなったことも事実であろう。文化審議会答申（2007）でいえば、「立てる」という表現に帰着するものになるかもしれないが、実使用にあたって話し手の内面には、実質的な「尊敬」も含め様々な意識が発生していることは間違いない。そしてそのことは、尊敬語以上に本書で取り上げる「謙譲語」についていえるのではあるまいか。

「謙譲」という表現は、その語構成からすれば「謙（へりくだ）り譲る」という意味であるが、その表現ゆえに主語（為手）を低めることがその中心的機能であると長らく思われてきたことは、研究史を整理した中で確認した通りである。「謙譲」という名称が人々の意識を様々に拘束してきたといっていいだろう。

ちなみに前述した菊地（1994）では、厳密な分類上、「謙譲語」という立項はふさわしくないが、実用もふまえた上で便宜上、謙譲語とする*49 と述べている。

これまで研究史を確認・再検討してきたように、謙譲語はその名称ゆえに様々な解釈はもとより、多くの誤解にさらされてきたことも事実であろう。

3.2　敬語の「正しさ」とそこに見られる意識

このように、特に謙譲語についてはその名称と関連して機能等に関する多くの議論を呼んできた。それと同時に「謙譲」という名称は、いわゆる「謙譲の美徳」などと言われるように、「謙譲語」に一種の高い価値付けを行ってきたということもあるだろう。そしてそうした価値付けこそは、それに合致しているか、あるいはいないかという、いわば強い「正誤」判断、規範意識を生むことにもつながってくると思われる。さらにその意識こそは、謙譲語自体、そしてその運用規則自体の変容にも大きく関わっているのではあるまいか。つまり、使用者の多様な意識との相関の中で「謙譲語（あるいは敬語）の機能や使用規則」も様々に変容を遂げているといえるの

ではなかろうか。

渡辺（1960）＊50では敬語の「正誤」について、「間違っている・いないの基準になるものは、一口に言えば、『その言語団体内で、そういう相手にそういう話しをする時、最も一般的に認められる習慣』であり、その習慣に従っているかいないかが、間違っている・いないのわかれ目になるもののように思われる」「言葉が常に時とともに変化し、また所と共に異なるものである以上、他に求めるべき頼もしい基準はないように思われる。」（ともに同：48）としている。また、「意図も正当でありかつその為の表現形式の適用も正当であるような場合にさえ、正しくない表現というものもある。」として、やはり「一般的な習慣」にその基準を求め、「一般的な習慣は、合理的であるからとか、長年の伝統に支えられているとか、そういういろいろの理屈を超越して、それが一般的な習慣であるというそのことによって権威と規範性を持つ」（ともに同：57）と結んでいる。

また、石野（1986）＊51では、「何を正用とするかは、結局のところ、だれかがそれを決定するほかはない」とし、同時に「その決定は、社会における言語事実を十二分に踏まえたものである必要がある。」（ともに同：45）と述べており、「正用」にも妥当性のある根拠が必要だとしている。

他方、菊地（1994）では、「正誤」に対する明言は避けており、「敬語の誤りをどう受け止めるべきか。」として、「言語学者ということを離れて、一人の日本人として」心情的に大目に見られる誤りとそうでないものとに関して述べている。

こうした点を踏まえると、話し手の敬語の「正誤」意識について、多面的に調査しその内実を分析・解明すること、なかでもその位置づけや解釈において様々に変遷を遂げてきた謙譲語については、それがとりわけ大きな意味があることが確認できよう。

3.3　謙譲語の扱いの難しさ

これまで検討してきたように、近・現代敬語に関する議論は、その初期の山田孝雄による人称対応をもとにした「文法的」事実から、

時枝誠記による「関係構成」の詞・辞へ、さらにより細やかな議論を経て「語用論的」事実へとその位置づけが拡大され、現代では複合的なレベルにまたがる現象であるとされていることが確認できた。

　敬語研究は使用対象や使用規則についてはもとより、使用意図やその本質に対するものまで含めると、膨大な蓄積がある。古代敬語が対象に属する、あるいは対象に対する必然的使用としての側面が強いとされるのに対し、近・現代敬語は言語主体の判断・裁量が大きいといわれるが、最近では、対象となる人間やその人格・所有物等に対する配慮はもとより、話し手と聞き手との社交上のきまりとして、あるいは両者の恩恵授受などに対する配慮のもと、話し手の内面に生じる必要意識から用いられるものであるともいわれている。

　使用意図についても、伝統的な「上下」から、それを用いた「距離」や「配慮」、あるいは「内外（ウチソト）」の表現ともなるなど、様々な指摘がある。こうした議論は、現代敬語の実際の機能に関わる指摘と言っていいだろう。他方で、個々の敬語形式の実際の使用に関する詳細な調査・記述研究もある。代表的なものとしては、国立国語研究所の岡崎調査をはじめとする、使用実態を中心とした一連の調査*52などが挙げられよう。前述のように近・現代敬語の研究は、本質に関する指摘はもとより、その機能に関する研究、実際の運用調査・記述まで含めると、非常に膨大なものになるのである。

　ただ、例えば、中村（1994）*53の言うように、個々の形式の「特徴の列挙」から始まり、位相の異なるレベルを設定して、帰納的にその使用規則等について一つ一つ丁寧に説いてきたこれまでの敬語論により、使用に関わる原則とルール等が詳細に記述・解明されたものの、それがなぜ、形成・維持されているという問題に対する検討と考察が不十分のようにも思われる。中村（1994）で述べられているように、一定の機能を有する言語形式が単に通時的に変化するのではなく、そのときどきの人々の意識の、いわば暗黙に共有されている意識の形象化として産出され、社会構造やその影響下にある人々の意識との連関のもとに、微妙に機能を変質させながら、再生産され続けていくものが敬語ではなかろうか。

　そのなかでも謙譲語は、話し手と聞き手、話題の為手という三者

関係で説明可能な尊敬語とは異なり、話題の受け手も加わった四者関係になるだけに、とりわけ複雑な様相を示すものといえるだろう。そこには、為手の行為が受け手に与える影響のあり方といった観点も必要になってくるとともに、しかもその判断は話し手に委ねられている。

　そして、時代や社会構造等に影響される話し手の意識により、為手と受手といった対象との関わり方と、それへの表現意識、さらにはそれと関連した聞き手への配慮等の面から、常に変化を遂げているといってもいいだろう。

　そのように考えた際、これまでの敬語の研究史からみえてくるものを掘り下げ、あわせて近・現代における敬語使用と、それを規定する意識等を探ることにより、謙譲語の変化の内実とそのメカニズムを明らかにすること、そこから近・現代における謙譲語の本質を多面的に追究していくことは、敬語研究における今後の要請の一つであるといってもよいのではなかろうか。

　そうした意味において、話し手の内面に生じる多様な敬語意識に対するアプローチに加えて、これまでの枠組みの中では捉えきれない現象や、そこに込められた話し手の意識等を取り上げることも必要なことであろう。そして、それを提示・分析し、さらには、敬語が現代においても人々の関心と価値を維持し続けている事態と理由とを読み解いていくことは大きな意味を持つものと言っていいだろう。

　このように見てくると、敬語、なかでも謙譲語をめぐってはまだ多くの議論の余地が残されており、それについて丁寧に議論していくことが求められていることは確かであろう。これまでの謙譲語に関する過去の研究成果を丁寧にふまえつつも、これまでとは別方法も用いながら、謙譲語が人々にどのように意識され使用されているのか、その内実を探るとともに、さらにまた、それはどのような変化を辿ってきたのか、今後辿っていくのか、そこに研究の大きな意義があると思われる。

4　本書の目的と方向性

　本書では、これまで述べてきた謙譲語研究史の概略の確認から導き出される問題点をふまえ、いくつかの点について議論・解明することを目的とするが、これまでの議論から問題点を整理すると、おおよそ以下のようになるだろう。

1）現代語の謙譲語および、それを含んだ表現形全体を成立させている諸条件（語形的条件、構文的条件、語用論的条件等）とその背後に存在すると思われる生産性の原理とはどういうものか。
2）1の諸条件および、その背後の原理は近代以降どのように変化してきたのか。あるいは変化していないのか。あるいはそうした原理を変化させてきたものとは何か。
3）主として近代以降に発達した諸形式について、それらはどのような形で、1の諸条件および、その背後の原理を担っているのか。また、種々の形式に違いはあるのか。
4）現代の謙譲表現に対する人々の意識（個々の表現形に対する意識、使用の判断・決定に関する意識、敬語全般に対する現状認識、敬語全般に対する規範・指向意識等）とはどのようなものか。
5）1〜4をふまえ、謙譲語およびそれを含んだ表現はこれからどのように機能および形式・使用条件等を変えていくのか、あるいは変えていかないのか。もし変えていくとすれば、そこには一定の方向性があるのか。

　本書では、上記を主論点としつつ、各章において具体的に検討していくものとする。
　まず現代語の謙譲語の成立条件を詳細に検討し、そこから語形・表現上の成立条件・語用論的条件を整理した上で、その性格の本質について記述・整理する。続けて、明治・大正期の使用例等と比較し、形式上の変化を確認した上で、謙譲語を成立させる条件、ある

いはその背後の原理について考察を進めていく。そして、江戸末期から明治、大正を経て現代に至る用例分析から、謙譲語の成立条件の変化、その機能の変化等に関する詳細な記述を行い、近代以降の謙譲語の存在の意味・価値を明らかにしていく。

　これまで述べてきたように、従来の研究は、語形として成立・使用されているものに関して、その使用条件や、敬意の対象・程度等について扱ってきた。だが、使用されないものについて、それがなぜ語形として成立しないのか、あるいはまた、語形としては成立しても、使用の場・条件によって、つまり語用論的に不適切な表現となるのか、等についての統一的説明は十分ではなかったといってよい。

　本書では、そうした点についても詳細かつ多面的に検討することで、謙譲語を成立させる条件、およびその条件の歴史的変遷等についても明らかにしていくものである。

　さらに、現代の様々な謙譲語形使用の際に話し手の内面に生じる多様な意識を探ることにより、今後の語形および使用条件等の変化に関する予測も行っていく。敬語全般に関する価値意識や規範・指向意識、個々の表現使用の際に発生する意識はもとより、多様な語形に関する正誤判断の際に生じる意識等についても各種の検査・調査を行い、そこから今後の謙譲語の動態についていくつかの予測を行っていく。そして最後に、過去から現在、今後へとつながる謙譲語の機能の変遷や使用実態、語用論的条件等に関する変化の軌跡を描きたいと考えている。

　扱う語形としては、現代の代表的な生産的形式の一つ「お／ご～する」を中心的に取り上げるが、それと同列に扱われることの多い表現、「お／ご～申す」「お／ご～いたす」「お／ご～申し上げる」、さらにはその周辺的表現「～させていただく」「～ていただく」等も視野に入れつつ、こうした謙譲語とされる一群の本質の記述とその変化、変化をもたらす原理等に関する精緻な記述を目指す。

5　本書における方法と展開

　本書では、内容と方法等の違いから、二部構成を取った。
　まず、第Ⅰ部第1章では、現代の謙譲語の成立条件等に関する先行研究を確認した上で、謙譲語の代表的な一般形「お／ご～する」について、形式内に入る語の意味的・文法的特性を明らかにするとともに、語形および表現全体として成立するための条件の検討・整理を行う。「お／ご～する」については、従来、形式内に入る動詞の特性についていくつかの検討がなされてきたものの、包括的かつ十分な吟味、その原理的追究は十分になされず、語形としての成立条件はもとより、表現全体の成立条件についても満足には整理されてこなかったものとも思われる。
　だが、「お／ご～する」形は、明治30年頃から次第に形式内に入る語が増加していったと考えられる以上、話し手に潜在的に共有されていると思われる生産性の原理や、それに類似するものの存在は想定されてよいはずである。また、そこから「お／ご～する」の内実と、使用者かつ生産性の担い手でもある話し手の意識のあり方への接近も可能になるはずであると考え、詳細かつ丁寧に検討を進めていく。第1章は、いわば現代の「お／ご～する」形に関する語形的条件と語用論的条件との検討による考察である。
　次に第2章では、第1章をふまえて「お／ご～する」形の成立期の状況について代表的な作家の使用例について概略を確認し、第3章から第6章では、「お／ご～する」を軸にした四形式の通時的変遷を記述するとともに「させていただく」とあわせた形で、その成立事情等について検討し、そこに潜在すると思われる原理を探っていく。
　具体的にはまず第2章で、二葉亭四迷・夏目漱石作品における「お／ご～する」の使用例を確認するとともに、そこから他の資料も含めた「お／ご～する」の使用状況を概観し、それ以前の中心的形式である「お／ご～申す」との比較を行いつつ、従来の位置づけに対する問題点を指摘する。
　続いて、第3章から第5章では、「お／ご～する」形の成立とそ

の後の展開に関して論じる。そして、その成立期とされる明治30年頃に焦点を当て、それまでの中心的形式である「お／ご～申す」との比較を軸に、他の形式「お／ご～いたす」「お／ご～申し上げる」との位置関係について詳細に論じる。そして、第6章で四形式それぞれの形式の消長を明らかにしつつその理由について述べる。その際、資料として江戸後期から明治期の文学作品・雑誌等を用いるものとする。

　また、それと関連して、いわゆる「させていただく」表現の成立過程を探り、その成立理由、伸長の理由について、近・現代敬語の特質と他形式との比較の観点から述べる。第7章から第10章までは、他の謙譲語形式「さしあげる」「(て)いただく」の成立と展開等について考察するとともに、第6章までの考察と関連付け、謙譲語に関する従来の研究に関する再検討も行う。

　次に第Ⅱ部第11章以降では、主に現代敬語に関する統計的手法を用いた分析と考察を行い、そこから敬語使用の際に生じる各種の意識等について考察する。第Ⅱ部は、第1章での共時的研究、第2章から第10章までの通時的研究をふまえた上での、いわば今後の謙譲語の動態に関する研究である。

　敬語は文法的事実ではあるものの、その具体的運用にあたっては、話者の多様な意識が反映されるため、同じ状況においても選択される語形や表現等、話者によって異なる場合が多い。それゆえ、10章までの主として文学テクストを用いたもの、あるいは「理想的話者」を想定したものとは異なり、第11章以降では実際の敬語運用に関わる「属性差」「個人差」にも着目することになる。

　第Ⅱ部では、まず敬語全般に関する「話者認知」の視点の重要性について述べる。続いて、調査対象の話者の有する特性と文化庁調査等との結果等との比較から、調査対象とする話者の特性を確認・明確化しつつ、因子分析等を用いた分析によって、「お／ご～する」を含む謙譲語認知の際、どのような要因が大きく寄与しているのか、その心理的側面と文法的側面について考察していく。

　さらに、「てもらう」「てくれる」等の授受補助動詞を用いた文について、「受益」と「恩恵」について論じるとともに、両表現に関

する丁寧度判断に働く要因を分析する。そして、その用法的拡張について取り上げられることの多い「〜させていただく」形を取り上げ、用法拡張の理由について、文法的検討に加え、話者心理をふまえた分析を行いながら今後の変化予測を行っていく。その上で、明治期から現在、そして今後に至るまでの謙譲語の実態と変化の内実を明らかにするとともに、いわゆる謙譲語の丁寧語化傾向についても扱い、今後の謙譲語の方向性について接近することを試みる。

＊1　それぞれの書誌情報等については本書末の参考文献に記載。なお、後述する菊地（1994）ではその中間的性格といえるものも含めると三種になる。文化審議会答申（2007）では、基本的には二種に分けつつも、それ以外の場合についても触れている。
＊2　『敬語』（1994）角川書店（本書での引用は講談社学術文庫版1997年による）。以下、「菊地（1994）」といった場合、同書を指すものとする。なお、本書では各章ごとに依拠する用語等についてはふれているが、特に断りなしに「主語」「補語」と言った場合、菊地（1994）に依るものとする。菊地（1994）では、敬語上の主語（は、に、が、には、などで表現される）を主語として、また、主語でないある種の文成分、目的語などを補語（を、に、から、と、ために、等をとる）としている。主語と補語はともに人間である。
＊3　文化審議会答申『敬語の指針』（2007）による。以下、「文化審議会答申（2007）」といった場合、同答申を指すものとする。
＊4　菊地（1994）では、「この大会には全国から三百人の選手が参加いたします（スポーツの放送）」「車が参りました」などを挙げ、「ただ《聞手への丁重さをあらわす》というだけの使い方」としている。
＊5　謙譲語における「立てる」についても、詳細な解説がなされている（同：16）。なお文化審議会答申では、最新の言語学的知見に則りつつも、教育現場での浸透や実用性等も意識しているため、意識的に簡素化が図られているものとも思われる。
＊6　このあたりの事情については、菊地（2022）で詳細かつ丁寧な説明がなされている。
＊7　森山（2013）では、「丁寧語」とされる一群の表現について、これまで自明とされていたことへの多くの疑問点を提示しつつ、従来の研究に関する再考の必要性を述べている。
＊8　書誌情報等は本書末に参考文献として掲載。
＊9　後期江戸語までを扱った研究として重要なものに小島俊夫、山崎久之など（参考文献に記載）の一連の著作があるが、ここでは明治以降の主として体

系記述に関わる論考について扱ったため、割愛した。
*10 ここでは、敬語体系における謙譲語の位置づけとその分類を中心に扱い、本書で扱った主要語形「お／ご～申す」「お／ご～いたす」「お／ご～する」等についてふれるものとする。したがって、接頭辞「お」「ご」や、名詞（貴殿、小生、等）の位置づけとその変遷については特にふれない。
*11 「国語より観たる日本の国民性」『国学院雑誌』29巻5号（1923）による。続く『改撰標準日本文法』（1928）（ただし参照は1930年修正版）では、内容を洗練させ、敬語をまず「尊称」と「卑称」に明確に分けるなど、待遇表現全体を見通した記述として整理し直されている。
*12 「敬語法の大綱」『敬語法の研究』（1924）による。
*13 「申します」「云います」等、いわゆる丁寧語を含んだ形で、敬意が対者（二人称）に向かう場合をまとめて、「対者敬称」とよぶ。
*14 そうした点で松下（1923）の「所有」の概念には再考の余地があろう。
*15 『敬語法の研究』（1924）の中で、「而してこれらが運用せらるるには実に西洋文典の称格に似たる用をなすものなり」（同：13）として、第一人称（話者自身）、第二人称（対者）、第三人称（「話題の上れる一切の事物」とする）を挙げている。ただし山田（1924）は、あくまで「似たる用をなす」と述べるにとどめている。
*16 ただし、上述のように謙称について、「第一人称に立てる者が自己をさし又は自己に附属するものをさしていふ」ともあることから、厳密に人称対応を主張しているわけではない。
*17 石坂（1944）では、例えば三人称であっても自分側の人間には一人称並として、〈敬語的人称〉という概念を立てている。詳細は後述する。
*18 いうまでもなく、時枝誠記『国語学原論』その他において展開されたものである。
*19 「敬語の分類について」『国文学言語と文芸』第5巻2号（1963）初出、素材敬語と対者敬語という二大別について述べるとともに、「絶対・関係」等、前述の山田説の考え方もふまえている。
*20 『敬語史論考』（1944）、『法文論叢』第2号（1946熊本大学）等にみられる。
*21 「待遇表現の分類」『国文学言語と文芸』第5巻2号（1963）による。同段落の「　」部分は全て同書からの引用である（同論文については『論集日本語研究9敬語』（有精堂1978）所収を用いた）。
*22 『国語構文論』（1971）による。そこでは「受手尊敬はあくまで話題の人物である受手に対する敬語であり、謙遜は対話の相手である聞手に対する敬語」（同：435）とし、謙遜を「為手としての自分の行動を殊更に低く待遇して表現し、それによって間接に聞手への敬意を表す」（同：435）として、両者の明確な違いを述べている。
*23 上記のように、渡辺（1971）では（4b）の「御～致す」を「謙遜」（聞手への敬意を表す敬語）としているが、後の菊地（1994）では、様々な用例を用いて「お／ご～いたす」を「謙譲語ＡＢ」とし、補語と聞き手両方に対する敬語としている。
*24 『国語文法論』所収「附　敬語体系」による。ここでは、渡辺（1971）

で「話手自身のための敬語」を「嗜み」としていたのに対して、話手の積極的な使用意図をみて「品格保持」としている。

*25　このように考えると、敬語使用に関する原則は古代から現代まで一貫していたということができるし、他方で、品格保持と聞き手尊重のあり方・内実が、現代にかけて変化してきたという議論にもなろう。

*26　「待遇語の体系」『佐伯梅友博士喜寿記念国語学論集』（1976）による。ここでは、宮地裕「謙譲語とその周辺」『文論―現代語の文法と表現の研究 1』（1971）での「丁重語」という名称を用いつつも、それにあたるものについては、宮地（1971）とは異なり、「謙譲語 B」と「丁重語 A」と二分類している。謙譲語 B には、名詞や接頭辞の他、「参る」「申す」「いたす」等が属し、丁重語 A は、これらのうち、話手の行為とは関わらないことについて、「話手が畏まり、聞手を高めるために用いられる」としている。大石（1976）の「丁重語 A」は、後述する菊地（1994）の「丁重語」とほぼ同じものである。

*27　大石『敬語』（1975）では謙譲語 A について、「話題の人を低く待遇することによってその相手方の人（話題の人の行為の関係する方面）を高め、これに敬意を表するもの」（同：88）とし、話題主と相手方の待遇上の落差を用いた図解を用いて説明している。

*28　［一般形］として、「お／ご～する」「お／ご～申し上げる」を挙げ、［特定形］として、「申し上げる」「存じあげる」「さしあげる」「いただく」等を挙げている。

*29　［一般形］として、「－いたす」を挙げ、［特定形］として「いたす」「申す」「まいる」「存じる」を挙げている。

*30　［一般形］として、「お／ご～いたす」を挙げている。

*31　例として、「この大会には全国から三百人の選手が参加いたします」「まもなく電車が参ります」等を挙げている（同1997：273）。

*32　ただし菊地（同）では、例えば「お前が先生を御案内するんだぞ」などのように、文法的二人称でありつつも、実際には「敬語上のⅠ人称」となるケースには対応しておらず、その点で若干の未整理があるものとも思われる。他方、それを修正すると、「敬語上のⅠ人称」には、「普通の意味での一人称」、「普通の意味での三人称のうち、一人称並み（話手の身内）」「普通の意味での二人称のうち、一人称並み（話手の身内）」の三者が入ることになり、人称概念を立項することの必然性が動揺してくるようにも思われるが、ここではこれ以上はふれない。

*33　菊地（1994）では、「謙譲語 A の趣旨は、あくまでも《補語を高める》ことのほうにあり、《主語を低める》ほうは、実は副次的なことにすぎないのである」としている（同1997：257）。

*34　「院の帝（朱雀帝＝光源氏ノ兄）は……この院（六条院＝光源氏）にあはれなる御消息ども聞こえたまふ〈源氏物語　若菜上〉」「〔危篤状態ノ桐壺更衣ハ桐壺帝ニ対シテ〕お答へもえ聞こえたまはず」等の例を借用している（同1997：268）。

*35　「待遇表現の選択までのモデル」として、「社会的諸ファクター（場および話題、人間関係）」を把握・計算した上で、それに対応した待遇を行うかどうかを最終的に決める「心理的諸ファクター」が働いて待遇表現が選択される、

としている（同1997: 78）。
＊36　森山（1990）での例「太郎は先生に手紙をお送りした」「犯人は先生に脅迫状をお送りした」を挙げ、後者のように言わないのは「犯人から先生に対して、高く待遇する意図（森山氏の言われる"犯人と先生との間の〈敬譲関係〉"が認定できないケースだからである」（同1997: 258–259）としている。他方、「太郎は花子からの脅迫状を先生にお送りした」という表現は、主語の太郎から補語の先生に対する働きかけは加害的なものとはいえず、成立するものと思われる。〈敬譲関係〉という説明、主語と補語の関係の内実に対する詳細な検討については、他の章で扱うことにする。
＊37　日本語教育上の要請等も考慮してまとめられた『敬語表現』（1998）（大修館書店）による。
＊38　前出した山田（1924）以来の、実質的な敬意の存在を前提に、あるいは仮定した敬語論をさす。
＊39　Brown Peneope and Stephen Levinson（1987）*Politeness*, Cambridge Univ.Press. による。ここでは、E・デュルケムの見方を引き継いだE・ゴフマンのフェイス（face）に関する議論を応用・発展させ、人々は、相互に働きかける際、互いのフェイスの維持やその保護のために、多様な言語的・非言語的方略を、いわば共同的に行っている、という見方が基本になっている。
＊40　宇佐美（2001, 2002）等による。ここでは、普遍理論としてのポライトネス理論が、欧米の言語と文化を背景にして作られたという点から不当な批判を受けてきたこと、等について述べている。
＊41　滝浦（2005）では、「ポジティブ・フェイス」について「他者からの評価と他者による受容を得たいという、誰もが抱く欲求」として、「ネガティブ・フェイス」については、「自己の領域と自己の行動の自由を守りたいという、誰もが抱く欲求」とし、「ポライトネスは、これらのフェイス＝欲求を指向する」（ともに同: 136）としている。したがって、そうしたフェイス保持あるいは補償のために、二つのフェイスに対応した「ポジティブ・ポライトネス」と「ネガティブポライトネス」があるとしている。
＊42　このあたりの整理は、宇佐美（2001）、滝浦（2005）を参照した。ちなみにBrown & Levinson（1987）では、フェイス侵害度見積もりの公式として、$Wx = D(S, H) + P(H, S) + Rx$という三変項（$Wx →$ 行為xのフェイス侵害度、$D(S, H) →$ 話手Sと聞手Hとの社会的距離、$P(H, S) →$ 聞手Hの話手Sに対する力、$Rx →$ ある文化内における行為xの負荷度）からなる公式を立てている。
＊43　滝浦（2008b）では、敬語とポジティブ・ポライトネスとの関連性についても述べている。
＊44　『ポライトネス入門』（2008）による。
＊45　前述したBrown & Levinson（1987）のフェイス侵害度見積もりの公式に従えば、$Wx = D(S, H) + P(H, S) + Rx$ 上の、「$Rx →$ ある文化内における行為xの負荷度」が変化したから、という説明になるものと思われる。
＊46　「フェイス」が基本的に、自己と他者という構図をもとに成立しているのである以上、その構図が普遍的なものといえるものなのか、といった原理的な問題も内在しているものとも思われる。自己と他者がまず存在し、その上に

文化的・社会的要因が変項として存在するのではなく、「自己と他者」という大前提自体に変項が存在するのではないか、といった疑問も生じるがここではこれ以上は触れない。

＊47　ポライトネス理論による最新の研究については、ここでは特に触れない。

＊48　「上下待遇表現の記述」『国語学』122，国語学会による。

＊49　菊地（1994）では、渡辺（1971）での「為手尊敬」「受手尊敬」等をふまえつつも、「謙譲語Ａ」と「謙譲語Ｂ」について、「純粋に学問的な観点からはともかく、便宜的には、両者をともに〈謙譲語〉として括ってしまい、必要に応じてその中をＡ・Ｂと分ける―というのも、実はなかなか便利と思われ、本書では、あくまでも便宜上とことわった上で、あえてそうすることにしたい」（前述）と述べている。

＊50　「敬語が正しい・正しくないということ」（『言語生活』102 筑摩書房）による。

＊51　「敬語の乱れ―誤用の観点から―」（『ことばシリーズ24 続敬語』文化庁1986）による。

＊52　ほぼ毎年実施している文化庁『国語に関する世論調査』、国立国語研究所の岡崎調査をはじめとする、使用実態を中心とした一連の調査などを指す。

＊53　「「敬語」論と内なる「他者」」『現代思想』（青土社）vol.22-9, 1994 による。ここでは、多くの研究書が「分類」あるいは「敬語の特徴」の列挙から議論を開始し、結果的に「敬語とは何か」という定義が、そうした細かな議論の中に解消されてしまっていくのはなぜなのか、という疑問・批判を述べている。

I

近・現代における謙譲語の成立と展開

第1章
現代の謙譲語の成立条件
「お／ご〜する」を例に

1　はじめに

　本章では、現代語の謙譲語の諸性質を検討するため、様々な語を形式内に取ることができる謙譲語の一般形「お／ご〜する」を中心的に取り上げる。「お／ご〜する」の成立条件を精緻に探ることで、現代語の謙譲語の機能とその使用に際して話者に共有されているはずの意識、およびそれに基づく法則に接近することが期待されるからである。

　具体的には、形式内に入る動詞の特性を探る（「お／ご〜する」語形成立の条件）とともに、実際の使用に関する語用論的条件（表現成立の条件）を検討し、その諸性質を明らかにすることで、背後に存在すると思われる生産性の法則を探っていく。

2　「お／ご〜する」成立に関する先行研究

　現代語の謙譲語形式「お／ご〜する」（以下「お〜する」とする）については、森山（1990）をはじめとして、いくつかの先行研究はあるものの、形式内に入る動詞の意味的・文法的特性や、表現の成立条件までを包括的に扱った研究は比較的少ないものと思われる。そこには、正誤や適否に関する判断が、語、表現、語用的レベルといった多層にわたっていることが起因しているものと思われるのである。以下、いくつかの例を挙げる。

(1)＊(全身に疲労を感じて) 少しお眠りします。
(2)＊先日、先生とお語りした。
(3) (目の悪い先生に代わって) 私がお読みします。
(4)#(授業中に挙手して) 私がお読みします。

(5)（首相が事故の報告に対し）詳しくお聞きしたいと思います。
(6)（首相が国民の声について）しっかりお聞きしたいと思います。
(7)#（生徒が先生の授業に対し）しっかりお聞きしたいと思います。

　このように、「お〜する」の語形自体が不成立なもの（(1)(2)）、文レベルや、発話状況等によって自然さ、適否が決定するもの（(3)〜(7)）など、成否や自然さの基準が多次元にわたり、そうした事情が「お〜する」に関する統一的説明を困難にしてきたものと思われるのである＊1。

　また、これまでの研究では「お／ご〜する」のように際だった語彙的特徴を持たない形式でありつつ、不可分な統合体として機能している、いわば「特殊な語形」の諸性質をふまえた上で、どういう特性を持つ語を内部に取り込めるかという点については十分な考察が行われているとは言い難い。

　本章では、「お〜する」形式が取りうる動詞の意味的・文法的特性を明らかにしつつ、語形および表現全体のレベルでの成立条件の整理を行い、「お〜する」の本質に関する記述を目指す。

　なお、機能に関する参照枠として、「謙譲語A」と位置づけ、「話手が補語を高め、主語を低める（補語よりも低く位置づける）表現である。」とする菊地（1994）を用いる。また、同様に＊2、「敬語上の主語」にあたる人物を主語、「敬語上の補語」（「…を・に・から・と・のために」にあたる人物、いわば「非主語」）を補語とする。ただし、いわゆる〈適用〉の問題や、聞き手側配慮による、発話場に不在の第三者への敬語使用といった運用面＊3、動詞の形態的特徴等による不成立＊4については扱わない。

　さて、先行研究を概観すると、菊地（1994）、謙譲語の成立条件を整理した森山（1990、2003）、「お〜する」を二類に分けた蒲谷（1992）などが視野に入ってくる。森山（1990）は、使用実態の詳細な観察に基づいた細やかな記述・分類であり、先駆的論考として本章での記述の際も大きな示唆を得ている。ただ、そこでの「人格をもつ対象への踏み込み」の6タイプ＊5は、「お〜する」形をと

る語全体を視野に入れた考察とは言い難い面があるようにも思われる。また「「補語共動性の動詞」である以上、「敬譲関係」は必ず満たされているはずなので「補語共動性の動詞」であれば、必ず謙譲表現が成立する」(同:11)とされているが、例えば「補語共動性」の動詞とされる「渡す」「招く」をとると、

(8)　a．??太郎は先生に無言で脅迫状をお渡しした。
　　　b．?太郎は先生をアジトにお招きした。

などに見られるように、「補語共動性」は動詞の語彙的意味のレベルでは決定できず、文・文脈レベル、すなわち「行為のあり方全体」から決定されるものであるとも思われ、その点の扱いに不明確さが残る。また、もう一つの条件「敬譲関係の保持」も、今少し検討の余地があるように思われる*6。他方、蒲谷 (1992) では、「お〜する」に関する多様な検討がなされ、非常に有益な指摘が多いが、語形としての成立や、文レベル・発話状況による成立条件の指摘などは特になされてはいないようである*7。菊地 (1994) では、成立条件や具体例について列挙しつつ「「お／ご〜する」と言えるかどうかは、このように、ある程度までは理屈をつけて述べることができるにしても、究極的には、要するに習慣による面があるといわざるを得ないのではないかとも思われる。」(同1997:291)としている。

　だが、「お〜する」が、明治30年頃から多くの動詞を内部に取り込める生産的・一般的形式として広まったものである*8以上、話し手に共有されているはずの生産性の原理、あるいはそれに類するものの存在は想定されてよいだろう。それは生産性の担い手でもある話し手の意識の反映として「お〜する」の本質と深く関わるものと思われるのである。

　さて、謙譲語形成立の条件について、「習慣」はあるものの、そこに法則性は見つけだせないとする場合、そこには以下の二つのような考え方があると思われる。

・「お／ご〜する」に入るものについては、傾向はあるものの一定の法則性はない。
・「お／ご〜する」に入るものについては、法則性の存在が示唆

されるもののそれが明確化できない。

　上記二つの場合、後者が完全に否定されて初めて前者の立場をとることが可能になるのだろう。そうした意味でいえば、上記の菊地（1994）では、前者的な立場に近いものとも思われるが、本章では可能な限り後者の立場から議論を試みること、そして、法則性の存在可能性を探る過程で、語用論的な条件も明らかにしていきたいと考える。

3　検討方法

3.1　用いる資料とその性格

　本章で主として用いる資料は、『日本語基本動詞用法辞典』*9である。ここでは、同辞典所収の動詞を中心に、語形および使用条件に関する検討と考察を行った。『日本語基本動詞用法辞典』は実使用上、基本的と思われる動詞728個について、各動詞がどのような助詞をとるか、その文型を示しそれに対応した例文を提示したものである。また、文法情報として受身形、使役形、可能形および意志形、命令形、禁止形等を提示し、そのアスペクトの用法についても解説が加えられている。すなわち、同辞典は、従来の国語辞書が漢字と送り仮名、その語義説明が中心であったのに対し、英和辞書のように語義とともに構文情報、文法情報を中心に据えたものであるといえよう。

　そうした点で、どういった文法的あるいは構文的特性をもつ動詞が「お／ご〜する」形を取り得るか、という点をふまえた考察を行うのに適切であると考え、同辞典所収の語を扱った。

3.2　検討方法の実際

　手順として、同辞書所収の728語から、比喩表現等を除いて原則として人の動作をとらないもの（「合う」「枯れる」「割れる」等）と、敬語専用形（おっしゃる、申す、など。ただし「うかがう」は「お〜する」形になれる。）を除外し、「お〜する」形にすることができるかどうか確認した。

そして、それぞれの語形について、表現としての成立条件（構文論的条件）、さらには、語用論的条件を検討した。
　こうした結果、ここでは以下の帰結を得た。Ⅰは「お～する」の語形としての、Ⅱは表現全体としての成立条件である。

Ⅰ．主語から、人格を有するものとしての存在認識を伴う補語への具体的な行為を通じた働きかけを実現可能にする動詞（と一部の名詞）のみが「お～する」形をとる。ただし、意図的加害性の表現としての働きかけの場合は不可である。
Ⅱ．Ⅰの働きかけを実現しつつ、行為全体として補語の人格的領域への意図的加害性がないとみなされる場合のみに「お～する」形を含んだ表現が可能になる。

　この場合の人格とは、感情や意志、信念などのアイデンティティや人間性を指し、人格的領域とは、それに加えてその反映物としての補語の所有物等も含むものである。また、「働きかけ」とは、補語の人格的領域への直接的な影響力をもった行為を指し、加害性には、補語に対する直接的・間接的加害行為のほかに、補語の行為やあり方等に対する一方的な規定なども含むものとする。
　以下、各群ごとにⅠ～Ⅱの条件について確認していくが、既述のように語形としての成立と表現としての成立は峻別する必要がある（構文論的条件、語用論的条件）ため、そのように扱う。このことは、(3)(4)の場合などに加え、以下の例などでも確認できるはずである。
　(9)　a．??(学生が教員に)「明日試験をお受けします。」
　　　　　　　　　　　　　　　　　　（大曽1987の例＊10）
　　　b．?(客の注文に対し)「ありがたくお受けします。」
　　　c．（受賞の知らせに）「ありがたくお受けします。」
　　　　　　　　　　　　　　　　（a同様、大曽1987の例）
「お～する」の語形としての成立は、そのまま表現の成立にはならない。
　動詞の語彙的意味に関しても、後述する「送る」のように、「(去

第1章　現代の謙譲語の成立条件　　43

っていく人に）付き添う」意味の「送る」の場合、補語の意志に沿う行為であり、授益性が備わっていると言えるが、「（人を強制的にある場所に）送る」（送致する）場合には、そうではない。また、「（人に物を）送る」場合には、送る物や全体の状況から授益性の有無が決定するため、安定的に授益性があるとはいえない。そうした多義性と格体制の違いについても考慮する必要がある。ゆえに、動詞の語彙的意味レベルと、文・発話状況レベルとの違いにも注目しながら全体をまとめていく。なお、『日本語基本動詞用法辞典』に記載の語の性格も関わっていると思われる[*11]ため、語の比率等は特に提示しない。

4 「お／ご～する」成立の条件

4.1 動詞の分類とタイプ

　上記の検討方法に従い、それぞれの動詞について補語への働きかけのあり方について検討したところ、まずは、動詞の持つ項として、補語を格表示する場合とそれ以外の場合とに分けられた。さらに動詞の語彙的意味の面から、授益性が想定されるもの、ニュートラルなもの、軽微な加害性を持つものに分けられ、結果として、次節以降に述べるA～C群に分類された。

　以下、A群からC群について、その設定理由およびそれぞれの群に関する検討を進めていくこととする。

4.2 A群

　A群は、条件Ⅰを満たす動詞のうち、補語を格表示し[*12]、語彙的意味として授益性を持つと判断される動詞（A－1群）、ニュートラル[*13]な動詞（A－2群）である。語例を挙げる。

A群…補語を格表示する
　A－1群…「（去っていく人を送る／見送るの意味で）送る」「贈る」「教える」「貸す」「手伝う」「守る」「見舞う」「譲る」「協力する」「招待する」など

> A－2群…「会う」「(人に何かを) 送る」「返す」「借りる」「配る」「断る」「誘う」「示す」「知らせる」「尋ねる」「頼む」「伝える」「連れる」「通す」「届ける」「願う」「話す」「待つ」「招く」「見かける」「見せる」「呼ぶ」「別れる」「渡す」「挨拶する」「説明する」「報告する」「約束する」「連絡する」など

　まず、語彙的意味の授益性は、必ずしも動詞自体に安定的に備わっているとはいえないことを再度、前述の「送る」で確認する。(述語動詞に下線を付す。)
（10）a．太郎は花子を駅まで送った。
　　　b．太郎は花子を拘置所に送った。
　　　c．太郎は花子に荷物を送った。
　　　d．太郎は花子に刃物を送った。
　（10a）は意味自体（去っていく人についていく、の意）に授益性があると判断できるが、（10b）～（10d）の場合はそうはいえない。ゆえに、（10a）の「送る」はA－1群に入るが、それ以外の用法はA－2群に入る。本稿では、多義性と構文の違いも視野に入れ、動詞の語彙的意味として授益性が認められる用法については授益性があるとして扱う。

4.2.1　動詞の語彙的意味と表現としての成立・不成立について
　はじめに、A－1群の典型例として動詞「貸す」の場合をみてみる。(「お〜する」形を下線、補語と格助詞をあわせて二重下線で示す。以下同様とする。)
（11）a．太郎は花子に（本／凶器）を貸した。
　　　b．太郎は先生に（本／凶器）をお貸しした。
　（11b）のように「花子」を「先生」に、述語動詞を「お〜する」形にした際、「貸す」は安定的に授益性を有しており、「貸す物」を何に変えても表現は成立し、補語もニ格で固定される。（11b）の「凶器」が不自然に感じられるとすれば、凶器が「先生」に対する加害性を連想させるためであろうが、必然的に生じる含意とも言え

ず、(11a)(11b)ともに不自然ではない。A－1群は、文・発話状況レベルにかかわらず、「お～する」の使用に関する自然さは高い。続けてA－2群を見るが、文・発話状況レベルでの支えが必要であるという点について検討する。A－1群の「招待する」と類義語の「招く」で確認する。

(12) a．太郎は<u>先生</u>を<u>結婚式</u>に<u>ご招待し</u>た。
　　　b．犯人は<u>先生</u>を<u>アジト</u>に<u>ご招待し</u>た。

(12b)は実使用場面は想定しにくいが、表現的には不自然ではない*14。「招く」では、

(13) a．　太郎は<u>先生</u>を<u>結婚式</u>に<u>お招きし</u>た。
　　　b．?犯人は<u>先生</u>を<u>アジト</u>に<u>お招きし</u>た。

となり、(13b)の許容度は若干落ちる。これは、「招く」と「招待する」の授益性の有無に起因するものと思われるが、両者を比較してみたい。(文意が変わるものに＃を付す。)

(14) a．パーティーに<u>招く</u>。／　パーティーに<u>招待する</u>。
　　　b．自宅に医者を<u>招く</u>。／＃<u>自宅に医者を招待する</u>
　　　c．新たに社長に<u>招く</u>。／＊新たに社長に<u>招待する</u>。
　　　d．大きな危険を<u>招く</u>。／＊大きな危険を<u>招待する</u>。

「招く」は、人の呼び寄せや事態の生起などに広く用いられるが、「招待する」は、もてなしの行為に限られ、その想定が可能な場合に使用可能になる。ゆえに(12b)も、語彙的意味の持つ授益性から、「アジトに呼ぶ」ことに何らかの授益が想定され、自然な表現に感じられることになる。他方、A－2群に入る「招く」は、動詞の意味自体に授益性が備わっていないため、(13b)のように、行為全体として意図的加害性の含意があるように判断され、不自然さが生じる。さらに、前述した「送る」を「お～する」にすると、

(15) a．太郎は<u>先生</u>を<u>駅</u>まで<u>お送りし</u>た。
　　　b．犯人は<u>先生</u>を<u>アジト</u>に<u>お送りし</u>た。
　　　c．太郎は<u>先生</u>に<u>荷物</u>を<u>お送りし</u>た。
　　　d．?犯人は<u>先生</u>に<u>脅迫状</u>を<u>お送りし</u>た。

となる*15。(15a)(15b)の「送る」は授益性を持つ意味用法、つまりA－1群のため、自然なものである(ただしbは強制的送致

の場合は不成立であり、「先生のアジト」という前提が必要である。）が、(15c)(15d)では、ニュートラルな意味用法、つまりA－2群のため、「招く」と同様になることが確認できるのである。

以上、授益性を持つ動詞（A－1群）およびその用法の場合は、「お〜する」だけでほぼ成立するが、ニュートラルな動詞（A－2群）の場合は、行為全体のあり方で自然さが決定されることが確認できる。A－1群は行為全体も授益的行為となりやすく、語形のみでほぼ条件Ⅱも満たす。A－2群は授益性の支えがないため、補語の人格的領域への意図的加害性が想定される行為では不自然な表現となってしまうのである。両群の違いは、文レベルで考えた際の成立しやすさともいえる。

付言すれば、例えば「断る」などは意図的加害性があると見えやすいが、判断の裁量は基本的には主語側にあり、ニュートラルだと判断できる。「断る」にはニ格補語の他に「（補語の提案等を）お断りする」という形もあるが、「補語への具体的な行為を通じた働きかけ」は実現されており、「お〜する」形が可能になると判断できるのである。

その他、「ほめる」「励ます」「慰める」などは、授益性があるように思われるが、精神的にせよ主語の側が補語の上位に立つことを含意し、その点において人格的領域への意図的加害性の可能性が生じ、「お〜する」形はとらないと解釈できよう。さらに、「憧れる」「従う」や「語る」「述べる」などは、A－2群に入ることが想定されるが、実際には「お〜する」形にはなれない。前者は、主語の側の一方的・自己完結的行為であって補語への具体的な働きかけの表現とは想定しにくく（他方、例えば「慕う」だと、補語の人格的領域に対する具体的な働きかけが想定されるために可能）、後者は、働きかけのあり方（この場合は「話し方」に関わる）に関わるものであり、働きかけそのもの自体の表現とは言い難い。同様に「見上げる」なども、あり方の表現であるといえる。他方で「見かける」の場合は人格的存在を認知したという広義の働きかけがある。「見かける」は補語を人間にする場合が多く、「見上げる」は人間を含む事物全般に使用されるということにその違いをみてとることもで

きる。「見上げる」対象は基本的にモノ扱いであろう。

4.2.2　格表示による働きかけの違いと表現としての自然さ

次に、成立条件として挙げたⅡに関連して、補語の格表示の面から考察する。

まず、授益性を持つ「教える」（A－1群）をみてみたい。

(16) a．太郎は花子を教えた。
　　　b．太郎は花子に武道を教えた。

(16a)(16b) ともに自然である。次に補語を変え、「教える」を「お～する」形にする。

(17) a．?太郎は先生をお教えした。
　　　b．　太郎は先生に武道をお教えした。

(17a) は不自然さが残る。教える内容を明確化せず、あるいは先行文脈を持たずに補語をヲ格にとった場合、教育などの補語の人格的領域に深く関わり（その点「貸す」などとは異なる）、補語の人格的領域への強制性を感じさせ、加害性の可能性が生じてしまう。

(18)（太郎が先生に武道を教えた事を花子が聞いて）太郎は先生をお教えしたそうね。

この場合は、補語が望んだ技芸などを教えることと了解でき、補語の意に沿うという点で自然になる。同様に、意味上の補語の被所有者をヲ格にする場合も自然である。

(19) ご子息をお教えした。

表現上の補語（＝「ご子息」）ではなく、意味上の補語である親の人格的領域に対する強制性はなく、加害性は想定されないからである。

これらから、補語の格表示をめぐり、人格的領域への意図的加害性が想定される場合には不自然さが生じることが確認される。「貸す」では、物を媒介にした働きかけであり、しかも補語が望んでいるという語用論的な含意があるために、常に成立するのである。このことは、補語をヲ格項にとりつつも、加害性の可能性がないもの（「お助けする」「お手伝いする」「お守りする」等）が常に自然になることからも確認可能であろう。これらは、補語の人格的領域に対

する強制性が生じるとはいえないからである。また、こうした見方により、例えば、「守る」を用いた「(補語の所有物を)お守りする」などの所有者敬語*16の場合も、補語の人格的領域への働きかけが想定される授益的行為であり、常に自然となると判断されることになる((19)は所有者敬語とも言える)。

次にニュートラルな動詞(A-2群)として、補語をト格とニ格にとる「会う」をみる。「会う」は、「送る」等とは異なり、「相手と一緒になる」意味とその周辺的用法しかなく、動詞の語彙的意味のレベルでは意図的加害性は想定されない。しかし、補語の格表示のあり方によっては不自然さが生じる場合もある。

(20) a．太郎は（花子と／花子に）会った。
　　 b．太郎は（?先生と／先生に）お会いした。

(20a)とは異なり、(20b)のト格は若干不自然である。補語がト格の場合、主語と補語の双方の行為実現への同時的な意志や共同性、あるいは主語と補語の対等的な資格という含意*17が生じるが、ニ格の場合、補語はあくまで働きかけの対象にとどまる。ゆえにト格の使用は、補語の意志への言及、あるいは補語の一方的位置づけという人格的領域への加害性の可能性を生じさせ、不自然な感が残るのである。このことは、例えば、

(21)（会社の受付で案内の人に）○○さん（に／?と）お会いしたいのですが…。

などの対話的場面で明確化する。事前に相手との約束があってもト格の使用には若干の不自然さが生じる*18。それゆえに、以下の(22a)のように、事前の合意がある場合や、(22b)のように偶然の出会いなどが表現される、あるいは補語が近親者など、特に高い待遇を必要としない場合を中心にしてト格も使用されることになる。文学作品の例で示す。

(22) a．「あなたと二人きりでお会いするの、これが始めてね」
　　　　　　　　　　　　　　　　　　　　　　　　（青春の蹉跌）
　　 b．わたくしはそこで、半ば偶然のように、半ば予期していたように、汐見さんとお会いしました。　　（草の花）

続けて、同じくニュートラルな意味の動詞「借りる」を例にとる。

同様の操作をする。

(23) a．太郎は（花子に／花子から）本を借りた。
　　 b．太郎は（?先生に／先生から）本をお借りした。

(23b)の場合、ニ格は多少不自然であり、カラ格の方が自然に感じられる。「借りる」の格体制についての指摘は柴谷（1978）、砂川（1984）らにみられるが、それらでは、相手の「貸す」という行為を含んだ重層的な構造として「借りる」述語文が成立していると述べる。特に砂川（1984）では、貸す側がニ格の場合は「動作主」として意識され、カラ格の場合は「起点」として意識されるとも述べている。

こうした見方を援用すると、ニ格では「借りる」という働きかけに先行する、補語の「貸す」行為を意識した表現になる。そうした表現は、補語の意志への一方的言及という点で人格的領域への意図的加害性の可能性を生じさせ、若干不自然に感じられることになる。働きかけの起点のみを表すカラ格の方が、補語の意志に触れずに自然な表現となるのである。それゆえ、補語の「貸す」行為の積極性を表現したい場合や、「貸す」ことが前提となっている場合などでは、ニ格をとることもあり得る。

最後にA群全体について、主語の格表示にも着目してみたい。A－1群「貸す」とA－2群「渡す」「送る」を例にとる。

(24) a．私（が／から）花子に本を貸し／渡し／送っておいた。
　　 b．私（?が／から）先生に本をお貸しし／お渡しし／お送りしておきました。

(24a)と異なり、(24b)ではカラ格の方がより自然である。主語がガ格をとる場合、働きかけの主体の明示が行為の強制性を感じさせ、人格的領域への意図的加害性の可能性が生じ、若干不自然さが生じる。他方、提供・伝達行為の起点を表すカラ格では、それが回避でき自然に感じられる[*19]。このように、補語と同様に主語の場合にも格変更などの細やかな調節がなされることが確認できる。以下、A群についてまとめる。

【1】条件Ⅰの働きかけが格関係の形（ヲ、ニ、ト、カラ格等）を

とって表現される動詞。語彙的意味として授益性を持つ動詞とニュートラルな動詞とがある。ただし、補語の人格的領域への意図的加害性が想定される場合には不自然さが生じるため、その回避のために適宜、格表示の変更なども行われる。

［A-1群］語彙的意味として授益性を持つ動詞であり、授益的行為の表現となりやすく、ほぼ「お〜する」形自体で成立する。

［A-2群］語彙的意味としてニュートラルな動詞であり、行為全体のあり方によって成立の可否が決定する。

なお、格表示と関連して言えば、「売る」は「お〜する」形をとるが、対義語の「買う」はとらない。「売る」はニ格補語をとり、「買う」はカラ格である。「借りる」「預かる」「受け取る」などと比較して「売買」には、人格を有する存在としての補語への働きかけという認識は中心になく、主語と補語は商行為の関与者として認識されやすい。ただ、「売る」はニ格補語をとるため、働きかけを可能にするが、「買う」のカラ格自体はそれと異なり、単に起点を表すため、「お〜する」形はとらない、と判断できるのである。

4.3　B群

B群は補語を格表示しないが、補語の望む事物の扱いなどを主語が代行するなど、補語の負担や労力を軽減する行為の表現として用いられる動詞である。それゆえに表現レベルで補語への授益性が発生する。B群に入る語例を挙げる*20。

> B群…「開ける」「祈る」「入れる」「選ぶ」「書く」「決める」「切る」「（人のために）探す」「調べる」「閉める」「出す」「作る」「点ける」「付ける」「包む」「積む」「運ぶ」「拭く」「持つ」「読む」「用意する」など

B群は、補語への働きかけが格表示によって明示されないため、文法的には保証されず、行為全体のあり方（あるいは文意）から決

定される。すなわち、意図的加害性を伴わない具体的な働きかけが文・発話状況等によって判断できる場合に、「お～する」が自然なものとなる。その表現は、補語の「ために」する行為以外にはあり得ず、必然的に授益性を持つ行為ともなる。それ以外だと働きかけの表現には補語の格表示が必要である。また、これまでＢ群に該当するものは、単に「授益」的行為の場合とされてきたが、授益性は補語が格表示されない場合に「補語への働きかけを実現するための手段」でもある。その意味でこれまでの説明は不十分であると言える。以下、文・発話状況のレベルで検討する。

　　（25）ａ．（手を怪我している先生の）「ネクタイをお締めした。」
　　　　　　　　　　　　　　　　　　　　　　　　　（森山 1990 の例）
　　　　　ｂ．（重い荷物を持つ先生を見て）「お持ちします。」

　（25a）（25b）とも、補語の望む行為を主語が代行し、労力を軽減していると解釈でき、自然な表現となる。他方、窪田（2002 : 410）で挙げられている次の例などは判断が分かれる。

　　（26）（授業終了後、教師が黒板を拭いているのを見て学生が）
　　　　　「先生、私がお拭きします。」

　黒板を拭く行為が「先生」に属するものと思われる場合、代行による労力軽減が含意され、自然となる。しかし、「本来黒板は学生が拭くもの」と思われる場合には、授益性のない当然の行為にすぎず、不自然に感じられる。見方を変えれば、「お～する」が、本来の行為者は補語という含意を生み、不自然なものとなる、ともいえるかもしれない。本来の行為者に関する認識差が自然さを分けるケースである。

　このように、Ｂ群では、補語の負担や労力の軽減の可否が自然さを分ける要因になる。ただし、負担や労力の軽減行為でも、事物の扱いに関わる具体的行為とはいえない「行く」「戻る」「立つ」などは「お～する」になれない。補語が望む事物の扱いに関する働きかけに比して、「ために」が想定しにくい理由によるものと思われる。

　ここで、（9）の大曽（1987）の例にもどってみる。

　　（27）ａ．??（学生が教員に）「明日試験をお受けします。」=（9a）
　　　　　ｂ．（受賞の知らせに）「ありがたくお受けします。」=（9c）

（27a）が不自然なのは、補語が格表示されない点でA群には入らず、B群の授益性の表現としても「受験の義務」という決定済みの行為に対立してしまうことになるからである。他方、（27b）の「受賞」の場合は、潜在的ではあるが、「授賞先から」というカラ格を含んだ形で補語へのニュートラルな働きかけが表現され、自然なものになるといえる。

　なお、B群の漢語動詞については一部の例の提示だけで特に触れなかったが、ここでまとめて確認したい。例えば、B群の和語動詞を用いた「お選びする、お調べする」は授益性や代行性を表すが、漢語動詞を用いた「ご選択する、ご調査する」は謙譲語にならない。和語の場合、「選び」「調べ」ともに格助詞が付加しにくいなど、名詞としての独立性は高いとはいえないが、漢語の場合には容易に可能である。また、B群は補語への働きかけが格表示の形で保証されないものであるから、漢語動詞の場合、「お／ご」の付加によって名詞的側面がさらに強められることとあわせ、「（〜が）〜すること」という形で行為主体の存在のみの表現となると解釈できる。他方、和語の場合、「お」の付加により尊敬語化するものの、名詞としての独立性の低さと「する」との結びつきの緊密性に欠ける点とが、「お〜する」内の語という性質を保持しているといえるだろう。「ご案内する」「ご紹介する」等のような補語が格表示されるA群とは異なり、B群の漢語はほとんど尊敬語となってしまう。（例外として「用意する」「料理する」の二語が確認されたが、前者はニ格補語をとるという解釈ができ、A−1群に入れられる。「料理する」の「お〜する」形は美化語というべきであろう。）ただし、この点は精査が必要であることは言うまでもない。さて、ここまででB群の特徴をまとめたい。

【2】補語を格表示せず、補語の望む事物の扱いに関する行為を主語が代行するなど、補語の負担や労力の軽減によって、補語への非加害的働きかけを実現する動詞。代行、負担や労力の軽減によって表現全体のレベルで補語への授益性が発生する。

4.4　C群

　C群は、補語を格表示する点ではA群と共通であるが、動詞の語彙的意味として補語への加害性[21]を帯びている点が異なる。ただし、行為のあり方や話し手の表現方法（謝罪の言葉など）の助けを得て、非意図的行為として、結果的に人格的領域への意図的加害性が回避可能と判断できる場合に限って成立する。そしてその点において条件Ⅰ・Ⅱを満たす。

C群…「聞かせる」「待たせる」「（軽微な迷惑を）かける」など

　これは文レベル、あるいは特定の条件下においてのみ臨時的に成立可能なものである。

(28) a ．（先生に対して）「（ご迷惑／お手数）をおかけしました。」
　　 b ．（先生との待ち合わせに遅れてしまい）「お待たせして大変すみません。」

　(28a)(28b) ともに、対話場面で補語が聞き手の場合に、主語の「非意図的行為」の含意、かつ謝罪の言葉とともに用いられるのが一般的であるため、補語の許しが想定可能であり、結果的に人格的領域への意図的加害性の回避が可能とみなすことができる。
　一方、より加害性の強い「殺す、叩く、殴る」などの動詞になると、補語を格表示し、「先生をお殴りしました。」などとは当然言えない。謝罪の言葉を重ねても不可である。B群のように授益性の表現として、「（先生に代わって）あいつをお殴りしておきました。」など、労力軽減の表現としても不自然である。これらは、意図的加害性を表す動詞であり、条件Ⅰを満たさず、そもそも「お〜する」形にできないのである。C群は以下のようになる。

【3】補語を格表示し、語彙的意味として補語への軽微な加害性のある動詞。対話場面での使用が中心であり、「非意図的」であることの含意や、謝罪の言葉とともに用いるなどの表現方法の助けを借

りて、補語への意図的加害性を回避できるものに限る。

4.5　不成立のもの

そもそも「お／ご〜する」の形として成立しないものである。それゆえ文レベル、発話状況レベルまでは特に検討する必要がなく、ここでの議論上、特に挙げる必然性もないが、仮にD群として挙げると、以下のようになるだろう。

【4】①軽微とはいえない加害的意味を持つ動詞。
　　　②主語の存在自体を表現したり、主語の行為や内的思考の影響が補語への具体的な働きかけを持つとはいえない動詞や、主語の行為のあり方に重点が置かれる動詞等。

　該当するものは、①では、「殺す、殴る、蹴る」などが入る。②では主語以外の人間に影響を及ぼさないものとして、「いる、住む、眠る、希望する、乗車する」など多数ある（ただし、例えば「（長期海外出張の先生に代わって先生の家に）お住みする」などと、「補語の行為に代わって」というケースではいえなくもないが、一般的ではない）。
　具体的な働きかけを持つといえないものとしては、「追う、目指す、あこがれる」などが挙げられ、行為のあり方に重点が置かれているものとしては、「語る、述べる」等が挙げられる。このうち、前者は、「主語の側からの補語に対する行為」ではあるものの、補語に対する具体的な働きかけがあるかどうかは判断不能なものであり、後者は、「話す」が直接的な行為であるのに対して、「言葉で言い表す」そのこと、あるいはその表現方法に関する語であり、行為自体の直接的表現とは言い難いだろう＊22。

5　考察とまとめ

これまで検討してきたA〜C群までを図表1に示す。

図表1 「お／ご～する」形をとる動詞と成立条件

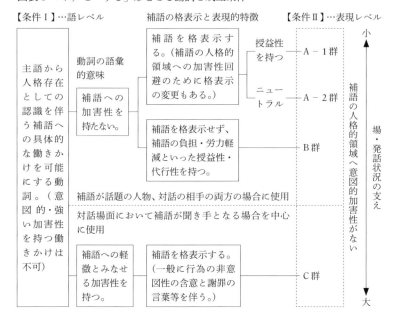

　各群の配列は、「お～する」の文・発話レベルにおける成立のしやすさでもある。補語を格表示し、語彙的意味として授益性を有するA-1群は、自然なものになりやすい（ただし、格表示が変更される場合もある）。他方、B群では補語への働きかけは、「ために」という、文・発話状況レベルに支えられる。C群は非意図的かつ軽微な加害的行為と判断可能な強い「場」の支えによって使用可能となるものであり、ほぼ対話の場面で対者的かつ臨時的に用いられる。そして、各群の共通点として、前述の条件Ⅰ・Ⅱが導出されることになるのである。A-1群は条件Ⅱもほぼ語形レベルで満たしており、C群は加害性を持ちつつも、その軽微さ、かつ非意図性により、条件ⅠⅡともに満たすことが可能になっている。こうした事実から、現代語の「お～する」の機能は、行為の内実に関する細やかな判断を前提として発揮されるということが確認できるのである。

　なお、「お～する」を含む謙譲語Aの機能として、「尊者に対して、具体的な働きかけや行為の授受といった直接的な踏み込みを行う、まさにそうした失礼さを緩和する機能」（森山2003：211–212）の

見方もあるが、やはり、これまで検討してきた条件を前提として補語と主語を（言葉の上で）上下に定位する、というべきではあるまいか。例えば、A−2群の「待つ」、B群の「持つ」「調べる」などに「踏み込みを行う失礼さ」があるとは言えないのではなかろうか。「お〜する」は、補語の人格的領域に意図的加害性ではない働きかけがあるとみなされる場合に、両者間で上下の定位を行うのである。ただ、あらかじめ（立場的な）上下関係がある場合に用いられることが多いために、「失礼の緩和」のように見えるだけではあるまいか。また、失礼さの緩和機能というのであれば、これまで検討した補語の格表示変更の理由については十分に説明できないことにもなる。

　さらに、本章のように考えることにより、例えば、鈴木（1989・1997）*23で言う、〈聞き手の領域〉に触れることによって発生する「失礼さ」は、触れ方の「直接性」が聞き手の人格的領域への一種の規定となって加害性を生じさせるから、という解釈ができる。そのように考えることにより、「お〜する」と連続的にとらえることが可能になる。例えば、鈴木（1989）で挙げている不自然な表現「召し上がりたいですか」は、「召し上がりますか」としても人格的領域に触れる点では共通である。ただし、前者は補語の人格的領域に対し、外部から直接的な表現で規定する点で加害性を生じさせ、後者はそれがないという点で自然になる、ということになろう。

　このように考えると、「お〜する」形とは、主語による補語の人格的領域への働きかけとその影響のあり方に対する細やかな顧慮*24の反映の上に、両者を上下に定位する形式であるといえるのである。最後に各群を、補語の格表示の有無、授益性と加害性のスケールに位置づけると次のようになる*25。

図表2 「お/ご〜する」をとる動詞の格表示の有無と授益性

	授益性大 ←　ニュートラル　→ 加害性大			
補語の格表示 有	A－1群	A－2群	C 群	不 可
無	B 群			不 可

　図のように、加害性の大きいもの（「殴る」「叩く」など）は格表示の有無にかかわらず不可になる。これらは意図性を伴うものか、補語の容認が想定不可能なものである。また、点線部分は図の空欄を埋めるものであるが、ここに入るものは、現在では、例えば、「入る」をとると、「(先生の部屋に) 入らせていただいてもいいですか」などの、いわゆる「させていただく」表現などが挙げられよう。

　他方で、「(先生の部屋に) お入りしてもいいですか」など、現時点では適否判断は分かれるが、現在少なからず使用が見られるものもある*26。

　そのように考えると、点線部分は、今後「お〜する」形をとるようになる可能性があるともいえる。こうした点については第4章で扱うが、今後の「お〜する」形の動向を考える際に有効な観点であろう*27。

6　「お/ご〜する」と「お/ご〜申し上げる」との比較

　ここでは、これまで検討してきた「お〜する」と、同類とされる「お/ご〜申し上げる」（以下「お〜申し上げる」とする）との関連性を簡単に見ておくことにする。

　管見では両者の違いについて整理したものは見つからないが、例えば、「辞退する」「期待する」「祝福する」「通告する」「同情する」のように、補語との直接的関係・働きかけはあるが、「お〜する」形として成立すると言いがたいものは、「お〜申し上げる」形では

成立可能になる。和語動詞の場合だと、「悔やむ」「見舞う」「喜ぶ」等がそれ（「お悔やみ申し上げる」等）にあたる。

つまり、これらの動詞は、補語への働きかけを明確化するために「申し上げる」と接続することで、補語に対する明確な働きかけと高い配慮を同時に可能にしているのであろう。例えば、和語動詞の場合、「悔やむ」「見舞う」「喜ぶ」は、実際には「お悔やみの言葉を申し上げる」などの意味で用いられることがほとんどであろう。ここでは、「申し上げる」が、単なる謙譲語形式としてではなく、発話行為自体を表現しているのである。その意味で言えば、「お～申し上げる」は、「お～する」より敬度が高い、というだけではなく、具体的な「働きかけ」を明確にするものとして作用していると見ることが可能になる。

ちなみに、現代の「お～する」、「お～申し上げる」を、一般的（と思われる）見解に基づき、併置してみると以下のようになる。

図表3 「お～する」と「お～申し上げる」の比較

表現形	「お／ご～する」	「お／ご～申し上げる」
接続可能な動詞群	A・B群とC群の一部	A・B群、その他
敬意の程度	低・中	高
話題・対者敬語	話題・対者	話題＜対者

（注）「接続可能な動詞群」は図表1での分類に基づく。「話題・対者敬語」は、話題中の補語に使用されることが多いか、あるいは対者が補語の場合に使用されることが多いか、使用頻度に関するものである。「お～申し上げる」の場合、対者が補語の場合に用いられることが多いものと思われる。

両者はこうした位置づけが可能なのではあるまいか。「お～する」は、具体的働きかけのある動詞（と一部の名詞）しか取らないが、「お～申し上げる」になると、接続可能な語の範囲が一部拡大するのである[*28]。

そしてそれと同時に「お～申し上げる」では、「恨む」など、意図的加害性を持った語もその形式内に取ることができる。それについては、個々の謙譲語形式の成立事情について論じた後でもう一度（第6章）扱うこととする。

＊1　語形の持つ機能面での説明の他、対象への働きかけや授益性の有無、「対象に代わって行う」といった代行行為の観点等からの使用条件の説明などがあるが、それらに対する統一的な見方はなく、ほとんど個別例の解釈にとどまっているものと思われる。
＊2　菊地（1994）では、敬語上の主語（は、に、が、には、などで表現される）ものを〈主語〉とし、〈主語〉でないある種の文成分、目的語などを仮に〈補語〉（を、に、から、と、ために、等をとる）としている。本稿での主語と補語はそれに従う。主語と補語はともに人間である。
＊3　〈適用〉の問題とは、「社長が部長をご案内した」など、主語と補語との上下関係に関するものであり、後者は、補語への謙譲語使用が話し手と聞き手の関係で規定されるといった側面に関するものである。
＊4　意味や機能的には不適と言えないものの、「お〜する」形にできないものについてはこれまでも指摘されている。動詞一拍の場合、「お」で始まる動詞（「追う」「負う」など）の多くや、外来語のほとんど、長すぎる語、俗語、擬態語・擬音語等も入りにくいとされるが、これらは、そもそも「お／ご〜」になりにくいものでもある。
＊5　森山（1990）では、「「人格を持つ対象への踏み込み」が「敬譲関係の保持」とともに行われることが、謙譲語成立の必要十分条件になる」（同：16）とする。そして、「人格を持つ対象への踏み込み」の下位分類として、以下の6タイプを挙げている。

| i　補語共動性　　ii　授益性　　iii　迷惑性　　iv　メッセージの伝達 |
| v　許可を要する行為　　vi　人格的存在の認識 |

　だが、例えば、「お断りする」「ご辞退する」などに「踏み込み」があるかどうか判断しにくいとも思われる。
＊6　森山（2003）では「敬譲関係」について、「話題となっている両者の間に、師弟関係にあったり、同一組織に属するなど、何らかの結びつきを有した上で発生している上下関係を言う。」（同：204）とある。だが、（8a）（8b）とも、そうした意味での敬譲関係が保持されていたとしても表現上は不自然とも思われる。また、具体的な働きかけがあり、こうした敬譲関係を満たしている場合でも、（4）の不適切性の説明には困難な面があるとも思われ、語用論レベルも含めた精緻な検討も求められよう。
＊7　蒲谷（1992）では、本書で述べるA群にあたるものをI類、B群にあたるものをII類として違いを述べており、本書でも非常に多くの示唆を得ている。ただ、「お〜する」形の成立条件について、特に踏み込んだ説明はなされていないものとも思われる。
＊8　小松（1967）の詳細な論考がある。「お〜する」が「一般に広く使われ、独立した敬語動詞となっていった」のは明治20年〜30年頃であり（同：98）、その頃から動詞連用形の挿入による一般化が行われたとされている。
＊9　『日本語基本動詞用法辞典』（1989 大修館書店）は、日本語学および日本語教育を専門とする研究者の執筆によるもので、日本語学習と日本語教育の要求に応じることを目的に編纂されたものとされている。

＊10　「試験を作成した先生に対する敬意を表そうとしても「試験をお受けします」とは言わない」（同：133）とし、限られた状況でしか使えないものに「お出しする」「お書きする」などを挙げている。
＊11　森田（1994）では、「語義・文型の問題性よりも、各格に立つ名詞句中の体言の意味特性の指示、それに、より基本的な動詞を優先的に選ぶというこの二点に重きを置いたのであろう」（同：138）とし、加えて「おさめる」「伴う」「とる」「除く」などの重要語が落ちている、とも指摘している。
＊12　補語が明示される際に格表示されるという意味であり、文脈等による補語の省略はある。
＊13　動詞の語彙的意味として補語への授益性や加害性を持たない、という意味である。
＊14　（12）ｂが不自然に感じられるのは状況が想定しにくいからである。「先生をアジトに」という表現に加害的行為という一種の推意が働き、「招待する」という動詞の語彙的意味にそぐわない感じが残る。すなわち状況が容易に想像できないゆえであって、表現自体の不適格さではない。
＊15　（14）の用例は窪田（2002）に依拠している。また（15）の用例は森山（1990）を参考にした。
＊16　角田（1991）では、「所有者敬語」として、「山田さんは陛下のお荷物をお持ちした」等を挙げているが、「お持ちする」は、補語に代わって、という表現と判断できる。補語の所有物ではない場合には、「〜ために」という授益性の解釈も可能である。ただし、この場合はＢ群に入る。
＊17　この「と」は、動作の共同者、対等の資格で並列させる、などの指摘がなされることが多い。
＊18　久野（1973）では、「「ト会ウ」と「ニ会ウ」」する章で以下の例を挙げている。
　　（8）ａ．私ハ先生ト会イニ、渋谷ニ行ッタ。
　　　　ｂ．私ハ先生ニ会イニ、渋谷ニ行ッタ。
そして、「(8a)は、非文法的ではないが、一般には用いられない。」とし、「心理的には、「私」が、「先生」の居る処まで一人で出向いて行った、という「長幼の序」にのっとった出来事として表わしたいという気持ちによるものであろう。」（以上、同：63）とする。
＊19　（24）とは異なり、対者を補語とする場合は、「（先生に）私がお送りします」のように自然である。場、状況の支えによって、人格的領域への加害性が回避され、不自然さが生じないと思われる。
＊20　Ｂ群の動詞は、例えば、「書く」を例にとり、「お〜する」にすると、「（手に怪我をしている先生に代わって手紙を）お書きした。」とは言うが、補語を格表示し、「先生に手紙をお書きした。」とはほとんど言わないだろう。この場合、「先生に手紙をお送りした」が一般的であろう。
＊21　主語の行為から一般的に感じられる加害性である。ただし、後述のように、加害性の程度やあり方次第で人格的領域への意図的加害性が生じるとは言えない、あるいは回避できる場合もある。
＊22　ここで挙げている例については菊地（1994）を参考にした。
＊23　鈴木（1989）をより精緻にした鈴木（1997）では、話し言葉のスタイ

ルを「普通体世界」と「丁寧体世界」にわけ、特に丁寧体世界において、〈聞き手の領域〉に関する内容の発話が避けられる場合の例を挙げる。そして〈聞き手の領域〉の内部の中心にあって一番制限の強いものとして、聞き手の欲求・願望・意志・能力・感情・感覚などに深くかかわる《聞き手の私的領域》を提示している（同：58–61）。鈴木の場合は、例えば、「たい」「ほしい」を用いた「～たいですか。」など、「聞き手」の領域に直接に言及する表現を扱っているが、それは本稿でいう人格的領域への加害性に相当する。

＊24　一般には「配慮」が使われると思われるが、「配慮」には敬語使用の意図全般を表現したり、上下関係から派生した「距離」などと同様の一用法を意味する場合もあるため、使用を避けた。

＊25　点線部分は、補語を格表示せず、補語の人格的領域への働きかけがニュートラル、あるいは軽微な加害性を持つものである。

＊26　その他の例として、「（先生の部屋で）お座りしてもいいですか」「（先生の部屋にあるものを）お持ちしてもいいですか。」などが挙げられよう。ただ、これらは現在は自然なものとは言い難い（話し手によって判断が異なる）だろう。とはいうものの、実際には多く耳にすることのある表現でもある。

　ちなみに、本稿筆者の大まかな調査によれば、B群は、他の群と異なり明治から大正期頃までは使用がみられない。ゆえに、図表2は通時的変化のモデルにも適用可能に思われるが、それについては第3章以降で論じる。

＊27　ここで示したA～C群について、菊地（2022）では〈さし向け〉／〈向かう先〉という規定の有効性を挙げて論じているが、ここでは特に扱わない。

＊28　ただし、菊地（1994）で指摘するように、「お～」の形を取れる範囲は「お～する」に比較してかなり狭い。詳細については第6章で扱う。

第2章
近・現代の謙譲語の成立と展開1
先行研究と明治・大正期の使用例から

1　はじめに

　本章では、第1章で詳細に検討した謙譲語の一般形「お／ご～する」形（以下「お～する」とする）、およびそれを含んだ表現形成立のための条件をふまえ、成立期における状況はどうであったのか、その状況について概観する。

　具体的には、明治・大正期の代表的な作家を取り上げ、作品中に現れる「お～する」形とその他の形式について調査し、形式内に取ることができる語の条件や語用論的条件等、現代のそれと違いがあるかどうかについて検討する。

2　先行研究から

　前述したように、明治・大正期の謙譲語の成立および使用状況については、「お～する」の成立を中心に扱った小松（1967）の詳細な論考がある。それによると、「お～する」が「一般に広く使われ、独立した敬語動詞となっていった」のは明治20年～30年頃であり（同：98）、その頃から動詞連用形の挿入による一般化が行われたとされている。

　またそこでは、「お～する」成立以前の、「お」「する」がそれぞれ前接、後接する形式について通時的に検討し、名詞を挟み込んだ「お味方する」などを経由して、動詞連用形を挟み込んだ「お強いする」「お訊ねする」などが出現した時期を「お～する」の成立とみている。加えてそれ以前の「お／ご～申す」「お／ご～いたす」（以下それぞれ「お～申す」「お～いたす」とする）との関係性についても言及しており、おおよそ次の図のような流れを提示している*1。

これによると、当初、待遇価の低い位置を担う形で成立した「お〜する」が次第に使用量を増加させ、待遇価においても急速に範囲を拡大し、「お〜申す」がカバーしていた待遇価の高い領域に侵入、結果として「お〜申す」を「お〜申し上げる」にとってかわらせたということである。

```
　　　　　　　　　　　江戸末期　──　明治30年頃　──　明治末・大正初め
(待遇価高)「お〜申す」→価値漸増→使用減少　「お〜申し上げる」が主流に
　　　　　「お〜いたす」(武士ことば系)→存続
(待遇価低)「〜申す」　→退潮→消滅・「お〜する」に→使用範囲拡大、謙
　　　　　　　　　　　　　　　　　　　　　　　　　譲語の中心的存在に
```

　使用量、範囲ともに拡大していった「お〜する」であるが、そもそも語形上の特徴に乏しい形式であり、成立当初から規範的意識では「誤用」とされる尊敬、美化語等にも用いられた場合があったこともそこでは指摘されている。そして、規範的な立場からは長らく認められなかったこともあわせて述べられている。

　小松（1967）の論考は丁寧な用例調査に基づいており、「お〜する」成立前後の謙譲語全体の変化・動向を見ることができる。ただし、「お〜申す」に「お〜する」がとって代わる過程において、両形式内に取ることができる語の違い、さらには「お〜する」形のその後の用法の拡張に関する記述等は特になされていない。

　他方、辻村（1992）*2 では、小松（同）と同様、「お〜する」成立期の用例を示すとともに、近代の敬語の発達について、松村（1957）で試みられた東京語としての時代区分にいくらかの修正を加え、次のような時代区分を行っている。

　辻村の区分は、個々の形式変化を論じる際はもとより、敬語全体の体系の変容を捉える意味においても極めて有効である。

> 第一期 形成期（明治初年から10年代の終わりまで。明治前期）
> 第二期 成立期（明治20年から30年代まで。明治後期）
> 第三期 完成期（明治40年から大正10年代まで。大正期）
> 第四期 発展期（大正10年代から昭和20年代まで。昭和前期）
> 第五期 転換期（昭和20年以後。昭和後期）

　このうち、謙譲語としての「お～する」形式の成立は、小松（1967）の指摘とあわせると、第二期にあたることになる。また、辻村（1992）*3では、大正期の谷崎潤一郎、佐藤春夫等の作品の調査結果から、「お～する」が「お～申す」にほぼ取って代わったという指摘を行っており、これは上記の区分によれば、第三期にあたる。

　これらの研究から、「お～する」が形式として成立し、安定的使用となっていった時期は、近代敬語の成立期と完成期にあたることが確認できる。

　以上が、明治・大正期の謙譲語の成立に関わる先行研究の代表的なものである。

3　資料と方法

　本章では、こうした先行研究もふまえ、辻村（1992）での第二期から第四期にあたる文学作品を中心に、「お～する」の使用実態を調査するとともに、それが謙譲語形として安定的使用となっていく状況について確認する。

　資料としては、『CD-ROM版明治の文豪』『CD-ROM版大正の文豪』および『明治文学全集』（筑摩書房）を用いるものとする。

　近代小説は、その文体的特徴・使用範囲・方言差等により、言語共同体内の使用言語に関する史的変化の検証に用いる資料としては決して優れているとはいいがたい面もある。なかでも、諸方言も視野に入れた日本語史の全体像を探るといった際には不十分なことはいうまでもない。だが、時系列に沿って一定量のデータが入手でき、

変化の様相の傾向を探るという意味では十分に有効性があると考え、ここではこれらの資料を用いることにした。
　以下、資料の扱いについて注意すべき点を列挙しておく。

・森鷗外の歴史物や、樋口一葉の一連の作品等、文語体で書かれたものは「お～する」の使用が期待できないため除外した。（試しに用例を探してもみたが、結果的には見つからなかった。）
・「お～する」は基本的には会話文に用いられるが、「語り手＝登場人物」（いわゆる一人称小説）の場合などもある。地の文と会話・心内語等とは特に区別しなかった。
・作家の出身地等による方言差については特に配慮しなかった。

　ちなみに、「お～する」成立とされる明治30年以降の代表的作家の作品中の「お～する」の出現状況について簡単に調査すると、概略、以下の通りであった。

・二葉亭四迷　明治20年初出。以下、明治末ごろまで安定的に使用が見られる。
・夏目漱石　　明治38年『吾輩は猫である』が初出。『明暗』までには安定的使用が見られる。
・森鷗外　　　口語体小説が少なく、用例は見つからない。
・島崎藤村　　明治末から安定的に使用されている。
・田山花袋　　明治40年頃から安定的に使用されている。
・樋口一葉　　特徴的文体のため使用なし。
・泉鏡花　　　特徴的文体のため使用なし。

　こうした点から、「お～する」は、明治末頃までに、広く一般化した表現になっていったことが想定できる。以下、これらをもとに、二葉亭四迷と夏目漱石の場合についてみてみることにする。

4 明治・大正期の文学作品にみる使用例

4.1 二葉亭四迷の場合 『浮雲』『其面影』を中心に

ここでは、二葉亭四迷作品の翻訳（翻案）物を除いた代表作の『浮雲』（明治20年）、『其面影』（明治39年）および『平凡』（明治40年）を軸に、その隙間を埋めるものとして一部の翻訳小説も参考に見ていきたい。

「お～する」の成立時期が明治30年頃と考えられることから、まずは、上記3作品におけるヲ格を介在する形、いわば過渡的段階とみられる「お～をする」と、「お～する」「お～申す」の使用数を提示する。

図表1　二葉亭四迷作品にみる謙譲語形

語形 作品	「お／ご～をする」形		「お／ご～する」形		「お／ご～申す」形	
	異なり語数	延べ語数	異なり語数	延べ語数	異なり語数	延べ語数
『浮雲』 （明治20年）	2	2	2	3	7	11
『其面影』 （明治39年）	2	2	11	28	9	10
『平凡』 （明治40年）	1	3	1	2	2	2

『浮雲』において、「お～する」は（形式としては）3カ所用いられていた。前後の文もあわせて例示する（(1)では話し手によって「お～する」と「お～申す」が使われている。）

(1)　（お政から文三へ）「オヤもう十一時になるヨ、鍋の寝言を言うのも無理はない、サアサア寝ましょう寝ましょう、あんまり夜深しをするとまた翌日の朝がつらい。それじゃア文さん、先刻の事はいずれまた翌日にも緩り<u>お咄しましょう</u>」（文三からお政へ）「ハイ私も……私も是非<u>お咄し申さ</u>なければならん事が有りますが、いずれまた明日……それではお休み」

第2章　近・現代の謙譲語の成立と展開1　　67

(2)（文三からお勢へ）「アアそれ程までに私を……思ッて下さるとは知らずして、貴嬢に向ッて匿立(かくしだ)てをしたのが今更恥かしい、アア恥かしい。モウこうなれば打散けてお話してしまおう、実はこれから下宿をしようかと思ッていました」（お勢から文三へ）「下宿を」

　(3)（お勢から昇へ）「それにあの嬢も、オホホホ何だと見えて、お辞儀する度に顔を真赤にして、オホホホホホ」（昇からお勢へ）「トたたみかけて意地目つけるネ、よろしい、覚えてお出でなさい」（お勢から昇へ）「だって実際の事ですもの」（昇からお勢へ）「シカシあの娘が幾程美しいと云ッたッても、何処かの人にゃア……とても……」（お勢から昇へ）「アラ、よう御座んすよ」

　(1)では、自分が好いているお勢の母であり、かつ叔母でもあるお政の気楽な口調に対して、終始改まった態度を崩さない文三の姿が対比的に描かれている場面である。場にいるのは文三、お政、お勢の三人であるが、お政の言葉は共同行為としての会話の再開を促すものであり、文三に対する優位な立場とそれまでの口調とあわせると、お政自身から文三に何かを告げるといった性質のものとは判断しがたい。

　他方、文三は「是非お咄し申さなければならん事」として、お政に対して、当時の代表形とされる謙譲語を用いている。そのように考えると、お政の「お咄しましょう」とは、この場合「美化語（あるいは丁寧語）＋する」と判断するのが適切であろう。

　同様に（2）では、自身の免官の事を告げた文三を非難したお政と言い争ったお勢の思いに感動した文三がお勢に語る場面である。ここでの「お話してしまおう」は、これまで多く見られたように、「お話をして」のヲ格脱落とも見られるし、あるいはまた、お勢に対する「下さる」「なすった」等の尊敬語とあわせると、謙譲語ともとれる可能性がある。だが、これは、文三自身の内面との対話であり、言おうか言うまいかという逡巡を振り捨てようとしている発話であり、お勢に向かってはいるものの、発話意識としては自分自身にあるといってよい。つまり、場面としてはお勢に話をしつつも、

一会話の中身としては、自身との対話といえる場面である。

　また、『浮雲』の「お話（咄・噺）する」について言えば、「お話（咄・噺）をする」といったヲ格を挟み込んだ例は一つもない。また、作品全体の中で「お／ご〜をする」形を取るものは、「お洒落をして」「お膳立をして」の２例であり、これら「お洒落」「お膳立」は、「お」を外すと別の意味になるか、不自然な表現になる。また、「お／ご〜」についていえば、会話文中、「話（咄）」は、ぶっきらぼうに話した２例を除いて、全てが「お話（咄・噺）」である。そのように考えると、この「お話して」は、「美化語（あるいは丁寧語）＋する」のヲ格脱落（あるいは「お」＋サ変動詞）ととるのが穏当であろう。

　ちなみに、四迷が文体的に影響を受けたとされる円朝作品においても、「お話する」の形は見つからなかった。ただし、「話（咄・噺）」は、それが及ぶ人間を想定した行為であることは事実であり、その意味において、行為の影響する方面、すなわち補語を意識したものともいえ、そこには謙譲語としての萌芽があるともいえるだろう。

　（３）は、お勢が他の女性を凝視した昇をからかう場面であるが、「お辞儀する」の場合も、『浮雲』全体を通じて、「お辞儀をする」やその活用形は存在しない。ここも、お勢が昇をからかう場面であるという点を考慮すると、「お話する」と同様に、「美化語（丁寧語）＋する」のヲ格省略と考えるのがふさわしく思われる。

　以上のようにみると、『浮雲』の三カ所の「お〜する」形は、あくまで「お／ご〜」＋「する」の形態のままであるとみるべきであろう。

　加えて、『浮雲』内で補語に対する敬意として機能していると明確に判断できるものは、例外なく「お〜申す」形をとっている。そのように考えても、『浮雲』での「お〜する」について、ヲ格脱落とは異なる特徴的な機能を有する「新たな一つの独立形式」になったという判断はできないことになる。

　すなわち、「お／ご〜」自体が謙譲の意味を有している場合でいえば、その場合の「お〜する」はヲ格省略による熟合と判断される

べきものであり、「お〜する」形が全体として謙譲語形式として機能しているとは言い難い。

　先行研究にも「お〜する」形の用法としては、謙譲の他に尊敬や丁寧の用法があったとされるが、それは「お／ご〜」が敬意対象に属する所有物や転成名詞、敬意対象の動作を表す動詞連用形等に付く場合は尊敬であり、敬意対象の人物に及ぶ動作を表す動詞連用形についた場合には謙譲、そしてそのどちらでもない場合として美化（丁寧）が存在していたということができよう。

　つまりそれらは、ヲ格助詞とサ変動詞がついた「お〜をする」からヲ格が脱落した状態の、いわば「お〜する」形が一つの語彙、文法形式として成立する以前の形態的な祖型であるというべきであろう。

　次に、『其面影』（明治39年）を見る。まず最初に示した通り、『浮雲』と比較して、形態としての「お〜する」形の多さが確認される。数例挙げる。

（4）　その時はお浜さんの姿が見えず、旦那様お一人で御酒を召上っていらしったので、これはと思って躊躇(ためら)うと、透かさず旦那様が、今日は浜が留守で淋しいで、失礼じゃが、先生にお間をお頼みしょうと思うてお喚び申したのじゃ、さあ、直と此方へと仰有る。

（5）　「ですから、私実に辛いのですけど」と小夜子は熱心に、「こんなお話しない中に何にも言わないでお別れして、そうして神様の前で悔い悛めようと思ってたのに、兄様が……」

（6）　小夜子は絹フラシの肩掛の襟を蝶々で留めていたが、嫣然として、「ええ、好いわ。その代り私お転婆してよ」

（7）　講義が済んで応接所へ来て見ると、今年まだ四十七だというに、可哀そうにもう頭はツルリと薬鑵の久兵衛さん、狼狽(あわて)て椅子を離れると、莞爾(にっこり)しながら何やら言って、極り悪そうにお時儀する。

（8）　「いいえ、直と家へ行きましたわ、余り此処でお饒舌(しゃべり)して晩くなったから」と微笑する。

（9）　「そうでしょうかしら」と少し不服の気味で、「そうしてね、

兄様とこうしてお話していると、そんなでも有りませんけどね、一人だと、何だかこう始終姉様の顔が目に見えるようで、悲アしくなって、それで私先刻も泣いてたのよ」

　上記のように、「お〜する」形は、美化語をはじめ、「お／ご〜」に様々な形をとり、いずれも多様な「お〜をする」の表現がそのままヲ格を省略する形として一つの生産的形式となってきたことが想定できる。

　また、謙譲語とみえる（4）と（5）であるが、これは、それぞれ「お〜する」形の後に「思う」があるように、会話文の形態をとってはいるものの、話者の心内表現に用いられており、話し手の側の関与が増大した相対敬語化が進行した明治という時代状況も勘案すると、第三者（この場合聞き手でもある）を意識した謙譲語が使われているとは断言しがたい。つまり、この時点でも「お頼みをし」「お別れをし」のヲ格脱落としての形態レベルにとどまっている可能性もある。そのことは、（4）で聞き手を補語とした場合は「お喚び申し」を使っていることからも確認できるだろう。

　さらに、「お話しする」の場合、共同行為としての場合と一方から他方への行為として捉えた場合があり、謙譲語使用の契機となるのは後者であるが、『其面影』に見られる「お話しする」は全て前者であり、そのことからも『其面影』においては「お〜する」形は未成熟であったといえるものであろう。

4.2　夏目漱石の場合　　主要作品を中心に

　漱石の小説家としての活動時期は、明治38年の『吾輩は猫である』から大正5年の『明暗』までであるが、その間、継続的に作品が発表されている。また、講演や日記・学術研究など、多様なジャンルにわたる作品群を残しており、ジャンルに応じたスタイルシフトも行っているといわれている。

　また、小説においては例えば否定辞として「ぬ」を多用する文章から、「ない」のみを用いた文章といった通時的な文体の変遷もみられるようである。ゆえに、謙譲語の変遷をみるためにも漱石作品は有効性が高いということが想定できる。ただし、漱石個人の文体

変化と、東京語全体における文体の変化とは一致するとは限らないことは勿論である。

　まず、最初の作品である『吾輩は猫である』をみると、漱石の謙譲語には様々な形があることが確認できる。

(10) a．「今はとにかく、昔は親密な間柄であったそうだから御依頼するのだが…」
　　　b．主人は一寸驚ろいた様な顔付であったが、こちらへ御通し申してと言い棄てて、
　　　c．「まだ色々御話し致したい事も御座いますが、御迷惑であらっしゃいましょうから……」(寒月→苦沙弥先生へ)

ここで使用されているのは、「お～する」「お～申す」「お～いたす」の３種である。『吾輩は猫である』が、「お～する」が謙譲語の一般の傾向となった早い例かもしれないということは、小松(1967)でも指摘されているが、小松(1967)では、菊地(1994)にあるような謙譲語Ａ・Ｂ・ＡＢといった現代の謙譲語のタイプは意識されておらず、あくまで三分法(いわゆる尊敬・謙譲・丁寧)に基づく「謙譲語」として一括して扱われているようである。したがって、漱石作品内の「お～する」形式内の語や、その使用場面等の分析、「お～申す」「お～いたす」との比較を行うことは、近代以降の謙譲語の変化を辿る点において大きな意味を持つ。

　例えば、『吾輩は猫である』では、もてなし、接待の意味で使われている場合、全て「御馳走する」形を取っており、ヲ格が挟み込まれた「御馳走をする」形は一例もなかったが、その場合の「御馳走する」は、次の(11)のような例から、「美化語＋する」と判断できよう。

(11)「その代りです。披露のとき呼んで御馳走するです。シャンパンを飲ませるです。君シャンパンを飲んだ事がありますか。シャンパンは旨いです。…」
(12)(迷亭が先生に)「それから二人で表へ出ると、どうだ君うまく行ったろう、椽面坊を種に使ったところが面白かろうと大得意なんです。敬服の至りですと云って御別れした様なものの実は午飯(ひるめし)の時刻が延びたので大変空腹になって弱

りましたよ」

　また、(12)の「御別れする」であるが、菊地(1994)にもある通り、「御別れする」は美化語と謙譲語の両方があり、その判別は状況による。そして、この場合の「御別れする」は、文脈上、美化語に近いものと思われる。さらに別の例も挙げる。

(13)(泥棒の侵入を発見した語り手の猫が読者に)吾輩は叙述の順序として、不時の珍客なる泥棒陰士その人をこの際諸君に御紹介するの栄誉を有する訳であるが、その前一寸卑見を開陳して御高慮を煩わしたい事がある。

(14)(客が鈴木に)「それでの、君は学生時代から苦沙弥と同宿をしていて、今はとにかく、昔は親密な間柄であったそうだから御依頼するのだが、君当人に逢ってな、よく利害を諭してみてくれんか。何か怒っているかも知れんが、怒るのは向が悪いからで、先方が大人しくしてさえいれば一身上の便宜も充分計ってやるし、気に障わる様な事もやめてやる。然し向が向なら此方も此方と云う気になるからな――つまりそんな我を張るのは当人の損だからな」

　(13)(14)の「御紹介する」「御依頼する」はともに判断が難しい。(13)は、「御紹介する」自体は謙譲語といえるだろうが、「御紹介するの栄誉」という連体修飾句になっており、「御紹介をする」からヲ格が脱落したという解釈もできるものと思われる。また、「御依頼する」は現在一般的に使われているものとはいいにくい。他方で、話し手側が聞き手側を補語とした行為の場合に「お話しする」が使われている。このように見ると、やはり、明治30年代においては、まだ広く流布していたものとは言い難いものとも思われる。用例は省略するが、明治39年の『趣味の遺伝』においても、謙譲語と判断できるものは「お話しする」のみであった。

　次に明治40年以降のものからいくつか挙げる。

(15)(三千代が代助に)「それは、私も承知していますわ。けれども、困って、どうする事も出来ないものだから、つい無理を御願して」と三千代は気の毒そうに詫を述べた。

(それから・明治42年)

(16) 自分は驚いて兄の顔を見た。兄の顔は常磐木の影で見る所為か稍蒼味を帯びていた。「兄弟ですとも。僕はあなたの本当の弟です。だから本当の事を<u>御答えし</u>た積です。今云ったのは決して空々しい挨拶でも何でもありません。真底そうだからそういうのです」 　　　　　　　　　　（行人・明治45年）

(17)（弟の兄への手紙の内容）…私の音信を宛にして待っておられる貴方や御年寄には、この十日が少し長過ぎたかも知れません。私もそれは察しています。然しこの手紙の冒頭に<u>御断りし</u>たような事情のために、此処へ来て落ち付くまでは、殆んど筆を執る余裕がなかったので、已を得ず遅れました。… 　　　　　　　　　　　　　　　　　　（行人・明治45年）

　こうした例から、漱石作品においては明治40年頃から、安定的かつ生産的に「お〜する」が使用されていったことが確認できよう。

4.3　その他の作家の場合

　ここでは島崎藤村を中心に、「お〜する」に「お〜申す」も加えた形で、いくつか例を挙げる。

(18) 翌朝のことであった。蓮華寺の庄馬鹿が学校へやって来て、是非丑松に逢いたいと言う。「何の用か」を小使に言わせると、「<u>御目に懸って御渡しし</u>たいものが御座ます」とか。出て行って玄関のところで逢えば、庄馬鹿は一通の電報を手渡しした。 　　　　　　　　（島崎藤村・破戒・明治39年）

(19)「いや、私こそ——御疲労のところへ」と高柳は如才ない調子で言った。「昨日は舟の中で御一緒に成ました時に、何とか御挨拶を申上げようか、申上げなければ済まないが、とこう存じましたのですが、あんな処で御挨拶しますのも反って失礼と存じまして——<u>御見掛け申し</u>ながら、つい御無礼を」 　　　　　　　　　　　　（破戒・明治39年）

(20)「…今になって見ると、噫、あの細君に合せる顔が無い。『奥様、そんなに御心配なく、猪子君は確かに<u>御預りしまし</u>たから』なんて——まあ我輩はどうして御詫をして可か解らん」こう言って、萎れて、肥大な弁護士は洋服のままで

かしこまっていた。　　　　　　　　　　（破戒・明治39年）

(21)「始めまして——私は高柳利三郎です。かねて御名前は承っておりましたが、つい未だ御尋ねするような機会も無かったものですから」「好く御入来下さいました。さあ、何卒まあ是方へ」　　　　　　　　　　　　　　（破戒・明治39年）

(22)(芳子から時雄への手紙の内容)「先生、私は堕落女学生です。私は先生の御厚意を利用して、先生を欺きました。その罪はいくらお詫びしても許されませぬほど大きいと思います。先生、どうか弱いものと思ってお憐み下さい。…」
　　　　　　　　　　　　　　　　　　（田山花袋・蒲団・明治40年）

(23)(私の部屋に入ってきたのを見て)障子を明けると、上目でチラと私の面を見て、一寸手を突いて辞儀をしてから、障子の影の膳を取上て、臆した体もなくスルスルと内へ入って来て、「どうもお待せ申しまして」といいながら、狼狽している私の前へ据えた手先を見ると、華奢な蒼白い手で、薬指に燦と光っていたのは本物のゴールド・リングと見た。
　　　　　　　　　　　　　　　　　　（二葉亭四迷・平凡・明治40年）

　こうした例を概観してわかるように、明治末年頃には「お〜する」がかなり一般的に使用されるようになったことが確認できよう。いずれも使用状況等を考慮しても現代語の場合と相違ない。
　他方で、「お〜申す」の例もいくつか示したが、(詳細については省略するが)藤村作品に顕著なように、特に聞き手を補語として、あらたまった場合に「お〜申す」が使用されている場合が多いように見受けられる。それは(23)の四迷の場合も同様である。
　詳細については第3章以降で検討するが、「お〜する」が一般化していく過程において、単に「お〜申す」に取って代わったというだけでなく、両者において、ある種の棲み分けがなされていった可能性もある。それが小松(1967)の指摘にあるような敬意の程度によるものか、あるいは「お〜申す」が機能的にも変質していったものかは、後で検討したい。
　ともあれ、明治30年頃に成立した「お〜する」は、明治末年頃になって急激に使用量とともに、形式内に取ることができる語につ

いても拡大していったということがおおよそ確認できよう。

5 「お／ご〜申す」の位置づけについて

5.1 従来の位置づけと疑問

「お〜申す」は一般的に「お〜する」と比べてあらたまった趣があると言われる。辻村編（1991）*4では、「お〜申す」は補語を高めると同時に、主語をへりくだって表すとされている。そうみると、「お〜申す」は従来、「お〜する」や「お〜申し上げる」とは異なり、「お〜いたす」に近い存在と解釈されてきたように思われる。

ただ、明治・大正期において「お〜いたす」もすでに存在しており、その点、両者は同等なものか、あるいは相違があるのか、その点については不明確であるといわざるを得ない。ここでは、その点についていくつか疑問点と再考の必要性について提示する。

5.2 再考の必要性

これまで「お〜する」成立について、明治30〜40年頃の用例を中心に挙げてきたが、並行して提示した用例等から「お〜申す」は、上記のような従来の位置づけとは異なる存在であることが確認できるだろう。

(24) 今までだってもそうだ、何卒マア文さんも首尾よく立身して、早く母親さんを此地へお呼び申すようにして上げたいもんだと思わない事は唯の一日も有ません。

（二葉亭四迷・浮雲・明治20年）

現代語の「お〜いたす」は、主語が二人称の場合には使用できない*5が、上記の場合は二人称者の行為にも使用されている。また、ここでは、文三をニュートラル以下にしているとも思われないのである。

しかしながら、前節で指摘したように、明治40年前後の藤村作品などに顕著に見られるように、補語が二人称かつ、あらたまった場面と取れる場合に「お〜申す」が使われている場合が多く、その意味では「お〜いたす」と完全に異なる存在であるとも言い難い。

そのように見ると、「お〜いたす」と同じような機能を持ちつつも、二人称主語に使えるという点で、適用の条件が異なっていたとも考えられるだろう。

(25) これはと思って躊躇うと、透かさず旦那様が、今日は浜が留守で淋しいで、失礼じゃが、先生にお間をお頼みしょうと思うて<u>お喚び申し</u>たのじゃ、さあ、直と此方へと仰有る。

(二葉亭四迷・其面影・明治39年)

「お〜申す」は、一人称主語、二人称補語の場合は謙譲語ＡＢ＊6タイプのように働き、他方で、それ以外の場合には謙譲語Ａのように働くようにも見えるのである。

あるいはまた、「お〜する」の成立以前の明治20年頃までは、謙譲語Ａに近い存在として機能していたものの、代表的謙譲語Ａの「お〜する」の成立に伴い、二人称を補語とし、あらたまりを伴った表現へと自然にシフトしていった、という仮説も成り立つであろう。

そして、その後に「お〜いたす」が謙譲語ＡＢタイプの主流となり、かつ、「お〜する」が代表的な謙譲語Ａタイプとなったため、「お〜申す」は存在位置と意義を半ば失って消えていったのではないか、などといった流れが想像できるだろう。

以下、次章以降では、「お〜申す」とそれにとってかわる「お〜する」、そして「お〜いたす」との多面的な比較を中心に、その理由について考察し、他の同時期に成立したと思われる「させていただく」形についても、他形式と比較しつつその出現理由、用法拡張の実態と背景等について考察する。

＊1　図の作成には、小松（1967）とあわせて小松（1968）も参考にした。
＊2　それまでの論考をまとめた『敬語論考』（1992）からの引用（同：398–399）。
＊3　前述のように、それまでの論考をまとめた『敬語論考』（1992）を参照した。

＊4 『角川小辞典6敬語の用法』（辻村俊樹編 1991）による。ここでは、「お／ご〜申す」は、「敬語の機能としては、その行為の対象あるいは関係する方面、つまり「－を」「－に」などの「－」にあたる人物を高める一方、行為者（主語）をへりくだって表す」（同：166）とされている。

＊5 不自然な表現として、例えば「貴方が御案内いたしますか」などを挙げることができる。

＊6 ここでは菊地（1994）の謙譲語Ａ、Ｂ、ＡＢによる。「お〜いたす」は補語と聞き手の両者に対する謙譲語ＡＢにあたる。文化審議会答申（2007）での謙譲語Ⅰ、Ⅱ（ⅠⅡ）等を用いる考え方もあるが、本書冒頭でも断っているように、本書では基本的に菊地（1994）を参考にして議論を展開している。

第3章
近・現代の謙譲語の成立と展開2
「お／ご～申す」と「お／ご～する」を中心に

1 はじめに

　本章では、前章で示した「お／ご～する」と「お／ご～申す」の使用状況をふまえ、両者の相違の本質について多方面から検討していく。特に形式内に取る語および使用条件を詳細に比較することによって両形式の違いを明確化し、なぜ、「お／ご～する」が「お／ご～申す」に取って代わっていったのか、その理由について考察する。

2 先行研究と問題の所在

　前章で検討したように、謙譲語とされる一群の表現[1]のうち、様々な語を取り込むことのできる生産的な形式「お／ご～する」は明治30年頃までに成立し、その後、それまでの中心的形式であった「お／ご～申す」の使用は次第に減少していったとされる。
　また、これらとあわせ、江戸末期に成立し、現在まで広く使用されている形式として「お／ご～いたす」、「お／ご～申し上げる」がある[2]。こうした状況から、「お／ご～申す」に交代する形で「お／ご～する」が次第に凌駕するに至ったと説明されることが多い[3]（以下、それぞれ簡略に「お～申す」「お～する」とする）。
　本章では、江戸後期以降の「お～申す」と成立期以降の「お～する」に焦点をあて、これまで指摘されてきた歴史的変化の内実について考察するとともに、成立後の「お～する」の展開についても触れる。
　具体的には、形式内に入る語と使用状況の分析により、「お～する」が成立期と現在で機能面においてほとんど違いがないことを示

しつつ、「お〜申す」と「お〜する」の相違点を明確にし、近代以降の敬語運用に関わる社会的要因の変化や敬語使用の原則もふまえながら「お〜申す」、「お〜する」の消長の理由について述べるものとする。

　まず、3節で先行研究をふまえつつ、江戸後期以降の「お〜申す」と「お〜する」の実態を詳細に示し、4節では、形式内に入る語の性質と使用条件から成立期における「お〜する」が現代のそれと大きな違いがないことを示しつつ、「お〜申す」と異なることを述べる。そして5節では、両形式の消長の理由について述べるとともに、今後の見通しについて簡単にふれる。

3　「お／ご〜申す」と「お／ご〜する」の使用状況・形式内に入る語

　両形式の使用状況、敬度の違いや消長等に関しては、前述した小松（1967、1968）の詳細な論考*4がある。そこでは、敬度の低い位置を担うものとして明治30年代の初めまでに成立した「お〜する」が、使用量を増加させつつ敬度面でも範囲を拡大し、「お〜申す」がカバーしていた高い敬度の領域にも侵入し、「お〜申す」の使用が減少するとともに、「お〜申し上げる」がより敬度の高い位置を占めるようになったことが詳細に述べられている。

　また、辻村（1974）でも、明治・大正時代の調査から、「「お…する」が「お…申す」より多く用いられるようになったのは大正末年のことではないかと思われる。」という小松（1968）の指摘をふまえ、ほぼ同様の見解を示している。そして尊敬語の調査とあわせ、明治40年代から大正10年代を近代の敬語の完成期としている。

　こうした先行研究をふまえ、まずは、江戸後期以降の両形式の使用実態について、形式内に入る語例とあわせて図表1に示す*5。

図表1　江戸後期以降における両形式の使用数と形式内の語例

年　代	語　形	延べ数 (異なり 語数)	主　な　語 (数の多いものを挙げる。少ない場合は 全て提示する。)
江戸後期	お〜申す	283（86）	頼む、願う、渡す、連れる、尋ねる、貰う、等
明治元年 〜 明治30年	お〜申す	178（64）	話す、頼む、願う、待つ、断る、通す、別れる、等
	お〜する	15（6）	話す、勧める、無沙汰する、詫びる、等
明治31年 〜 明治40年	お〜申す	95（45）	願う、断る、察する、頼む、聞かせる、待つ、等
	お〜する	73（21）	話す、別れる、相談する、願う、預かる、等
明治41年 〜 大正末年	お〜申す	115（54）	待つ、頼む、願う、恨む、構う、通す、誘う、等
	お〜する	203（57）	話す、願う、断る、会う、別れる、供（する）、等

※明治41年〜大正末年で「お〜申す」に比して「お〜する」の使用が多い主なもの
　断る、任せる、別れる、案内する、会う、伺う、願う、供する、など。
※「お〜する」については、成立期である明治以降から示した。また、「話」「供」など、名詞扱いすべきものについても、文脈から謙譲語と解釈可能なものは可能な限り含めてある。ただし、この中には、前章で示したように、美化語と取れるものも含む。
※時代区分は、前章で示した辻村（1974）での「形成期」「成立期」「完成期」とする区分と、小松（1967）で「お〜する」の成立時期とする明治30年頃に着目して設定した。

　延べ数、異なり語数ともに「お〜する」が「お〜申す」を次第に凌いでいく過程がわかり、先行研究と一致することが確認できる。
　ただ、形式内に入る語については同じとは言えない。図表2に、それぞれの形式が取る語を可能な限り挙げてみる。ここから確認できるように、成立当初の「お〜する」形は、全て現在も自然に成立するものであり、その意味で現在まで受け継がれているものと判断できよう。

図表2　江戸後期以降における両形式内の語

年　代	形　式　内　の　語	
江戸後期	お〜申す	逢う、上げる、預かる、預ける、あやかる、逢わせる、諌める、伺う、受ける、教える、返す、貸す、構う、借りる、聞かせる、聞く、さする、察する、救う、勧める、尋ねる、頼む、使い立てる、つきあう、包む、連れる、出迎える、届ける、泊める、伴う、流す、願う、振る舞う、誉める、任せる、まける、待つ、招く、見上げる、見受ける、見舞う、見忘れる、貰う、呼ぶ、よこす、渡す、挨拶する、案内する、指南する、推挙する、相談する、同道する、吹聴する、返済する、他。
明治元年〜明治30年	お〜申す	諌める、受け取る、訴える、送る、返す、貸す、聞かせる、聞く、断る、させる、察する、捜す、強いる、勧める、助ける、訪ねる、頼む、連れる、通す、止める、泊める、乗せる、願う、話す、引き留める、待つ、招く、見上げる、見かける、無心する、貰う、譲る、用立てる、呼ぶ、別れる、案内する、心配する、相談する、他。
	お〜する	勧める、話す、詫びる、辞退する、同道する（その他、ご無沙汰する）
明治31年〜明治40年	お〜申す	預かる、打ち明ける、伺う、怨む、（恥を）かかせる、慕う、知る、すがる、育てる、尋ねる、泊める、引き渡す、ほめる、待たせる、休ませる、寄せる、遠慮する、用立てする、他。
	お〜する	預かる、送る、勧める、尋ねる、訪ねる、頼む、願う、話す、招く、別れる、詫びる、挨拶する、依頼する、邪魔する、紹介する、相談する、他。
明治41年〜大正末年	お〜申す	会う、上げる、預ける、歩かせる、祈る、恨む、起こす、返す、借りる、構う、誘う、知る、頼む、連れる、出迎える、通す、願う、委せる、貰う、待つ、喜ばせる、暇（いとま）する、噂する、遠慮する、辞退する、招待する、無心する、他。
	お〜する	会う、預かる、祝う、伺う、受ける、返す、（迷惑を）かける、貸す、断る、察する、知らせる、勧める、訪ねる、頼む、連れる、届ける、慰める、願う、話す、引き合わせる、待たせる、招く、迎える、呼ぶ、別れる、詫びる、相伴する、尽力する、世話する、相談する、約束する（他、お供する）、他。

個々の用例を検討しても現在と異なるものは見つからない＊6。しかし、第1章で検討したような、補語が格表示されず、補語の労力軽減・代行的行為として「補語のために」する行為の表現については、ここからは見あたらない＊7。それらは、例えば以下のようなものである（いずれも補語に対する行為の申し出表現）。

（1）a．（重そうな荷物を持つ先生を見て）私がお持ちします。
　　　b．（先生の忙しそうな様子を見て）私がお調べします。

それゆえ、成立期の「お〜する」と現代のそれとは全く同様とは言えず、現代に至るまで次第に用法が変化、拡張してきたといえる可能性がある。

他方、「お〜申す」の場合、このタイプはそれなりに存在する。明治期の例を示すと、

（2）a．これ、早う（お客のために）御味噌汁をお易へ申して
　　　　　来ないか。　　　　　　（尾崎紅葉・金色夜叉・明治30年）
　　　b．こりゃ貴僧には足駄では無理でございましたかしら、
　　　　　宜しくば草履とお取交え申しましょう。
　　　　　　　　　　　　　　　　　（泉鏡花・高野聖・明治33年）
　　　c．こりゃ一体船医の私室なんですが、あなたの為めにお
　　　　　明け申すって云ってくれたもんですから、ボーイに掃
　　　　　除するように云いつけておきましたんです。
　　　　　　　　　　　　　　　　（有島武郎・或る女・大正8年）

などのような例が存在する。

このようにみると、「お〜申す」と成立期の「お〜する」でも敬度の違いのみにとどまらない違いが存在する可能性がある。ただし、それが形式に依存するものなのか、敬語全体の変化と形式交代の時期が重なったものなのか、その点についても精査する必要がある。

4　「お／ご〜申す」と成立期・現代の「お／ご〜する」との違い

考察を進める上で、まずは現代の「お〜する」成立の条件について見ておきたい。

第1章では、その成立条件を以下の形でまとめている。
　以下、Ⅰは「お〜する」の語形としての、Ⅱは表現全体としての成立条件であり、語用論的条件とも言えるものである。

Ⅰ．主語から、人格を有するものとしての存在認識を伴う補語への具体的な行為を通じた働きかけを実現可能にする動詞*8のみが「お〜する」形をとる。ただし、意図的加害性の表現としての働きかけの場合は不可である。
Ⅱ．Ⅰの働きかけを実現しつつ、行為全体として補語の人格的領域への意図的加害性がないとみなされる場合のみに「お〜する」形を含んだ表現が可能になる。

そして、形式内に入る語をA〜C群に分類している。その分類基準と語例を簡単に示す。

　　A群…条件Ⅰを満たす動詞のうち、補語を格表示し、語彙的意味として授益性を持つ動詞（A－1群）およびニュートラルな動詞（A－2群）。
　　　　A－1群…貸す、手伝う、守る、見舞う、譲る、等
　　　　A－2群…会う、（人に何かを）送る、返す、借りる、等
　　B群…補語を格表示しないが、補語の望む事物の扱いなどを主語が代行するなど、補語の負担や労力を軽減する行為の表現として用いられる動詞。それゆえに表現レベルで補語への授益性が発生する。
　　　　B群…祈る、入れる、選ぶ、決める、切る、（人のために）探す、調べる、等
　　C群…補語を格表示する点ではA群と共通であるが、動詞の語彙的意味として補語への加害性を帯びている点で異なる。ただし、行為のあり方や話し手の表現方法（謝罪の言葉など）の助けを得て、非意図的行為として、結果的に人格的領域への意図的加害性が回避可能と判断できる場合に限って成立する。単独で遂行表現としては使用しにくい。そし

てその点において条件ⅠⅡを満たす。
　　Ｃ群…「聞かせる」「待たせる」「（軽微な迷惑を）かける」など

　この分類に従えば、前節の用例（1）（2）で示したものがＢ群に該当する。そのようにみると、「お～申す」はＡ～Ｃ群全てに該当する語を形式内に取るのに対し、成立期の「お～する」にはＢ群に該当するものが見つからないことになる。ちなみに、「お～申す」と成立期の「お～する」から、Ｂ群以外の例を示す（既出の作品については著者名等は省略する）。
（3）ａ．（Ａ－1群）決して為損じの無いやうに、私好い刃物をお貸し申しませう。　　　　　　　　（金色夜叉・明治30年）
　　　ｂ．（Ａ－2群）何時か頂戴した写真を今夜だけお返し申ましょうか。　　　　　　　　　　　（浮雲・明治20年）
　　　ｃ．（Ｃ群）「どうもお待たせ申しました」と一寸会釈して、「余程お待ち下すって？」　　　（其面影・明治39年）
　　　ｄ．（Ａ－1群）女の髪も段々堪らないのが多くなりました。―あなたにお貸しした化物の本のなかに、こんな絵があったのを御存じですか。
　　　　　　　　　　　　　　　　　（梶井基次郎・橡の花・大正14年）
　　　ｅ．（Ａ－2群）…私昨日田島さんの塾に行って、田島さんにお会い申してよっくお頼みして来ましたから…。
　　　　　　　　　　　　　　　　　　　　　　（或る女・大正8年）
　　　ｆ．（Ｃ群）倉地氏に迷惑をおかけした金銭上の事については前便に書いておきましたから。　（或る女・同年）
　これらから、両形式とも、Ｂ群以外のタイプは揃っていたことが確認できるはずである。
　ただ、それと同時に「お～申す」の場合、「お～する」形を取らない、あるいは取りにくい語もその形式内に取ることが可能であったことがわかる。
　それらを図表2から挙げると、
（4）あやかる、歩かせる、逢わせる、訴える、恨む、（恥を）か

かせる、強いる、知る、吹聴する、見上げる、無心する、誉める、貰う、休ませる、喜ばせる

となる。そしてこれらは、第1章で述べたように、「お〜する」の成立条件に関して、以下の点で抵触する。

(5) a．加害性や強制性を持つもの
　　（語）歩かせる、逢わせる、訴える、恨む、（恥を）かかせる、強いる、吹聴する、無心する、休ませる
　　b．aに準ずるが、主語の側が補語の上位に立つことを含意するか、補語の人格的領域への一方的規定、領域侵害ともなるもの。
　　（語）誉める、喜ばせる
　　c．補語への働きかけの表現とは言えない、あるいは働きかけのあり方の表現と言えるもの。
　　（語）あやかる、知る、見上げる、貰う

なお、(5b)について言えば、動詞の語彙的意味や行為の結果に着目すると補語への授益性があると言えるが、行為そのものからは補語の人格的領域に対する一方的規定や強制力、領域侵害が感じられ、それゆえ不適切となるものである。

その点において、行為の結果としての授益性と、行為の仕方による人格的領域の侵害とは別扱いする必要があるのである。

関連して、「お〜申す」について、『太陽コーパス*9』と『近代女性雑誌コーパス*10』から、(5)の分類に合致するものを挙げる*11。

(6) a．恨む、（制裁を）加える、（人をある場所に）出す、寝かせる、吹聴する
　　b．誉める、喜ばせる
　　c．似合う、貰う、喜ぶ

ちなみに両コーパスとも、(5)および(6)に挙げた語について、「お〜する」形は見つからなかった*12。こうした事実をふまえ、「お〜申す」の(5)および(6)に該当する用例をみていく。まずは江戸期について示す*13。

(7) a．…よい煙草であろふ、一ツ服お貰い申さふ。
   （無事志有意）

   b．何をお隠し申ませふ。私は元お家にいた、又助といふ中間でござりまする。　　（小袖曽我薊色縫）

   c．これが頼みの、ともかくもおあやかり申て、ちと出世のすじさ。　　（黄表紙・江戸生艶気樺焼）

   d．いへもう私の旦那をお誉め申すもいかゞでございますが、惣別お氣立のよいおかだでネ。　　（浮世風呂）

続いて、明治以降について年代順に挙げる（成立年もあわせて示す）。

(8) a．私は固より重い御處刑(しおき)になるのを覺悟で、お訴へ申しましたので、又此の儘生延びては天道様へ濟みません、現在親を殺して気違だと云われるを幸ひに、助からうなぞという量見は毛頭ございません、親殺しの私ですから、何卒御法通り御處刑(どうぞ)をお願い申します。
   （円朝・名人長二・明治28年）

   b．私が居りましたらまさかこんな事にはお為(さ)せ申さんかつたと、実に残念でなりません。
   （尾崎紅葉・金色夜叉・明治30年）

   c．貴僧、さぞお疲労、直にお休ませ申しましょうか。
   （高野聖・明治33年）

   d．その時も私の方から、御褒め申せば、もう何よりの御機嫌で、　　（旧主人・明治35年）

   e．小夜が悪堅くて飛だ恥をお掻かせ申したのに、旦那様は飽までもお心広くて格別御立腹の御様子もなく、その翌晩もまたお召し。　　（其面影・明治39年）

   f．若しお尋ね下さいますと、私一生お怨み申しますよ。
   （其面影・同年）

   g．まあ、世の中には妙なことが有るもので、あの家内の奴が好く貴方を御知り申して居るのです。
   （破戒・明治39年）

   h．私は始めて先生を御見上げ申した時に、先生の心はそ

ういう点で、普通の人以上に整のっていらっしゃるように思いました。　　　　　（夏目漱石・硝子戸の中・大正4年）
i．その時私はあなたをお恨み申しました。
　　　　　　　　　　　　（倉田百三・出家とその弟子・大正5年）
j．私には心底をお打明け申しました所、どちら様にも義理が立ちませんから。　　　　　　　（或る女・大正8年）
k．…愛さんあなたお知り申していないの…
　　　　　　　　　　　　　　　　　　　（或る女・同年）
l．「でも、さうお歩かせ申しちやア」と、女は踏みとまつて、あたりを見まはした…。
　　　　　　　　　　　　（岩野泡鳴・憑き物補遺・大正9年）

　このように、「お〜する」が「お〜申す」よりも優勢になった明治後半から大正末年頃にかけても、こうした「お〜申す」は使用されていることが確認できる（例えば、『或る女』の場合には、「お〜する」が46例、「お〜申す」が21例）。しかも、それらの「お〜する」形は見つからないのである。

　ただし、「強いる」「恨む」については、「強いる」が小松（1967）で一例挙げられ（(9a)）、「恨む」については、調査資料以外に次のものが見つかっている。

(9)　a．お酒なんぞ、召し上れないのに、彼様に母が御強するものですから。　　　　　（徳冨蘆花・不如帰・明治31年）
　　　b．（小声で）あなたは、私をいぢめる為にいらつしたの。余計なことをおつしやつたら、私、一生お恨みしますよ。本当に今日いらつしやるのは少しあつかましくてよ。　　　　　　　　（武者小路実篤・その妹・大正4年）

　ただ、(9a)の場合、「お強いする」は「母」の行為に対して話し手が言及していることから、話し手からの加害的行為ではないことには注意する必要がある。また、(9b)は「恨む」という行為の主張が中心でありつつも、補語への敬意の一貫性の点から形式的かつ極めて意図的に使用されているものとも考えられる。

　以上のことから、「お〜する」は「お〜申す」の持つ(5) a〜cタイプを基本的には受け継いでいないというべきだろう。

そして、こうした事実は、単なる形式交代という現象としてではなく、謙譲語自体の機能、あるいは使用条件等の変容も考慮に入れてその理由を考える必要があることをも示唆しているといえるはずである。

5　考察とまとめ

　これまでの検討から、「お～申す」は、働きかけの有無やその内実にかかわらずに、補語への敬意を表せる生産的形式であったことが確認できる。そして、その点に着目すると、形式内に入る語の性質や使用原理という点において、中古から近世に至るまでの謙譲語の性質を受け継いでいる可能性がある＊14。中古および江戸期作品から例を少し挙げてみる。

(10) a．月のいでたらむ夜は、見おこせたまへ。見捨てたてまつりてまかる、空よりも落ちぬべき心地すると（かぐや姫は）書き置く。　　　　　　　　　　（竹取物語）
　　 b．（源氏は）心の中には、ただ藤壺の御ありさまをたぐひなしと思ひきこえて、　　　　　（源氏物語・桐壺）
　　 c．（源氏が）惟光朝臣とのぞきたまへば、ただこの西おもてにしも、持仏すゑたてまつりて行ふ尼なりけり。
　　　　　　　　　　　　　　　　　　　　　（源氏物語・若紫）
　　 d．「めづらかにいみじかりける世の人かな」と、御門をはじめたてまつりて、あるかぎりの人、めづらしがる事かぎりもなし。　　　　　　　　　（浜松中納言物語）
　　 e．わがこゝろもて、御曹司御父子を殺し奉らんや。
　　　　　　　　　　　　　　　　　　　　　　（椿説弓張月）

　上記はいずれも「奉る」「きこゆ」の例だが、かつては（10b）のような具体的働きかけとは言い難いもの、(10c) のような補語の受容とは無関係な一方的行為、(10a)(10e) のように加害性を持つ行為、(10d) のように行為以外に基準点や範囲を示す場合でも可能であった。そのようにみると、江戸期に成立した「お～申す」は、やはり「行為の内実にかかわらずに補語を高める」という

性質を保持していたとも思われるのである（ただし、(10d)のように基準点や範囲を表す用法は見あたらない）。また、そうした「お〜申す」に入る語の多様さと使用範囲、敬意の領域の広さこそが、「お〜申す」を謙譲語形式の代表とせしめていたのであろう。「お〜申す」は、江戸期から明治末頃まで謙譲語形式の中心的存在であったが、「お〜する」に象徴される現代敬語に至るまでの過渡期特有の中間的、橋渡し的な性質を保持していたといえるのではあるまいか*15。

　「お〜申す」は、「お〜する」の成立に伴って次第に衰退していくが、なぜ「お〜申す」は「お〜する」に取って代わられることになるのか。次にそうした問題が残ることになるだろう。それには、謙譲語の機能と運用に関する変容の検討が不可避であり、それをふまえて議論を進めたい。

　敬語の歴史的変化がいわゆる絶対敬語から相対敬語であるということは、つとに指摘されることであるが、相対敬語化と言う際、そこには複数の要素が含まれている。例えば、階級的な使用から相対的、臨時的な上下関係への使用といった変化、敬卑からウチ・ソト意識、距離感への使用の変化、などが挙げられよう。そしてそれと同時に、現代語の敬語使用においては、尊敬語、謙譲語ともに聞き手が第一に注視され、聞き手に対して失礼にならない、という点が使用の大前提となっていることも周知の通りである。

　例えば、菊地（1994）では、「聞き手との関係次第で――つまり、どちらの〈領域〉に属するかなどによって――待遇の仕方が相対的に変化する現代の標準的な敬語の使い方は、〈相対敬語〉であるという。」（同 1997: 133–134）と述べるが、まさにそうした事情を示したものであろう。

　それらから考えると、話し手が使用に関する責任を、特に聞き手との関係においてより強く負うようになったものが相対敬語化の大きな一面ということにもなる。特に明治期になり、身分・地位の流動化とともに人間関係も多様化し、その場での立場や行為を媒介にした個人を主体にした人間関係が敬語使用の前提になっていく。それは、その都度、敬語使用に関する判断が話し手に求められること

にもつながることになるのである。

　そうした状況下において、謙譲語の場合、使用場面の多くを占める「主語イコール話し手」「補語イコール聞き手」の状況において、聞き手への配慮という点を第一に考慮した際、必然的にその行為の内実が問われるものとなるはずである。例えば、意図的加害性を有する語の謙譲語形は、実質的には聞き手への意図的加害行為の表現となり、「聞き手に失礼にならない」ということを第一に意識した使用という点において矛盾を生んでしまう。

　さらにまた、敬語がいわば話し手の判断で使用されるものとなると、直接的な働きかけのない、あるいは、働きかけが中心にない表現の場合には、謙譲語は必須のものではなくなる。聞き手への敬意に限れば、菊地（1994）で言う謙譲語Bタイプ、丁寧語等で表現可能である。あるいは専用形式がある場合、それがとって代わることになるだろう。例えば、補語への働きかけがあるとは言い難い「貰う」の場合、「お貰い申す」は相当数存在するが「お貰いする」という表現はなく、専用語形「いただく」がとって代わることになる。（近似した意味の「受ける」の「お受けする」だと、補語の「与える」という動作を前提にした場合のみ成立する）。そのように考えると近代以降の謙譲語は、話し手の責任のもとに、いわば「行為の内実」を問うものへと変化したのだと解釈することもできよう。

　それゆえ、働きかけの有無やその内実は問われなかった「お〜申す」から「お〜する」に移行していく過程において、補語への加害性を有していたり、具体的な働きかけがないのにそれへの敬意を表すというのは、「聞き手を意識し、行為の内実を問うた上で敬語使用を決定する」という点において不適切なものとならざるをえないのである。ここに両形式の消長の一端を見ることができるであろう。

　加えて、成立期の「お〜する」におけるBタイプの不在という点について若干ふれておきたい。Bタイプとは、補語「のために」「に代わって」と言える場合であったが、これは格表示に着目すると、

　(11) a．?先生にその本を読んだ。
　　　 b．　先生にその本をお読みした。

　　　　c．??先生に時刻表を調べた。
　　　　d．　先生（のため）に時刻表をお調べした。
に見られるように、「お〜する」内の動詞が要求する格表示とは異なる形で補語が示されるか、あるいは「ために」で示されるものであり、その点で言えば、「お〜する」形式が独自に要求する補語であるともいえる＊16。こうしたタイプは、昭和初期に以下の例が見られる。
　（12）a．「では、この御洋服は箱にお入れして、出口のお買上引
　　　　　渡所へお廻し致して置きますから、…」

（池谷信三郎・橋・昭和2年）

　　　　b．「お弁当をお入れしましょうか」

（宮本百合子・日記・昭和10年）

　今後精査する必要はあるが、こうした点を考慮するとBタイプは、「お〜する」が形式的に成熟し、補語への働きかけを意識した発展形として成立してきたことが十分に推測可能である。

＊1　これまでと同様、菊地（1994）に従い、謙譲語を謙譲語A（「お／ご〜する」「伺う」「申し上げる」など）、謙譲語B（「いたす」「まいる」「申す」など）、謙譲語AB（「お／ご〜いたす」など）の3タイプに考え、敬語上の主語（は、に、が、には、などで表現される）を主語として、また、主語でないある種の文成分、目的語などを補語（を、に、から、と、ために、等をとる）として扱う。
＊2　一般に尊敬語形式とされる「お／ご〜だ」が、謙譲語として使用される例なども指摘されることがある。ただ、「お／ご〜だ」は尊敬語としての使用が圧倒的であり、今回は取り立てて謙譲語の形式としては扱わないものとする。
＊3　前章で検討したように、「お／ご〜申す」を「お／ご〜いたす」と同様、実質的に補語かつ聞き手への敬語とするような見方もあるが、そうすると、「お／ご〜する」に交代したという見方は、異なる謙譲語タイプへの移行、交代となる。しかし、「お／ご〜申す」には丁寧語と共起しない例も多く、その点において「お／ご〜いたす」と同等であるとは考えにくい。
＊4　謙譲語としての「お〜する」が「一般に広く使われ、独立した敬語動詞となっていった」のは明治20年〜30年頃であり、その頃から動詞連用形の挿入による一般化が行われたとされている（小松1967: 98）。

＊5　調査資料については、本書末に記載している。
＊6　ただし、小松（1967）で「お〜する」成立期の例として「お強いする」が1例挙げられている。「お強いする」は現在使用されない形であるが、それについては後述する。
＊7　この場合の補語について、森（2016）では、「そもそも補語に人物がとれない、あるいは、とれたとしてもそれは必須補語ではない」（同：165）として、補語の有無、必須補語と副次補語といった補語の段階性の観点をふまえて説明している。
＊8　ここには、例えば「供」（お供する）などの動作性の名詞も含めている。なお、森（2016）ではこうした「供」などについて、影山（1993）をもとに「動名詞」としている。
＊9　『太陽コーパス』は総合雑誌『太陽』の1901、1909、1917、1925年の記事によるものである。
＊10　『近代女性雑誌コーパス』は1894、1895、1909、1925年の3種の女性雑誌記事によるものである。
＊11　ただし、江戸期以前を題材、場面に扱ったもの、候文等の書簡体などは除いている。
＊12　『近代女性雑誌コーパス』に「お貫ひする」が一例あるが、江戸期を舞台にしたもの（『大奥秘話火に狂ふ女』1925年）であり、類推による創作と思われるので外している。また、今回の調査資料以外には特殊な文体を駆使した夢野久作の作品（『押絵の奇蹟』昭和4年）に「お見上げする」「お打ち明けする」が確認されたが、独特の文体であり、その点で一般的とは言えないだろう。また、それゆえに、作者は謙譲語一般形としての「お〜する」を意識してわざと使用したという見方もできるかもしれない。
＊13　調査資料には含めていないが、『噺本大系』9巻以降（後期江戸語作品）の調査では、「お〜申す」形をとるものとして「だます」（落噺屠蘇喜言）「偽る」（古今秀句落し噺）「なだめる」（一のもり）「なぐさめる」（年忘噺角力）が確認された。また、湯澤（1954）に挙げられているものに以下の例が見られる。（番号、下線は本稿筆者が付したもの）いずれも強制性、あるいは加害性があるものと解釈できる。
　①〔薬を〕おのませ申て、はやくこころよくしてあげたいとぞんじますが…
　　　　　　　　　　　　　　　　　　　　　　　　　　　（娘節用、3）
　②斯うもふすと何様か恥をお隠しもふすやうでござゐますが…（いろは、37）
＊14　この点については森山（2003）の指摘があり、ここではそれを踏まえている。
＊15　永田（2001）では、「内外敬語は明治前期までは武家の公的言語としてのみ存在し、一般町民の敬語体系は絶対敬語的であった…（中略）…明治になって身分的上下関係は四民平等の考えによって消滅したが、親族的上下関係や役割的上下関係を重視する考えは依然根強く残っていたと考えられる。」（同：253）とする。明治中期まで「お〜申す」が働きかけの有無や内実にかかわらずに謙譲語の中心であり得たことを支持するものとなろう。
＊16　前述した森（2016）では、こうした場合の補語について、必須補語と副次補語とに分けて考察している。そこでは「調べる」は補語に人物が取りにく

いが、「お調べする」では許容されるとしている（同：166）。筆者の語感でも、「調べる」の場合には補語に人物は取れないが、「お調べする」の場合は、ニ格補語の許容度が上がるように思われ、このように扱った。

第4章
近・現代の謙譲語の成立と展開3
「お／ご〜する」への移行と「させていただく」

1 はじめに

　本章では、前章で調査・検討した「お／ご〜申す」と「お／ご〜する」の違いをもとに、その移行の理由についてより詳細に検討する。そして、その交代期とほぼ時を重ねるようにして出現した、いわゆる「させていただく」形についても、その成立理由および前二者との関連性について探っていくことにする。

2 問題の所在と本章の構成

　「お／ご〜申す」と「お／ご〜する」（以下、前章と同様にそれぞれ「お〜申す」「お〜する」とする）では、形式内に入る語の性格は同じものとはいえない。前章ではこの点について聞き手配慮の点から考察を加えたが、そこからさらに、近代以降の謙譲語は話し手の責任のもとに、いわば「行為の内実」を問うものへと変化したのだと解釈することができるのではないか、という見通しを述べた。本章では、それについて詳細に検討を重ねていくとともに、この違い・変化には、「補語の受影性」という観点からの説明が有効であることを述べる。
　また、同じくこの時期に勢力を伸ばしてきた「させていただく」表現に着目し、それが補語の受影性配慮の面から伸長してきたものであることを指摘し、近代以降の謙譲表現における受影性配慮という大きな流れについて指摘する。
　本章の構成であるが、3〜4節では前章をふまえ、「お〜申す」と「お〜する」の両形式の消長と違いについて再確認し、それが補語の受影性の観点から説明可能であることを述べる。5節では、「さ

95

せていただく」の伸長と用法拡大の実態について報告するとともに、補語の受影性に配慮した表現形式として成長してきたものであることを指摘する。最後の6節では、補語の間接的受影性配慮の表現として「お持ちする」などの「お〜する」と「させていただく」が発達したことを確認してまとめるものとする。

3　「お／ご〜申す」と「お／ご〜する」の相違と受影性配慮

　現代の敬語に対し、例えば中古の敬語は身分、地位、社会階層等に対応した必然的・義務的使用といった性格が強いことは様々な形で指摘されている。謙譲語においても、行為の内実に関わりなく上位待遇者としての補語に何らかの形で関わる場合であれば、広く使用されていた。

　こうした点は、江戸期に謙譲語の主流となったとされる「お〜申す」にも引き継がれ、明治・大正期まで残存していたことを前章で確認している。そこで挙げた例をいくつか再掲する。（成立年もあわせて示す）。

（1）　a．貴僧、さぞお疲労、直に<u>お休ませ申し</u>ましょうか。
　　　　　　　　　　　　　　　　　　　　　　（高野聖・明治33年）
　　　b．その時も私の方から、<u>御褒め申せ</u>ば、もう何よりの御機嫌で、　　　　　　　　　　　（旧主人・明治35年）
　　　c．小夜が悪堅くて飛だ恥を<u>お掻かせ申し</u>たのに、旦那様は飽までもお心広くて格別御立腹の御様子もなく、その翌晩もまたお召し。　　　　（其面影・明治39年）
　　　d．まあ、世の中には妙なことが有るもので、あの家内の奴が好く貴方を<u>御知り申し</u>て居るのです。
　　　　　　　　　　　　　　　　　　　　　　（破戒・明治39年）
　　　e．私は始めて先生を<u>御見上げ申し</u>た時に、先生の心はそういう点で、普通の人以上に整のっていらっしゃるように思いました。　　　　　　　　　（硝子戸の中・大正4年）

　このように、「お〜申す」では、明治後半から大正末年頃にかけ

ても、補語に対する強制的な行為や（一方的）評価、望ましくない事態をもたらす行為、具体的働きかけとは言い難いもの、働きかけそのものの表現とは言えないもの*1などでも容易に謙譲語形を取ることができた。他方、これらの「お〜する」形は見つからない*2。前章では、こうした事実から、「お〜申す」から「お〜する」への移行は、単純な形式移行ではないことを指摘した。

そして、現代語の敬語使用では、聞き手に対して失礼にならない、という点が使用の大前提となっていることをふまえ、使用場面の多くを占める話し手が主語であり、かつ聞き手が補語である状況において、必然的に「補語への行為の内実」が問われるものとなったこと、それゆえ、従来「お〜申す」形を取っていた上記のものは、「お〜する」形には引き継がれなかったと考察した。

それらをふまえ、ここで「お〜申す」形を取るが「お〜する」形には引き継がれなかったものを整理してみると、次のようになる。

○タイプ1…補語の容認が想定されない加害性や強制性等*3
　　　　　を持つもの
　1－a…補語への加害性を持つ行為
　　　　例）（恥を）かかせる、恨む
　1－b…補語への強制的または一方的行為
　　　　例）訴える、歩かせる、強いる、休ませる、喜ばせる
　1－c…補語への（一方的）評価にあたるもの
　　　　例）褒める
○タイプ2…補語への直接的働きかけとはいえないもの*4
　　　　例）知る、あやかる、似合う
○タイプ3…補語への働きかけそのものの表現とはいえないもの
　　　　例）見上げる、打ち明ける

本章ではこうした事実をふまえつつ、「行為の内実」配慮についてさらなる検討を行うが、そこに「補語の受影性*5」という観点を導入する。「受影性」とは、主語の行為から補語が受ける直接

的・間接的影響およびそのあり方・内実を指すものとする。

　補語にとって容認しがたい主語の行為によって補語が何らかの害を被る、あるいは行為による直接的影響が認められない場合などには「お〜する」形を取らないが、これは、「補語の受影性の内実を考慮した結果」であるとみることもできる。そして、そこから、「補語の受影性の内実を考慮した上で謙譲語使用を決定する」という形に、謙譲語の使用原理の変更が行われたという見方が可能になるだろう。

　そのことは、言い換えると、近代以降の謙譲語においては「主語の行為が補語に与える影響の内実」という面が、語形成立や使用判断を大きく左右するものとなったということである。その点でいえば「受影性配慮」とは、広義の語用論的条件の変化であるともいえるだろう。

　ただ、こうした指摘については、特別に新たな見解とはいえないという見方もあるだろう。確かに、現代の謙譲語の成立条件としては、「補語に対する具体的な働きかけ」と、森山（1990）の指摘するような「敬譲関係」[6]があること、と説明すれば、それで成立条件を満たしているように一見思われる。

　だが、例えば「売る」「買う」を取ってみると、両者には補語に対する具体的な働きかけはあるものの、「お売りする」とは言えるが、「お買いする」とは言えない。そしてそれについて、従来言われてきた成立条件だけでは説明が難しいのである。つまり、「補語に対する具体的な働きかけ」とは、「お〜する」形を取るものについて、いわば「結果的に」いえることであって、それが生産的原理であるということはできないものと思われる。

　そのように考えた際、「受影性」という概念を軸にすることで、近代以降の謙譲語の成立条件を丁寧に探り、様々な語形や表現が成立してくる過程、さらにはその生産原理に立ち会うことができるのではないか。

　以下、こうした観点を軸に、「お〜する」の内実を詳細に検討していく。

4 「お／ご〜する」における表現形の拡張

　このように、「お〜申す」から「お〜する」への移行過程において、「補語の受影性の内実に配慮した上で謙譲語使用を決定する」ように使用原理が変更されたことが示唆されるが、そこでも一つ問題が生じる。

　それは、現在「お〜する」形として用いられる「お持ちする」「お調べする」などの、補語が格助詞で表示されず、補語の労力軽減・代行的行為として「補語のために」する行為の表現（このタイプをここでは仮にⅡ型とし、それ以外の補語を格助詞で表示するものをⅠ型とする*7。なお、前章までは、こうした「お〜する」に入るものについてそれぞれ、B群、A群としている。）については、受影性に配慮した表現とは認められにくいのではないか、という点である。例を挙げる。

(2) 　a．（重い荷物を持つ先生を見て）私がお持ちします。
　　　b．（疲れている様子の先生に代わって）私がお調べします。

　こうしたⅡ型の場合、補語が「〜に代わって」「〜ために」で示されるように、補語と述語動詞との意味関係（あるいは働きかけ）はⅠ型に比して間接的であり、直接的な受影性が存在しないように思われるのである*8。

　ちなみに、明治期の「お〜申す」にはⅡ型についても一定の使用がみられる。前掲した明治期の例を挙げる。

(3) 　a．これ、早う（お客のために）御味噌汁をお易へ申して
　　　　　来ないか。　　　　　　　　　　　（金色夜叉・明治30年）
　　　b．こりゃ貴僧には足駄では無理でございましたかしら、
　　　　　宜しくば（貴僧のために）草履とお取交え申しましょ
　　　　　う。　　　　　　　　　　　　　　（高野聖・明治33年）

　このように考えると、Ⅱ型は「お〜申す」から「お〜する」にもそのまま受け継がれているように見えるが、補語の直接的受影性に関する表現とはいえないⅡ型の存在は疑問視されるのである。

　そこで、成立期からの「お〜する」のⅡ型を調査したところ、昭和初期以降には一定の使用が認められた*9のに対して、明治・大

正期では使用例が見つからなかった＊10。現代の「お〜する」の使用基準からすると、「お〜する」形の使用が一般的と思われる場合にも、「お〜する」形は使われていないのである。例を挙げる。
 (4) ａ．「叔父さん、いずれすこし落着きましたら露西亜のお茶でも入れますから、私共へもいらしって頂きましょう」
 　　　　　　　　　　　　　　　　　　　　（新生・大正7年）
 　　ｂ．「博士、例の通り狭っこい所ですが、甲板ではゆっくりも出来ませんで、あそこでお茶でも入れましょう。早月さんあなたも如何です」　　　（或る女・大正8年）
 　　ｃ．「旦那さん、お肴屋さんがまいりました。旦那さんの分だけ何か取りましょうか。次郎ちゃん達はライス・カレエがいいそうですよ」　　　　（嵐・大正15年）

 これらは、現代の常識的感覚からすれば、「お〜する」（「お入れする」「お取りする」）の使用が一般的とされるケースとも思われる。しかし、「お〜する」は用いられていない。そして、昭和期になり、少しずつⅡ型の例が見つかる。前章で提示した例を再掲する。
 (5) ａ．「では、この御洋服は箱にお入れして、出口のお買上引渡所へお廻し致して置きますから、…」
 　　　　　　　　　　　　　　　　（池谷信三郎・橋・昭和2年）
 　　ｂ．「お弁当をお入れしましょうか」
 　　　　　　　　　　　　　　　　（宮本百合子・日記・昭和10年）

 こうして見ると、補語の直接的な受影性が認められず「お〜する」形を取らなかったものが、次第に用法を拡張する形でⅡ型を獲得してきたことが示唆されるのである。したがって、「お〜申す」のⅡ型から「お〜する」のそれへは、そのまま引き継がれたものとはいえず、次のようにいうことができまいか。

○補語の労力軽減・代行的行為として「補語のために」する行為の表現について、「お〜申す」では、主語以外の上位待遇者について言及するものとして広く用いられたが、補語の直接的な受影性に関する表現である「お〜する」では、後にその用法を拡張する形で成立した。

　実際、Ⅰ型とⅡ型では現在においても、次の場合などに違いがある。一つは補語の格表示に関わる点である。Ⅱ型は、補語「のために」「に代わって」と言える場合であったが、格助詞を用いて補語が表示可能と思われる場合も多い（補語の格助詞の部分に波線を付す）。いずれも完全に自然なものとは言いがたいが、許容範囲とも思われる。
　(6)　a．?太郎にその本を読んだ。
　　　 b．　先生（のため）にその本をお読みした。
　　　 c．??太郎に時刻表を調べた。
　　　 d．　先生（のため）に時刻表をお調べした。
ここに見られるように、「お〜する」内の動詞が要求する格助詞とは異なる形で補語が示されるか、あるいは「〜のために」として示されるものであり、その点でいえば、前述のように「お〜する」形式が独自に要求する補語であるともいえよう*11。さらに、
　(7)　a．小川先輩が、大山先生にお尋ねした。　　　（Ⅰ型）
　　　 b．小川先輩が、大山先生の鞄をお持ちした。　（Ⅱ型）
のように、Ⅰ型、Ⅱ型とも不在の第三者についての敬意の表現が可能*12なのに対して、尊敬語あるいは他の謙譲語と併用した（二方面敬語の）場合（以下、順にⅠ型、Ⅱ型）、
　(8)　a．　小川先輩が大山先生にお尋ねしてくださった。
　　　　　　　　　　　　　　　　　　　　　　　　（Ⅰ型）
　　　 b．?小川先輩が大山先生の鞄をお持ちしてくださった。
　　　　　　　　　　　　　　　　　　　　　　　　（Ⅱ型）
　　　 c．　私が（小川先輩のために）大山先生にお尋ねしてさしあげましょう。　　　　　　　　　　　（Ⅰ型）

d．?私が（小川先輩のために）大山先生の鞄を<u>お持ちし</u>
　　　　てさしあげましょう。　　　　　　　　　　　（Ⅱ型）
　　　e．小川先輩から大山先生に<u>お尋ね</u>していただいたので
　　　　助かりました。　　　　　　　　　　　　　　（Ⅰ型）
　　　f．?小川先輩に大山先生の鞄を<u>お持ちし</u>ていただいたの
　　　　で助かりました。　　　　　　　　　　　　　（Ⅱ型）
のように、Ⅱ型では不自然になることが確認できる＊13。Ⅱ型の不自然さについて、(8b)を例にとると、
　①小川先輩を話し手側の人物と捉えて、補語である大山先生を上
　　位に待遇するため、話し手側に属する小川先輩は上位に待遇す
　　ることが難しくなる。
　②受益者が「お持ちする」で大山先生、「〜てくださる」で「わ
　　たし」となるなど、受益者が一文内での二重構造になっている
　　ために混乱が生じやすい（二方面敬語に起因する問題）。
などが理由として考えられようが、例えばⅠ型の例で、「お〜する」内の動詞を語彙的授益性のある「貸す」に変えてみる。
　(9)　小川先輩が、大山先生に本をお貸ししてくださった。
(9)では、大山先生も受益者となるもののさほど不自然ではないことから、②の理由は成立しにくいだろう。よって、Ⅱ型は、①のように主語と話し手とが同一側であることを強く発動する言い方であるとみることができるのではあるまいか。

　このようにみると、Ⅱ型は、「お〜する」形に含まれるとはいうものの、独自の補語を要求するとともに、主として話し手と主語を同一側（踏み込んだ表現をすれば「話し手並」と思われる）として補語への行為を申し出る際の表現に用いられるという点で、Ⅰ型とは異なっている。このことからも、Ⅱ型がⅠ型に対して遅れて発生しつつ、特に対話場面における補語への間接的受影性に関する表現として発達してきたことが示唆されよう。

　「お〜申す」から「お〜する」への移行過程において、直接的受影性に関する表現として成立した「お〜する」であるが、次第に、間接的受影性、なかでも受益を考慮した表現としてⅡ型が独自に発達していったということが指摘できるのである。

しかし、そこでも一つ疑問点が生じる。間接的受影性の受益の場合を「お〜する」のⅡ型が担うことになると、受益以外の間接的受影性についてはどういう形式が担うことになるのか、という点である。

　例えば、前述した「買う」などを例に取ると、「買う」行為は商取引として相手の「売る」行為が前提となって成立するが、「買う」ことによって、取引相手には「売らされる」（もしくは「買われる」）という受影性があることになる。または、「買う」行為が、間接的に売り手以外の第三者（他に欲しがっている人など）に影響を与える場合もあろう。

　だが、「お〜する」が受影性を考慮しつつ独自に発達したとはいえ、「お買いする」という表現は現代は勿論、成立期にも見つからない。それと同時に「買う」の場合、「売る」とは異なり、直接に売り手から買うとは限らず、その点において「直接的な受影性」があるとも言い難い。

　それならばどういう表現が可能か。こうした場合、現代では「買わせていただく」の形が想起されよう。いわゆる「させていただく」については、謙譲語Bへの拡張など、使用実態に関する調査報告を中心に多くの論考で取り上げられているが、成立時期や事情に関する考察は不十分である。それは次節で触れるとして、「お〜する」が一般化した明治30年頃に、次のような例が見つかる。

(10) 実はこの間から、お正月に致しますする帯の片側を、買ひたい買ひたいと思ふてゐましたを、寝言にまで申して。奥様のお笑ひ受けた程の品。成らふ事なら失礼して、今晩買はせて戴きましたい。お二方様のお見立を、願ひました事ならば、それで私も大安心。（清水紫琴・したゆく水・明治30年）

　このように見ると、広く間接的受影性を意識した表現として「させていただく」の使用を見ることが可能ではあるまいか。つまり、非加害的・直接的受影性を伴う行為については、当初から「お〜する」が担い、受益も含んだ間接的受影性を伴う行為について、「させていただく」が成立したのではないか、と思われるのである。

　以下、「させていただく」について検討する。

5 「させていただく」の成立と展開

5.1 先行研究

前述のように、「させていただく」形については、使用例の分析を中心として非常に多くの論考がある。形式的には使役表現と授受補助動詞の敬語形が結びついたもので、主語を被使役者、受益者に位置づけるものである。主な先行研究を挙げる。

菊地（1994）では、「Yは（が）Xに…（さ）せていただく」形について、「〈Xを高め、受益者Yを相対的に低める〉という〈機能〉があるのに加えて、〈相手方の許可（恩恵）を得て……することを許してもらう〉と捉える表現」であるとし、「とくにYを話手自身、Xを聞手として述べる場合に、かなり敬度の高い表現」となり、「これ全体で、話手自身の行為を相手に対して辞を低くして述べる一種の複合的な謙譲語として使われる傾向がある」（同 1997 : 222）としている。そして、菊地（1997）では、現代の〈恩恵／許可の与え手〉という本義が希薄化した用法について取り上げ、「単に聞手に対して自分側の行為を辞を低くして述べるだけのもの（謙譲語B）」（同 : 44）に転じている使用例についても言及している。なお、日高（1995）でも謙譲語B化に関連するが、機能的には～イタス類と同様の振舞を見せる場合があるとしている（同 : 683）。

他方、山田（2001a・b）は、まずその非敬語形「させてもらう」を取り上げ、「使役の意味」と「使役者顕在」「話者の意志」の観点から3タイプに分類している。また、構造上、直接構造と間接構造を認めている。山田（2001b: 100）で提示されている例を挙げる。

(11) a．こちらから資料を送らせていただきます。（直接構造）
　　 b．お送りいただいた資料は、早速、弊社支局にも送らせていただきます。（間接構造）

構造上の使役者が「資料を送る」という動作の広い意味での対象者となっている（11a）に対し、（11b）では使役者と「送る」対象者が異なるとして、そこに両者の違いを見る。そして直接構造の場合は「お〜する」に置換可能だが、間接構造の場合には不可能であ

ることを指摘し、和語動詞（ここでは「送る」）の場合には「送りいたす」という丁重語が存在しないことをふまえ、それを埋める迂言形式が「〜させてもらう」であるとしている。

また、姫野（2004）では、与益・使役者が動作対象と一致する場合とそれが異なる場合、動作対象がない場合との三タイプに分け、さらに動作対象が聞き手と一致するかどうか、という観点から細分化して詳細な記述を試みている*14。そこでは、「『〜させていただく』は、基本的に補語を高めるA類の謙譲語であるが、高められる補語には、動作対象と与益・使役者の2種が区別できた。この2者は一致する場合もあれば、一致しない場合もある。」とし、「与益・使役者が聞き手以外である場合には不自然になりやすい。」（同：11）と述べている。姫野（2004）は、「させていただく」の敬意対象について詳細に分析した点で有益なものである*15。

以上が、先行研究の概観*16であるが、「させていただく」を「使役・許可（または与益）者」（以下、使役・許可者とする）を高める表現と考えると、使役・許可者と想定することが可能な全ての人間を補語にすることが可能な表現ということになるだろう。その点で言えば、「お〜する」のように動詞の項または「〜ために」「〜に代わって」で表される行為の影響の及ぶ方面に補語が限定されることはない。それゆえ、結果的に「させていただく」の成立条件は、使役・許可者の想定が可能かどうかにかかっていることになるのであるが、それが全く不可能な場合での使用に限り、話し手側を低める謙譲語Bとして機能しているとみることができる。このようにみると、「させていただく」は基本的には謙譲語Aでありつつも、使役・許可者が不在、想定不可能の場合に謙譲語Bとして使用されつつある、というべきであろう。ちなみに、「させていただく」が広まった理由として、和語動詞の場合に「いたす」が使えないことの指摘は多くの論者によってなされており、「させていただく」が広まった主要因ともされている。

5.2 「させていただく」の成立と展開

このように、「させていただく」の先行研究の多くは、現代の使

用や機能についてのものであり、その成立期についての指摘は一部にみられるもののようである。

　だが、「させてもらう」とその敬語形「させていただく」の本来的用法が、使役・許可者を想定したものと言える以上、それは、行為による使役・許可者の受影性に配慮した表現ともいえる。「させていただく」形の使用は、行為遂行の際に何らかの形で使役・許可者を巻き込むことの表明になるからである。

　まず、非敬語形「させてもらう」形式がいつごろから一般的にみられるのか。形式自体は明治期にも一定程度みられる（以下、用例には作品名のみ記す）。

(12) a．お房は洗濯した単衣に着更えさせて貰って、やがて復たぷいと駈出して行った。　　　　　（旧主人・明治35年）

　　 b．その頃御城下には湯屋なんぞはない。内で湯を使わせてもらっても、親類の家に泊って、余所の人に湯を使わせてもらっても、自分だけが裸にせられて、使わせてくれる人は着物を着ている。

　　　　　　　　　　　　　　（ヰタ・セクスアリス・明治42年）

　　 c．こう独語のように言って、丑松も見送りながら随いて行った。せめてもの心尽し、手荷物の鞄は提げさせて貰う。そんなことが丑松の身に取っては、嬉しくも、名残惜しくも思われたので。　　　（破戒・明治39年）

これらは、皆、実際に使役・許可者が存在し、かつ行為の権限も有していると解釈可能である。また、その敬語形「させていただく」についても同様である。

(13) a．母親はほたほたとして茶を進めながら、亥之は今しがた夜学に出て行きました、あれもお前お蔭さまでこの間は昇給させて頂いたし、課長様が可愛がつて下さるのでどれ位心丈夫であらう、　　　（十三夜・明治28年）

　　 b．「…それでも実際もう辛抱が仕切れなくなったから願って見るのですが、如何でしょう、もう一人女中を使わせて戴く訳には参りますまいか？　　（其面影・明治39年）

　　 c．やがて郡視学の方へ向いて、「私から伺います。まあ、

風間さんのように退職となった場合には、恩給を受け
　　　させて頂く訳に参りませんものでしょうか」
　　　　　　　　　　　　　　　　　　　　　　（破戒・同年）
　これらも使役・許可者が存在し、かつ行為の権限も有しているものと解釈できよう。
　このように、明治20年代から30年代頃までは、行為遂行上の権限を有する使役・許可者が実際に存在し、その存在を意識した表現であったといえそうである。他方で、使役・許可者の存在を前提とした表現でありつつも、明治30年代半ば頃から、以下のようなものも散見されるようになる。

(14) a．「それぢや旦那は間抜なのぢや御座いませんか。そんな解らない事が有るものですか」「間抜にも大間抜よ。宿帳を御覧、東京間抜一人と附けて在る」「その傍に小く、下女塩原間抜一人と、ぢや附けさせて戴きませう」
　　　　　　　　　　　　　　　　　　　　（金色夜叉・明治30年）

b．「ま、どうなと貴方の好いように為すって下さいまし。どうせ私なんぞが何と思ったからって、追付くんじゃないンだから」「そんなら、そう為せて戴きます」と哲也にも似ず思切り好く、決然言って…
　　　　　　　　　　　　　　　　　　　　（其面影・明治39年）

c．蓮太郎は丑松の留守に尋ねて来たのであった。「もう追付け帰って参じやしょう」を言われて、折角来たものを、ともかくもそれでは御邪魔して、暫時休ませて頂こう、ということに極め、やがて叔母に導かれながら、草葺の軒を潜って入った。　　　　（破戒・明治39年）

d．「叔母さん、どんなに私は是方へ参るのが楽みだか知れませんでしたよ。お近う御座いますから、復たこれから度々寄せて頂きます」こう豊世は優しく言って、心忙わしそうに帰って行った。　　　　　（家・明治43年）

e．「もう君ちゃん達も学校から帰って来る時でしょうか。それじゃ、今少し御邪魔させて頂いて」と言って話頭を変えようとする輝子を前に置いて、岸本は満洲の方

　　　　に居る輝子の夫の噂や台湾から上京するという民助兄
　　　　の噂などに返った。　　　　　　　（新生・大正7年）
　すなわち、使役・許可者が存在しつつも、他方で、行為に対する話し手の意志や宣言、強い働きかけが表現されている形式が見られてくるのである。(14)として挙げた「させていただく」は現在では一般的な用法であるが、この時期になって現れるようである。そして、大正半ば以降になると、以下のものも出現する。
(15) a．私には心底をお打明け申しました所、どちら様にも義
　　　　理が立ちませんから、薄情でも今日かぎりこのお話に
　　　　は手をひか<u>せていただき</u>ます。……どうか悪くお取り
　　　　になりませんようにね……　　　（或る女・大正8年）
　　 b．「絵島丸では色々お世話様になって難有う存じました。
　　　　あのう……報正新報も拝見<u>させていただき</u>ました。（夫
　　　　人の顔色が葉子の言葉一つ毎に変るのを葉子は珍らし
　　　　いものでも見るようにまじまじと眺めながら）大層面
　　　　白う御座いました事。　　　　　　　（或る女・同年）
　　 c．「ええ。一日位暇を作ってくれてもいいでしょう。そん
　　　　な暇は無くって」「そうですねえ。そんな事をやっちゃ
　　　　いられない大事の場合だけれど、お伴<u>させて貰う</u>とし
　　　　ようか」私はもうすぐに落城して了った。
　　　　　　　　　　　　　　　　　　　（学生時代・大正7年）
　　 d．「どうぞ、御隠居さん、ゆっくり召上って下さいまし。
　　　　今日はわたしにお給仕<u>させていただき</u>ますよ」と言い
　　　　ながら、お力は過ぐる七年の長い奉公を思い出し顔に、
　　　　造り身を盛った深皿なぞを順にそこへ運んで来た。
　　　　　　　　　　　　　　　　　　　　（嵐・大正15年）
　(15a)(15d)は、補語が、実質的な権限を有する使役・許可者とは言えない状況での一方的宣言とも言えるものであり、(15b)の補語は実質的権限を有する存在と言えず、かつ一方的行為の事後承諾的なもの、(15c)は「させてもらう」形だが、補語が許可者ではなく依頼者であり、補語からの事前の依頼に対して「させてもらう」形を用いたものである。

こうした（15a–d）になると、補語はもはや、実質的許可や許容を行う存在、すなわち事態成立に関与する存在ではなく、単なる行為の受影者としての存在に変化してしまっているといえよう。補語は一切の許可・許容的行為を行っておらず、意味的には「ていただく（てもらう）」の受益性のみが残された表現となっている。
　そして、これを補語の受影性の面からみた場合、単に主語の行為による補語の受影性配慮の表現になってしまっているともいえまいか。
　こうした使用の拡大状況について、「CD-ROM版明治の文豪」「CD-ROM版大正の文豪」「太陽コーパス」「近代女性雑誌コーパス」について調査した結果が以下のものである。

図表1　明治・大正期の「させてもらう」の使用数と使用状況

年代＼タイプ	明治・大正の文豪 計	許可あり	許可みたて	言い切り・意志	太陽コーパス 計	許可あり	許可みたて	言い切り・意志	女性雑誌コーパス 計	許可あり	許可みたて	言い切り・意志
明治元年～明治30年	1	1										
明治31年～明治40年	8	8		4	3	3						
明治41年～大正5年	24	21	3	2	8	4	4	5	5	4	1	1
大正6年～大正15年	12	4	8	8	25	13	12	15	6	5	1	1

※「許可あり」は、使役・許可者が実質的な権限を有していることを前提とした使用であり、「許可みたて」とは、「新聞を拝見させていただきました」「食費を納めさせていただく」など、使役・許可者が実質的な権限を有していると判断できない場合である。また、「計」は両者の合計である。
※「言い切り・意志」とは、「させてもらいます、させていただきます」などの行為の宣言と判断できる形や、「させていただきましょう」などの、使役・許可の形式を取りつつ、主語の意志を全面に表出する形式を指す。

図表1より、明治30年頃までの、実質的な権限を有する使役・許可者の存在を前提にした使用から、(15a–d)のように使役・許可者を見立てた表現、さらには、補語の受影性に配慮した表現へと、次第に使用の条件が拡大していることが確認できる。つまり、意志的行為による受影性に配慮した表現として用法の範囲を広げていったことが確認できるのである。

　そしてまた、「させていただく」のこうした状況は、第2節で見たような「お～する」が勢力を伸ばしていく過程と軌を一にしており、両者がともに、補語の受影性配慮の形式として用法を拡大していったと思われるのである。

6　まとめ

　まず、2節から、行為の内実に関わりなく上位待遇者としての補語に何らかの形で関わる場合の表現として使用された「お～申す」に変わって、補語の受影性の内実に配慮した表現として「お～する」が成立したことが確認された。すなわち、補語の容認が想定されない加害性や強制性を持つものは「お～する」形を取らず、それ以外の直接的な受影性の表現のみが、「お～する」形をとるようになったのである。そして、次第に間接的受影性の表現へと用法を拡大し、「お持ちする」「お調べする」などの受益表現に関する用法へと使用範囲を広めていったことがみてとれた。

　他方で、「お～する」が成立した明治30年頃から次第に使用数を増大させていった「させていただく」は、実質的な使役・許可者が存在した当初の用法から、使役・許可者を見立てた用法として、すなわち、使役・許可者と見立て可能な補語の受影性に対する配慮の表現として広く使用されるようになっていった。「買わせていただく」「行かせていただく」など、半ば一方的行為による補語への間接的受影性に配慮した表現としても使用範囲を広げていったのである。つまり、「受影性配慮」という新たな要請こそが、「させていただく」を実質的な許可表現から、許可されたという形を用いた広い配慮表現として発展させたと思われるのである。

さて、ここまでを図示すると以下のようになる。

図表2　明治以降の「お〜申す」「お〜する」「させていただく」の展開

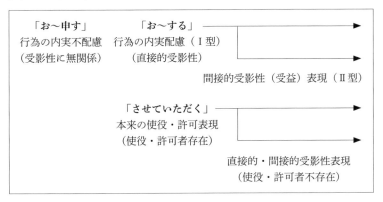

　図表2からわかるように、「させていただく」は受影性配慮の汎用的表現でもあるため、例えばⅠ型の「お聞きする」Ⅱ型の「お持ちする」と同時に「聞かせていただく」「持たせていただく」なども使用される。後者はより冗長的な表現形式であると考えられ、それゆえ特に対話場面において、過剰なへりくだり表現とも感じられるのであろう。

　また、それと同時に、第1章で整理して示したような、補語が格助詞で表示されず、かつⅡ群のような授益性も持たない表現、例えば、

（16）?「（先生の部屋に）お入りしてもいいですか」

などは、「（先生の部屋に）入らせていただいてもいいですか」とすると適切な表現になる。このように見ると、「させていただく」は、「お〜する」では表現することが不可能な、ニュートラルな間接的受影性に対する表現としても機能していることがわかる。「お〜する」に比して、「させていただく」の補語の範囲の広さが可能にしているとみることができよう。

　そして、その後の「させていただく」の展開については、前述のように、補語が事態に一切関与しない、すなわち間接的受影性すら存在しない謙譲語Bへと拡張していくことになるのである（統計解析を用いた将来予測は第Ⅱ部で述べる）。

なお、「お〜申す」「お〜する」について、近代以降、「上位者が受益者である時は、利益について指定しないオ型謙譲語の用法が拡張して用いられるようになった*17」と言う見解もあるが、「お〜申す」と「お〜する」では形式内に入る語に違いがあること、また、受益と思われる形、例えば「お褒めする」「お喜ばせする」などは存在しないこと、さらに「お入れする」などの受益表現は、成立当初は見られないこと、等を考えると、単純に「オ型謙譲語」が受益表現を引き受けたという判断は難しいのではあるまいか。受益についてはもう少し子細に検討する必要があると言えるだろう。「お褒めする」「お喜ばせする」などは、内容的には補語にとっての受益であるが、一方的な評価・行為でもあり、受影性の面からは不適切になる。これまでの検討から明らかなように、補語の受影性という観点を用いることにより、より整合的な説明が可能になると思われるのである。

　以上のように、「お〜する」が成立した明治30年頃から、こうした謙譲語の表現は行為の内実、補語側に立てば「補語の受影性の内実に配慮した上で使用される」ものとして展開されるようになったといえよう。

---

*1　例えば「見上げる」は、補語に対する存在認知の表現「見かける」などと比較して、動作のあり方（上方向を見る）に主眼が置かれているといえる。「打ち明ける」なども「お話する」などと比べると同様のものといえるだろう。
*2　ただし、「強いる」（お強いする）が小松（1967）で1例挙げられ、「恨む」（お恨みする）も1例見つかったが、話し手が不自然さを意識しつつ、わざと使用していると解釈できた。
*3　非意図的であり、補語の許しが想定可能と判断できる場合に「お〜する」形をとるものがある。「お待たせする」「（軽微な迷惑を）おかけする」など。
*4　知る、あやかる、似合うなどは、間接的な影響力は想定できても、補語への直接的働きかけがあるとは言い難いだろう。
*5　ここでの「受影性」は、いわゆる他動詞の受影性とは全同ではない。後述するが、「お持ちする」などのモノを媒介にした働きかけなどは、補語の人格領域に直接的に働きかけないという点から、間接的働きかけであり、そこに

は「間接的受影性」があるとしている。
*6　森山（2003）では「敬譲関係」について、「話題となっている両者の間に、師弟関係にあったり、同一組織に属するなど、何らかの結びつきを有した上で発生している上下関係を言う。」（同：204）とある。
*7　前章までは、形式内に入る動詞（と一部の動作性の名詞）を中心に見てA～Cタイプに分けたが、ここでは表現全体を見てⅠ・Ⅱ型に分けて考える。なお、ここでは蒲谷（1992）の指摘をふまえている。
*8　この場合の「～のために」などは、補語の受益をもたらすことを目的とする意味で、複合格助詞と扱うことも可能であろうが、補語は述語動詞が要求する項とは言えず、補語と述語との意味関係はその点でも間接的である。
*9　前章で、その初期のものと思われる例を挙げている。
*10　「明治の文豪」「大正の文豪」「太陽コーパス」「近代女性雑誌コーパス」の他、参考として「青空文庫」の多くの作品も調査した。また精査が必要だが、「お／ご～申し上げる」「お／ご～いたす」の形式内に入る動詞も「お～する」と同様であり、Ⅱ型に該当するものも見つからなかった。
*11　森（2016）では、「読む」の場合、ニ格を副次補語を取るものとして扱っている（同：166）が、筆者の語感では「～にお読みする」という形は、少し不自然であるように思われる。ただし、「～に読んであげた」等、授受表現などを用いることにより、行為の方向性が含意されて許容度は上がるとも思われる。
*12　ただしⅡ型には若干の不自然さが感じられるとも言える。
*13　前述のように、Ⅰ型とⅡ型に分け、尊敬語も加えて検討したものに蒲谷（1992）がある。ここでは蒲谷（同）の指摘をふまえ、それに依拠しつつも、他の作例も加えて再検討した。
*14　姫野（2004）では、前二者についてはそれぞれ「与益・使役者が聞き手である場合」「与益・使役者が聞き手でない場合」に分け、「動作対象がない場合」については、「与益・使役者が聞き手である場合」と「自己完結型」とに分けている。
*15　ただし、この2者は実際には対等ではないという事実には注意する必要がある。敬意対象が動作対象であり、かつ与益・使役者以外といった場合には不自然なものになるからである。
*16　最新かつ詳細な研究として椎名（2021）があるが、ここでは特に触れない。
*17　森（2012, 2016）では、「お～申す」「お～する」を「オ型謙譲語」と一括して扱い、「近代に入って与益表現で上位者に対する配慮を示すことは難しくなる。」とし、そのため、オ型謙譲語に受益者を高める用法（例：コーヒーをお入れします）が生まれた、と説明する（森2012：47）。

第5章
近・現代の謙譲語の成立と展開4
「お／ご〜申す」と「お／ご〜いたす」

1 はじめに

　本章では、これまで扱った「お／ご〜申す」から「お／ご〜する」への移行、さらにはそこに存在する「受影性配慮」という条件をふまえ、その他の代表的謙譲語形式「お／ご〜いたす」を取り上げる。その際、「お／ご〜申す」との相違を軸に、三者の相違・関係性について記述する。

2 先行研究と両形式の位置づけ

　いわゆる謙譲表現の一形式「お／ご〜いたす」（以下「お〜いたす」等と表記）は、江戸末期頃に成立し、次第に広まったものとされる*1。

　歴史的にみると、単独の「いたす」は「いたる」の他動詞形として、中世以降に訓読体を通じて一般化し、次第に「する・なす」の敬語形としても用いられるようになったものである。そして、話し手やその身内側の行為に用いられる謙譲語としての用法に加え、自己卑下、荘重さなどの語感に支えられて、あらたまった言い方としての広範な用法を獲得したともされている。さらにそうした経緯を経て、動詞連用形あるいは動作性の漢語に「お／ご」を冠したものに「いたす」が下接する形で、「お〜いたす」が成立したというのが概略的な説明である。

　なお、現代敬語としての「お〜いたす」は、補語と聞き手の両者に対する敬語であるといわれ*2、二人称者を主語として用いることはできず、また、丁寧語「ます」を伴うのが一般的であり*3、連用形以外の活用形は基本的に用いられない。

他方、「お／ご〜申す」（以下「お〜申す」と表記）は、江戸前期上方語にも使用例がみられ、謙譲語の一般形として広まり、明治期に成立した「お／ご〜する」（以下「お〜する」と表記）などに押されるまで、盛んに用いられたものとされる。ちなみに、単独の「申す」は、「言う」対象への敬意の表現が、発話状況に対する顧慮から「言う」行為のへりくだり、かしこまりに、そして一人称者以外の三人称者まで含め、単に「言うこと」をあらたまって述べる場合にまで拡張して用いられるようになっていったものである。

　なお、現代語では、単独の「申す」「いたす」はともに、話し手が主語を低める謙譲語Bとして位置づけられており、原則として一人称者を主語として用いられる。

　こうした点から、「お〜申す」と「お〜いたす」は、成立当初から、補語への敬意に加え、主語を（ニュートラルより）低める機能を有していたと指摘されていることが多い。

　ただ、果たして両者は江戸期から同様の機能を有していたものなのか、また、「お〜いたす」が成立当初から現在と同様の機能を持っていたものなのか、などについては、まだ明確になっていないものと思われる。

　こうした点をふまえ、本稿では「お〜いたす」について、「お〜申す」との比較を軸に、敬度比較とは異なる観点からその特徴について考察していく。

　本章の構成であるが、3、4節で先行研究等をふまえて「お〜いたす」「お〜申す」両形式の諸特徴について検討・確認し、5節で敬語使用における聞き手配慮に加え、前章で挙げた補語の受影性配慮という観点から、その相違点について論じる。

3　江戸末期の「お／ご〜いたす」と「お／ご〜申す」

　前述した通り、「お〜いたす」は、江戸末期頃の成立とされる。辻村（1968）によると、「御やく束致す」（お約束いたす）「御供致す」などの名詞を挟む例から、「お咄をいたす」「お取り持ちをいたす」などの助詞を介する形を経て、「お目通りいたす」「お手渡しい

たす」などの形が次第にできあがったことが指摘されている。はじめに調査資料から、江戸後期において「お〜いたす」の形となっている例をいくつか挙げる。

（1） a．清心「ハッ。」松崎「有難く<u>御受致せ</u>。…」
(小袖曽我薊色縫)

　　　b．さらば<u>お開帳いたそふか</u>、ト棺桶のなはをとき、ふたをあけてすれば、をやぢめがねをかけ…
(東海道中膝栗毛)

　　　c．舟場へ<u>御案内いたしましよ</u>…わたくし宅は雲津でござりますが、どふぞ<u>お供いたしたい</u>…
(東海道中膝栗毛)

　　　d．「モシ、たゞ今あら吉が見へまして、さつきにからあつちやのざしきで、あなたのお出なさるをお見うけ申ましたが、<u>御遠慮いたして</u>おりましたけれど、ちよつとなとお伺ひ申ていのてゝ、…」
(東海道中膝栗毛)

　　　e．君もし琉球へ到らんとならば、それがし<u>御案内いたす</u>べし。
(椿説弓張月)

　　　f．御ぞんじでもございませうが、娘をお屋敷へ上ますので、何かせ話ぜ話しうございまして、存ながら<u>御ぶ沙汰いたしました</u>
(浮世風呂)

江戸後期においては、形式的に「お〜いたす」となってはいるものの、現代語の場合とは異なり、(1a) のように聞き手の行為（二人称主語）に使用されている場合や、(1b) のように丁寧語と共起しないものなど、当時の単独の「いたす」の機能がそのまま残存していると思われる例が散見される＊4。同様に江戸後期「お〜申す」の例をいくつか挙げる。

（2） a．そりやアまアいゝが、早く爰へ<u>お通し申せ</u>　(浮世風呂)

　　　b．まづそれは兎も角も、今日わたしが<u>お尋ねまうす</u>は外じやアない。
(春色梅児誉美)

　　　c．只今お聞きのとをりでござりますから、きた八どのは是で<u>おわたし申ます</u>
(東海道中膝栗毛)

　　　d．當社御覽のとをり大破につきまして、再建のため興行いたした富にござりますれば、おあたりなされたお方

へは、どなたへもお願ひ申て、百兩の内十兩寄進におつき申てお貰ひ申ますさかい、… （東海道中膝栗毛）
e．チツトお流し申ませう　女房「アイ、おかたじけ。…
（浮世風呂）
f．おさよ思入あって、さよ「これまでお隠し申たなれど、お目立まする上からは、何をお包み申ませふ。
（小袖曽我薊色縫）

　「お〜申す」の場合も同様に、聞き手の行為に使用されている場合もあり、また、「貰う」など、現代の代表的な謙譲語形式「お〜する」にならないものも含まれる*5。ただし、形式内に名詞や動作性の漢語が入ることが多い「お〜いたす」に対し*6、さまざまな動詞連用形が入ることなどから、形式的に成熟していたことがわかる。

　図表１に江戸後期以降における両形式内の語を示す。

図表1　江戸後期以降における両形式内の語

年　代		形　式　内　の　語
江戸後期	お〜申す	逢う、上げる、預かる、預ける、あやかる、逢わせる、諫める、祝う、伺う、受ける、教える、返す、隠す、貸す、構う、借りる、聞かせる、聞く、断る、さする、察する、救う、勧める、助ける、尋ねる、立ち寄る、頼む、使い立てる、つきあう、包む、連れる、手伝う、出迎える、通す、届ける、泊める、止める、伴う、取らせる、取り替える、流す、願う、引き合わせる、振る舞う、誉める、任せる、まける、待つ、招く、見上げる、見受ける、見舞う、見忘れる、貰う、よこす、呼ぶ、寄る、別れる、渡す、挨拶、案内、遠慮、指南、推挙、相談、同道、供、吹聴、返済、他。
	お〜いたす	逢う、受ける、取り次ぐ、挨拶、案内、遠慮、恩借、開帳、相譚、伝授、同道、供、拝借、披露、返事、返杯、無沙汰、他。
明治元年〜明治30年	お〜申す	諫める、受け取る、訴える、送る、返す、貸す、聞かせる、聞く、断る、捜す、させる、察する、強いる、勧める、助ける、訪ねる、頼む、連れる、通す、止める、泊める、乗せる、願う、話す、引き留める、待つ、招く、見上げる、見かける、無心する、貰う、譲る、用立てる、呼ぶ、別れる、案内、心配、相談、他。
	お〜いたす	受ける、断る、話す、任せる、案内、辞退、世話、供、無沙汰、報道、他。
明治31年〜明治40年	お〜申す	会う、上げる、預ける、歩かせる、祈る、打ち明ける、恨む、起こす、返す、借りる、構う、誘う、知る、頼む、連れる、出迎える、通す、願う、委せる、貰う、待つ、喜ばせる、暇（いとま）、噂、遠慮、辞退、招待、無心、他。
	お〜いたす	逢う、送る、知らせる、勧める、尋ねる、引き渡す、別れる、相手、案内、給仕、邪魔、送迎、忠告、供、話、面会、吹聴、他。

※漢語はそのままの形（名詞形）で示している。時代区分は、辻村（1974）での明治以降を「形成期」「成立期」「完成期」とする区分等を参考にして設定した。

図表1を概観するとわかるように、「お〜申す」と「お〜いたす」それぞれの形式内に入るものは、共通するものもありつつ、片方にしか用例が見つからないものもある。
　調査結果から、その点に着目して整理すると、以下の通りになる。成立期の比較のために、江戸後期の例で示す。

図表2　江戸後期「お〜申す」と「お〜いたす」内の語の相違

年代	形式内の語	
江戸後期	お〜申す お〜いたす 共通の語	逢う、受ける、挨拶、案内、遠慮、相談、同道、供
	お〜申す のみ	上げる、預かる、預ける、あやかる、逢わせる、諌める、祝う、伺う、教える、返す、隠す、貸す、構う、借りる、聞かせる、聞く、断る、さする、察する、救う、勧める、助ける、尋ねる、立ち寄る、頼む、使い立てる、つきあう、包む、連れる、出迎える、手伝う、通す、届ける、泊める、止める、伴う、取らせる、取り替える、流す、願う、振る舞う、誉める、任せる、まける、待つ、招く、見上げる、見受ける、見舞う、見忘れる、貰う、引き合わせる、よこす、呼ぶ、寄る、別れる、渡す、指南、推挙、同道、吹聴、返済
	お〜いたす のみ	取り次ぐ、恩借、開帳、伝授、拝借、披露、返事、返杯、無沙汰

　まず、「お〜申す」と「お〜いたす」に共通な語が用いられている例を、それぞれ「お〜申す」「お〜いたす」の順に、いくつか示す*7。

(3)　a．ハテどうか見申たやうなお子だがといぶかれば、娘「ハイ久しくお逢申ません。…」　　　　　　（春色梅児誉美）
　　　b．かの娘、二三間向へすわり、ちと、おあいいたしませうと首をのばす。　　　　　　　　　　　（噺本・楽奉頭）
　　　c．トソシテあのナ、お宿を御遠慮申てわざとおしらせ申ませんさかい、よろしうお頼申ますと、此様に云ふて

お呉れ　　　　　　　　　　　　　　　（浮世風呂）

d．後家がめしつかひのおんな、きたりて「モシ、たゞ今あら吉が見へまして、さつきにからあつちやのざしきで、あなたのお出なさるを<u>お見うけ申</u>ましたが、<u>御遠慮いたし</u>ておりましたけれど、　　（東海道中膝栗毛）

e．お二人リさん、一寸<u>御挨拶申</u>やせう。
　　　　　　　　　　　　　　　　（お染久松色読販）

f．私も先刻よりずいぶんと精出して、<u>御あいさついたし</u>ましたゆへ、ほつとくたびれました。
　　　　　　　　　　　　　　　（噺本・臍の宿かえ）

g．コレコレおたこや、おくへ<u>御案内申</u>さんかい
　　　　　　　　　　　　　　　　（東海道中膝栗毛）

h．舟場へ<u>御案内いたし</u>ましよ。北八「それは御苦労、サア弥次さん出かけやせう…」　　（東海道中膝栗毛）

　（3a）〜（3h）を概観すると、「お〜いたす」の場合には、二人称者（＝聞き手）を補語として、話し手がなんらかの行為を申し出る際の表現が多くみられる。また、（3d）について「お見うけ申」（点線部）に対して「ご遠慮いたし」とあるように、聞き手に対する意志的行為の場合には、「お〜いたす」が使用されやすいといえそうである。さらに、（3c）の「ご遠慮申」の場合には聞き手に言伝している内容であり、補語はその場に不在の三人称者である。（3g）の場合も同様に「お〜申す」行為の補語は（3h）とは異なり、二人称者ではない。

　こうした点から、「お〜いたす」の場合は「お〜申す」とは異なり、特に二人称者に対する意志的行為・申し出の表現に用いられることが想定できる。

　ただ、「お〜いたす」の場合、常に二人称者を補語とするかと言えば、それは断定できない。以下のような例もある。

（4）旦那様に<u>お目通りいたし</u>度ございますが…。
　　　　　　　　　　　　　　　（花筐・第三十回）

　辻村（1968）でも挙げられている例だが、三人称者が補語の場合もあることが確認できる。ちなみに、現代の「お〜いたす」も二

人称者を補語とする場合がほとんどであるものの、三人称者を補語とする場合もある。例えば、

　(5)　私が先生を<u>ご案内いたし</u>ましょう。

などの場合である。ただ、こうした使い方は現代語の場合も頻度的には多くない。そうした点でも成立期の「お～いたす」は現代のそれと一致しているといえよう。

　このように見てくると、江戸後期の「お～いたす」について、武士言葉等の特徴的な表現を除いた口語的表現においては、その使用状況において、現代の「お～いたす」と同様であることが想定できるのである。

4　「お／ご～いたす」と「お／ご～申す」の相違と丁寧語共起

　次に「お～いたす」と「お～申す」の形式内に入る語の特性について考察する。

　考察を進める上で、まず、第3章において述べた「お～申す」内に入る語の特徴について確認しておきたい。そこでは、「お～申す」と「お～する」内に入る語の検討を行い、その違いを明らかにしたが、現代の代表的な謙譲語形式の「お～する」とは異なり、「お～申す」の場合には、以下のような表現も存在したことが明らかになっている。

　(6)　a．…よい煙草であろふ、一ツ服<u>お貰い申</u>さふ。

　　　　　　　　　　　　　　　　　　　　　　　　(無事志有意)

　　　b．何を<u>お隠し申</u>ませふ。私は元お家にいた、又助といふ中間でござりまする。　　　　　(小袖曽我薊色縫)

　　　c．これが頼みの、ともかくも<u>おあやかり申</u>て、ちと出世のすじさ。　　　　　　　　　(黄表紙・江戸生艶気樺焼)

　　　d．いへもう私の旦那を<u>お誉め申</u>すもいかゞでございますが、惣別お氣立のよいおかだでネ。　　　(浮世風呂)

「お～申す」では、(6a)(6c)のような、補語への具体的な働きかけとはいえないもの、(6b)のように補語に対する一種の加害性

を持つもの、(6d)のような補語の人格的領域への一方的規定といったものも、「お〜する」とは異なり、可能な表現であった。

　そうした点から、第3章では「お〜申す」について、働きかけの有無やその内実にかかわらずに補語への敬意を表せる生産的形式であったとし、形式内に入る語の性質や使用原理という点において、中古から近世に至るまでの謙譲語の性質を受け継いでいる可能性がある*8、とした。

　こうした点をふまえ、「お〜いたす」内に入る語をみると、図表1にも示したように、上記(6a)〜(6d)のタイプは見つからないことが確認できる。

　以上の点から、成立当初の「お〜いたす」は、使用条件および、形式内の語について、すでに現代のそれに近いものであることが確認できるだろう。

　さらにまた、現代の「お〜いたす」の場合、前述のように丁寧語「ます」を伴うのが普通であり、かつ連用形しか用いられないが、その点について「お〜いたす」が安定的に存在しはじめる明治期について簡単な調査を行った結果が、図表3である。

図表3　両形式における丁寧語との共起（数は延べ数）

年代	語形	丁寧語共起		「お〜申す」形式のみに入るもの
		合計数	共起率	
明治元年〜明治30年	お〜申す	125	70.2%	強いる、訴える、見上げる、等
	お〜いたす	19	100%	
明治31年〜明治40年	お〜申す	72	75.8%	（恥を）かかせる、怨む、打明ける、等
	お〜いたす	8	100%	

※参考までに、丁寧語共起については『太陽コーパス』『近代女性雑誌コーパス』でも確認している。

　武士言葉等の特徴的な表現*9を除く口語表現においては、「お〜いたす」の場合、現代語と同様に丁寧語と共起していることが確認できた*10。また活用形についても、すべて連用形であった。成立

年とあわせて両形式の例を挙げる。

(7) a．お借り申た三圓のお金は返さねへでは濟みませんが、金はなし、損料蒲團を取られては私が誠に困りますから。　　　　　　　　　　　　（円朝・英国孝子之傳・明治18年）

b．イエネ此間もお咄し申た通りお前さんのお嫁の事に付ちゃア内でも些と考えてる事も有るんだから。
　　　　　　　　　　　　　　　　　　（浮雲・明治20年）

c．往日もお話致しましたが、金力で無理に私を奪つて、遂にこんな体にして了つた、謂はば私の讐も同然なので…。」　　　　　　　　　　　（金色夜叉・明治30年）

d．そうで御座いますか。じゃ、私にゃ到底家の経済はお引受出来かねますから、今日限りお断り致します。只今残金は帳面と引合せてお引渡し致しますから」と身を起しかける。　　　　　　　　（其面影・明治39年）

こうした点からも成立期からの「お〜いたす」は、現代のそれに近いことが確認できるのである。

5　考察とまとめ

それではなぜ、あるいはどのようにして、こうした「お〜いたす」が成立したのか。考察を進めていく。

まず、江戸期においてすでに生産的謙譲語形式として安定的に機能していた「お〜申す」が、中古から近世に至るまでの、働きかけの有無やその内実にかかわらずに補語への敬意を表せる生産的形式の一つであったことは、第3章で挙げた例や、そこでの検討からみても間違いないものと思われる。

他方「お〜いたす」は、先行研究やこれまでの検討から明らかなように、江戸後期頃から徐々に形が整い、幕末期に成立した形式である。ゆえに「お〜申す」に比して、成立時期、形式的にも新しいものとなる。そして、中古から中世にかけて丁重語、丁寧語などの聞き手めあての敬語が発達し、江戸期には一定の安定的使用が見られてくる、という歴史的事情を考慮するならば、こうした両形式の

成立時期の違いは、敬語としての機能的な違いをもたらす要因となる可能性が高いといえるだろう。

また、現代のいわゆるサ変動詞の謙譲語としての「いたす」は、話し手が主語を低める謙譲語Bにあたり、「〜いたす」で様々な語形をとることができるとともに、一人称主語で「ます」を伴うのが一般的な使われ方である。

それに対して現代の「申す」は、同じく謙譲語Bであるものの、「言う」の謙譲語としての用法が基本であり、「いたす」のように、謙譲語Bとしての一般形にはならない（少なくとも現代では一般的ではない）。

こうした両形式の成立時期、歴史的事情、現代語の機能および意味・用法等を考慮するならば、早期に成立していた「お〜申す」とは異なり、江戸末期に成立した「お〜いたす」は、話し手主語、二人称者（＝聞き手）補語という中心的な使用環境の中で、「いたす」の持つ、聞き手を意識した「改まり」が、「へりくだり」すなわち、謙譲語Bの一般形に近いものへと拡張していくことは自然の流れということができるのではあるまいか*11。

それと同時に、「いたす」の「改まり」は、その語感を残存させているがゆえに、菊地（1994）の言うような丁重語用法*12にも受け継がれることになるのであろう。

次に、「お〜いたす」内に入る語の性質についてであるが、図表1・2と4節での検討から確認できるように、「お〜申す」とは異なり、具体的な働きかけのないもの、加害性のあるものなどは形式内には取らない。そしてこの点においては、第3章で検討した「お〜する」の場合と同様である*13。すなわち、容認しがたい行為によって補語が何らかの害を被る、あるいは行為による補語への直接的影響が認められない場合などでは、「お〜いたす」形を取らないのである。

そのように見ると、ここにはこれまで述べてきた補語に対する「受影性配慮」が働いているとみることができるのではあるまいか*14。

「お〜いたす」は、補語と聞き手の双方に対する敬意の表現とし

て成立した以上、二人称者（聞き手）イコール補語という中心的な使用環境下において、補語に対する意図的加害性のある表現は、意図的な効果をねらった使用でない限り、補語すなわち聞き手へのへりくだりとは共存しにくいであろう。

　特に、主語を低めることによって聞き手に敬意を表すことを「いたす」が形式として明確化している以上、補語に対する行為の内実としての加害性と、言語形式としての敬意とは両立しがたいであろう。

　また、それゆえにこそ「お〜いたす」は、二人称を主語とする場合には使用できないようになっていったのではないか。つまり、二人称者の行為に「お〜いたす」を使用することは、二人称者すなわち聞き手に対する一種の一方的規定・強制となり、一般的な使用法である補語すなわち聞き手に対するへりくだり・丁重さとは矛盾することになるからである。

　成立期から、丁寧語の付加が一般的であった点とあわせ、「お〜いたす」は、それ以前に成立した「お〜申す」とは異なり、その当初から謙譲語ＡＢとしてかなり安定していたといえるだろう*15。そして、それゆえにこそ様々な使用上の制約を生み出していったものと考えられるのである。

　以上、これまで明確に論じられることの少なかった「お〜申す」と「お〜いたす」の相違点について確認するとともに、成立期からの「お〜いたす」の諸特徴について考察を加えたが、こうした点からも、江戸末期から明治にかけての、いわゆる聞き手中心性、そしてそれに関連した補語に対する「受影性配慮」が機能していたことがわかるのである。

　そしてまた、こうした受影性配慮こそは、明治以降まで残存していく旧形式ともいえる「お〜申す」に対し、新形式の「お〜する」が成長していく背景となっているともいえるだろう。

＊1　辻村（1968）、小松（1968）等に指摘がある。そこでは成立期の例として「お供いたす」などが挙げられ、次第に現在のような動詞連用形を取り込む形が成立したとされる。
＊2　菊地（1994）では、「（「謙譲語ＡＢ」として）謙譲語Ａの《補語を高める》という〈機能〉と、謙譲語Ｂの《主語をニュートラルより低める》という〈機能〉（および、それによって《聞手への丁重さをあらわす》という事実上の〈機能〉）をあわせもつ敬語である。」（同1997: 303）とされている。
＊3　従属節に「いたす」があるときに、主節末に「ます」がくる場合もある。
＊4　こうした例は江戸前期上方語には相当数みられる。
＊5　現代の「お〜する」の場合、もちろん「先生の鞄をお持ちしろ」など、二人称の行為に用いる場合はあるが、「貰う」等を形式内にとり、「お貰いする」などとは言わない。他方、現代の「お〜いたす」は二人称の行為には用いられない。
＊6　そうした点で言えば、「お〜いたす」の場合、「する」意味の残存が強いともいえるだろう。
＊7　噺本の口語としての資料性については、会話とは異なる文語的表現の混入など、様々な指摘があるが、語形の確認については有効性があるとみて調査している。
＊8　「奉る」などを取り上げ、「見捨てたてまつる」「殺し奉る」などの形を挙げ、「お〜申す」との共通性について論じた。
＊9　例えば、「いずれも皇国のためを存じ、難有くお受いたせ。」（森鷗外・堺事件）などである。
＊10　先述のように、従属節に「いたす」があるときには丁寧語は主節末にくる場合もある。例えば、「まだ色々御話し致したい事も御座いますが…」（漱石・吾輩は猫である）などである。
＊11　永田（2001）に、「町人であっても武家を聞き手とするような公的場面では内外敬語が使われている様子がみられる」とあり、また、「武家階級が公的言語の規範として使用している内外敬語が町人に広まったものと考えられる」（ともに同: 281）としている。こうした記述からも、江戸後期になって相対敬語化が次第に広まっていく様子が確認できる。
＊12　菊地（1994）では、「この大会では全国から三百人の選手が参加いたします」（スポーツの放送）（同1997: 273）の例を挙げ、こうした用法が徐々に増えてきている、としている。
＊13　近代の相対敬語化の流れの中で、敬語使用にあたっては聞き手の存在が大きな意味を持つが、そうした聞き手への配慮という点を第一に考慮した際、聞き手が補語の場合には、必然的にその行為の内実が問われるものとなるはずである。例えば、意図的加害性を有する語の謙譲語形は、実質的には聞き手への意図的加害行為の表現となり、「聞き手に失礼にならない」ということを第一に意識した使用という点において矛盾を生んでしまう。それについては、「お／ご〜申す」と「お／ご〜する」とを扱った箇所で詳細に述べている。
＊14　第4章において、主語の行為から補語が受ける直接的・間接的影響を「受影性」として（いわゆる他動詞の受影性とは全同ではない）、謙譲語は、補

語の受影性の内実を配慮して用いられるものに変化した、と論じている。
＊15　湯澤（1954）では江戸期の「お〜いたす」の例を4例挙げているが、いずれも「ます」が付加されたものである。ただ、江戸期では、当然ながら、(1) aの「御受致せ」や、「お味方致すか致さぬか、その心底の知れざるゆへ」（歌舞伎十八番・暫）など、「あらたまり」レベルにとどまり、「ます」のない場合も存在する。

第6章
近・現代の謙譲語の成立と展開5
形式の消長と受影性配慮

1 はじめに

　前章まで、「お／ご〜する」「お／ご〜申す」「お／ご〜いたす」について、それぞれを比較し、その相違と形式交替・変遷理由について明らかにしてきたが、ここで第1章において若干触れた「お／ご〜申し上げる」も含んだ形で、全体の整理を試みるものとする（以下、それぞれ「お〜」の形で示す）。

　また、この四形式に「させていただく」を加えた五形式の消長と展開から、そこに潜在し、現代の生産的謙譲語形式を成立させている背後の原理である「受影性配慮」について再度確認するものとしたい。

2 従来の四形式の扱い

　まず菊地（1994）の定義を再掲し、その機能を確認する*1。

① 「お〜する」（補語への敬語）
　（「謙譲語A」として）話手が補語を高め、主語を低める（補語よりも低く位置づける）表現である。（同 1997: 256）
② 「お〜申す」
　（「お〜申す」と「〜申す」について）今日ではほとんど使われないが、それぞれ「お／ご〜いたす」「〜いたす」と同じような〈機能〉であったようだ。（同 1997: 309）
③ 「お〜いたす」（補語・聞き手両方への敬語）
　（「謙譲語ＡＢ」として）謙譲語Ａの《補語を高める》という〈機能〉と、謙譲語Ｂの《主語をニュートラルより低める》とい

う〈機能〉(および、それによって《聞手への丁重さをあらわす》という事実上の〈機能〉)をあわせもつ敬語である。(同 1997: 303)

④「お〜申し上げる」
　「お／ご〜申し上げる」の〈機能〉は「お／ご〜する」と基本的に同じである。(「申し上げる」に「言う」意はない) ただし、敬度はずっと高い。日常語的ではなく、手紙やあらたまった挨拶などで使い、したがって、高められる補語もⅡ人称者[*2]のことが多い。(同 1997: 296)

　論者によって若干の相違はあるものの、四形式の機能については、ほぼこうした定義がなされている[*3]。それでは、どうしてこうした相違・あるいは棲み分けができあがったのだろうか。これまで検討してきた四形式の趨勢や変遷の理由、機能を発現する装置としての構造といった観点に加え、運用面に関わる社会的要因の変化も視野に入れ、その理由の整理を試みる[*4]。
　手順として、まず、「お〜申し上げる」の成立事情、初期の用例等を「お〜申す」と比較しつつ確認し、それから四形式について比較を進めていくものとする。

3　「お／ご〜申し上げる」と「お／ご〜申す」

　「お〜申し上げる」は、菊地(1994)では「〈機能〉は「お／ご〜する」と基本的に同じである。ただし、敬度はずっと高い。」(同 1997: 296)とされている。また、形式内に取れる語についてもそこで列挙されているが、「お」を上接する語についてはかなり範囲が狭く、他方で漢語中心の「ご〜」の場合は、「ご〜申し上げる」の方が落ち着く語もあるともしている[*5]。
　「お〜申し上げる」は江戸期頃から使用が見られる[*6]が、明治・大正期には使用が少なく、昭和期になって増加する。待遇価値は非常に高く、使用場面については、「多人数を相手とする公開的な場面に用いられることが多い」と小松(1968: 316)にある[*7]。ちな

みに、湯澤（1954）では「「もうす」の代りに「もうしあげる」を用いると、謙下の意味が一層強くなるが、江戸物にはこの用例はあまり見えない。」（同：234）とし、以下の例を挙げている＊8。
　a．おつれさまがた、おたのン〔頼ミ〕申上げます。
　　　　　　　　　　　　　　　　　　　　　　（大系四、103）
　b．其時は又残金を才角してお返し申あげます。　（いろは、28）
　c．料理御執心で御ざらば、御相談申あげませう。　（近文、446）
いずれも補語への加害性が感じられるものは挙げられていない。具体的な働きかけのないものも存在しない。その点、働きかけの有無やその内実に関わらない「お〜申す」とは異なる可能性が高い。
　以下、明治期から大正初めの用例は非常に少ないが、前後の文も含んで挙げてみる＊9。
(1)　a．（昇の課長に対する態度を評して）また課長殿に物など言懸けられた時は、まず忙しく席を離れ、仔細らしく小首を傾けて謹で承り、承り終ってさて莞爾微笑して恭しく御返答申上る。要するに昇は長官を敬すると言っても遠ざけるには至らず、狎れるといっても浣すには至らず、
　　　　　　　　　　　　　　　　　　　（浮雲・明治20年）
　　b．（静緒と貴婦人の会話）「いえ、なに、私は脳が不良ものですから、余り物を瞶めてをると、どうかすると眩暈がして涙の出ることがあるので」「お腰をお掛け遊ばしまし、少しお頭をお摩り申上げませう」「いえ、かうしてをると、今に直に癒ります。憚ですがお冷を一つ下さいましな」
　　　　　　　　　　　　　　　　　　　（金色夜叉・明治30年）
　　c．（荒尾と満枝の会話）「それはどんなにもお待ち申上げますけれど、貴方の御都合の宜いやうにばかり致してはをられませんで御座います。そこはお察しあそばしませな」
　　　　　　　　　　　　　　　　　　　　　（金色夜叉・同年）
　　d．（旦那様に呼ばれた小夜が）成程と合点が行って、それならば丁度幸い、この暇に複雑ったお話ならお断り申上ようと、先御免を蒙って中へ這入ると、旦那様が衝と起って、今閉めたばかりの戸の側へ寄って、彼方向

　　　　に何か為さると、カチリといった。

　　　　　　　　　　　　　　　　　　　（其面影・明治 39 年）

　　e．（親鸞が）いや、今夜は私の寺にお泊り下さい。これから私の居間でお茶でも入れて、ゆっくりとお話し致しましょう。（弟子達に）お前たちも一緒にいらっしゃい。唯円、御案内申しあげておくれ。

　　　　　　　　　　　　　　　　　　（出家とその弟子・大正 5 年）

　　f．（節子から岸本への手紙）「布施さんから復た葉書が参りました。先日の御手紙は拝見した、その事につき御面談申上げたいことがあるから近日お伺いすると言って参りました――好い加減にして下されば好いのにね」ともしてあった。　　　　　　　　　　（新生・大正 7 年）

　調査からは「お〜申す」とは異なり、補語への意図的加害性のあるものは見つからなかった*10。また、明治・大正期の「お〜申し上げる」は、補語が聞き手（または書状の受け手）となる場合を中心に、高い敬意を有する表現として使用されている。同様に、「お〜申す」では可能な、具体的な働きかけのないものや、補語の受容を想定しない一方的行為、行為のあり方に重点が置かれているもの（見上げる、等）も見つからなかった*11。

　このように見てみると、「お〜申し上げる」は先行研究の通り、「お〜する」と敬度は異なるものの、基本的に「お〜する」と同様の機能を有していることが予測できる。

　ただし、現在の「お〜申し上げる」の場合、例えば、「お恨み申し上げます」など、「お〜する」では不可能な表現も可能であると思われる。前後も含んだ形で、現代の使用例を挙げてみる。

　（2）　a．「あのとき、なにぶん事は秘計を要するゆえ、余儀ないことであった。しかしふびんなことをしたとあとあとまで後悔した。ゆるせ」「お恨み申しあげております」と微笑したが、しかし昔のような婉然たる嬌態にはなりにくい。　　　　　（司馬遼太郎・国盗り物語*12・昭和 41 年）

　　b．庄九郎は、お国を微笑で包んでいる。「お国どのは、忠義のあまり、お姫様の御自由をお縛り申しあげたので

はないかと後悔なされているようじゃ」「まあ」お国は、手をあげて、掌をみせた。

(司馬遼太郎・国盗り物語・同年)

　現在の「お〜申し上げる」では、こうした補語に対する意図的加害性を持つものも一部の語では可能になる。「お〜する」と異なり、「お〜申し上げる」がこうした語を形式内に取ることを可能にしているものは敬度の違いなのか、あるいはそこに別の規則が働いているのか。その点については後述するものとする。

4　四形式の使用状況と使用比率

　これまで各章で詳細に検討してした二形式ごとの比較をもとに、四形式について一覧にして整理するものとする。

　まず、江戸後期(江戸語)から大正末までのそれぞれの形式の用例数と形式内に取る語、および調査語の使用比率について、図表1に示す*13。

図表1　江戸後期以降における四形式の使用数と形式内の動詞

年代	語形	延べ数（異なり語数）	主 な 語（数の多いもの。少ない場合は全て提示）
江戸後期	お～申す	283(86)	頼む、願う、渡す、連れる、尋ねる、貰う、等
	お～いたす	34(16)	供（名詞）、案内する、暇する、奉公する、等
	お～申し上げる	2(1)	頼む
明治元年～明治30年	お～申す	178(64)	話す、頼む、願う、待つ、断る、通す、別れる、等
	お～する	15(6)	話す、勧める、無沙汰する、詫びる、等
	お～いたす	19(8)	無沙汰する、話す、世話する、案内する、等
	お～申し上げる	5(4)	願う、返答、摩、待つ
明治31年～明治40年	お～申す	95(45)	願う、断る、察する、頼む、聞かせる、待つ、等
	お～する	73(21)	話す、別れる、相談する、願う、預かる、等
	お～いたす	8(7)	話す、送る、断る、引き渡す、手伝う、等
	お～申し上げる	1(1)	断る
明治41年～大正末年	お～申す	115(54)	待つ、頼む、願う、恨む、構う、通す、誘う、等
	お～する	203(57)	話す、願う、断る、会う、別れる、供する、等
	お～いたす	24(15)	話す、断る、願う、伺う、無沙汰する、等
	お～申し上げる	4(3)	案内する、便り（名詞）、面談する

※明治41年～大正末年で「お～申す」に比して「お～する」の使用が多い主なもの
　　断る、任せる、別れる、案内する、会う、伺う、願う、供する、など。
※「お～する」については、成立期である明治以降から示した。また、「話」「供」など、一部の名詞についても、文脈から謙譲語と解釈可能なものは含んでいる。
※時代区分は、これまで同様、辻村（1974）での明治以降を「形成期」「成立期」「完成期」とする区分と小松（1967）で「お～する」の成立期とする明治30年に着目して設定した。

図表2　四形式の使用数と使用比率

語　形	江戸後期		明治元〜30年		明治31〜40年		明治41〜大正末	
	延数（異なり数）	比率	延数（異なり数）	比率	延数（異なり数）	比率	延数（異なり数）	比率
お〜申す	283 (86)	88.7%	178 (64)	82.0%	95 (45)	53.7%	115 (54)	33.2%
お〜する			15 (6)	6.9%	73 (21)	41.2%	203 (57)	58.7%
お〜いたす	34 (16)	10.7%	19 (8)	8.8%	8 (7)	4.5%	24 (15)	6.9%
お〜申し上げる	2 (1)	0.6%	5 (4)	2.3%	1 (1)	0.6%	4 (3)	1.2%
	319	100%	217	100%	177	100%	346	100%

※「お〜いたす」「お〜申し上げる」については文体的特徴も持つため「お〜申す」や「お〜する」と同列の扱いはできないが、他の二者の使用実態の変化とそれに関わる要因記述のために挙げた（詳細は後述する）。

　図表から、小松（1967, 1968）の指摘通り、明治30年以降「お〜する」が使用数、形式内に入る語ともに勢力を拡大し、「お〜申す」を凌駕していく様子が確認できる。また、「お〜いたす」「お〜申し上げる」についても、数は少ないながらも一定かつ安定的な使用があることが確認できる。
　図表も参考に、これまでの検討から確認できた四形式の機能と使用条件等について整理すると以下のようになる。

1)「お〜申す」
　江戸期に成立し、明治後期までの主流であった「お〜申す」は、働きかけの有無やその内実にはかかわらずに、補語への敬意を表せる生産的形式の代表であった。ただし、「お〜する」の成立以降（明治30年から明治末にかけて）次第に使用が減少するとともに、特に二人称（聞き手）を補語とするあらたまった場面を中心に使用されるようになり、その後さらに使用が漸減して、今日ではほとんど用いられなくなった。

2)「お〜する」
　明治30年頃に成立し、明治末年頃までに謙譲語Aとしての地位を確立した「お〜する」は、成立当初から現代に至るまで、その機能に加えて形式内に取れる語、表現全体の成立条件は基

本的に変わっていない。簡略化していえば、補語に対して、意図的加害性を除いた具体的な働きかけを持つ場合にのみ成立する＊14。ただし、「お持ちする」「お読みする」など、補語が格助詞を取らない場合の用法（補語は「〜ために」等で表される）は、後になって成立する。

3)「お〜いたす」

　江戸末期に成立し、その後も安定的に使用された「お〜いたす」は、その成立当初から、形式内に取れる語は、「お〜する」と同様、意図的加害性を持たない具体的な働きかけを持つものに限られていた＊15（つまり現代と同様）。また、主語は一人称側の人間に限ること、二人称（聞き手）を補語として行為の申し出の際に多用されること、丁寧語と共起することからも、成立当初から補語と聞き手両者に対する敬語として機能していたと考えられる。

4)「お〜申し上げる」

　江戸期から使用され、特に高い敬意を有するものとして使用された「お〜申し上げる」は、「お〜申す」が、働きかけの有無やその内実にはかかわらずに使用されたのに対し、「お〜いたす」や「お〜する」と同様、形式内に取る語については一定の制限があった。その制限は両者と同様である。ただし、「お〜いたす」とは、丁寧語との共起が義務的でない点、二人称主語の場合にも使用されていたことが異なり、その点で「お〜する」と同等の機能を有していたことがわかる。ただし、「お〜する」では取らない、「恨む」など、意図的加害性を持った語の一部を取ることができる点で、「お〜する」とも異なっている。

　このように、四形式はそれぞれ成立時期から共通点と相違点を持っていることが確認できる。ここで、確認のため、形式内に取れる語のタイプと、丁寧語との共起に焦点化して整理したのが次の図表3である。「動詞タイプと数」の部分は、これまでの観点に従い、形式内の動詞タイプを整理したものである。

図表3　四形式における動詞タイプ数と丁寧語との共起

年代	語形 ※省略形で表示	動詞タイプと数				丁寧語共起		主な動詞 (加害性、働きかけなし、あり方に重点、の動詞例)
		全数（異なり数）	加害性あり	働きかけ無し	あり方に重点	合計数	出現比率	
江戸後期	お〜申す	283 (86)	5 (4)	1 (1)	1 (1)	172	60.8%	隠す、あやかる、見上げる、等＊16
	お〜いたす	34 (16)				21	61.8%	
	お〜申し上	2 (1)				1	50.0%	
明治元年〜明治30年	お〜申す	178 (64)	11 (8)		2 (1)	125	70.2%	強いる、訴える、見上げる、等
	お〜する	15 (6)				5	33.3%	
	お〜いたす	19 (8)				19	100%	
	お〜申し上	5 (4)				2	40.0%	
明治31年〜明治40年	お〜申す	95 (45)	5 (4)	2 (1)	2 (2)	72	75.8%	(恥を) かかせる、怨む、打明ける、等
	お〜する	73 (21)				45	61.6%	
	お〜いたす	8 (7)				8	100%	
	お〜申し上	1 (1)				0	0%	
明治41年〜大正末	お〜申す	115 (54)	6 (4)	1 (1)	2 (1)	93	80.9%	恨む、知る、打明ける、等
	お〜する	203 (57)				145	71.4%	
	お〜いたす	24 (15)				24	100%	
	お〜申し上	4 (3)				2	50.0%	

※空欄部分は用例なし。「加害性あり」には意図的加害性のほかに「お為せ申す」などや、一方的働きかけ、「ほめる」などの主語の側の上位を含意する表現も含む。「働きかけ　無し」には「知る」、「あり方に重点」には「見上げる」などが入る＊17。

※丁寧語共起については、従属節に謙譲語形があり丁寧語が主節末にくる場合も含む＊18。

　前章でも確認したが、「お〜いたす」の場合は用例数こそ多くはないが、明治以降においてはすべて丁寧語と共起している＊19。他方で、「お〜申す」の場合、用例が減少しつつも丁寧語との共起率は高まっている。
　そのように考えると、ここからも、「お〜申す」は「お〜いたす」に遅れる形で補語と聞き手両方に敬意を表すように（つまり謙譲語ＡＢ化）なっていったのではないかと想像できよう。『CD-ROM版新潮文庫の100冊』での検索では、意図的加害性を持った、あ

るいは具体的な働きかけのない語を形式内に取る「お〜申す」は昭和期以降では見つからない＊20。これまで述べてきた「受影性配慮」という条件が、昭和期以降の「お〜申す」においても影響していることが想定される。

5　四形式の相違点の整理

これまでの調査と検討から、四形式の相違点について整理しつつ、形式の消長や交替理由について考察する。そして後半部分では、これまで述べた受影性配慮や社会的要因と連動した運用面の変化から考察を行う。

まず、四形式が取り得る動詞タイプ、主語と補語、敬度および使用状況について図表に整理すると以下になる＊21。

図表4　四形式が取り得る動詞の性質、敬度等、使用状況の比較

語形 ※省略形で表示	働きかけ		主語と敬意対象、および敬度			補語となる主な人称
	意図的加害性有	無、あり方、他	主語	敬意対象	敬度	
お〜申す	○（→×）	○（→×）	全人称	補語 （＋聞き手）	低〜高	聞き手・第三者
お〜いたす	×	×	一人称側	補語・聞き手	中〜高	聞き手＞第三者
お〜する	×	×	全人称	補語	低〜中（高）	聞き手・第三者
お〜申し上	×（→△）	×（→△）	全人称	補語	高	聞き手・第三者

※表中の「無、あり方、他」とは、これまで述べたように具体的な働きかけを持たないもの（「思う」など）、行為のあり方に重点が置かれているもの（「見上げる」など）である。「補語となる主な人称」とは、補語が聞き手（あるいは書状の受け手）の場合に主として使用されるか、第三者の場合を中心に使用されるかどうかという使用状況の観点によるものである。

図表4について若干補足すると、（　）内は、成立後の変化を表したものである。加えてそれぞれの（　）内の意味および不等号の意味を記す。

・「お〜申す」は、特に昭和以降になり、意図的加害性を持った語などは形式内に取らなくなる。また、補語が聞き手の場合を中心

に使われ、丁寧語を伴う場合が多くなる。
- 「お〜いたす」は、当初から機能が変わらないが、聞き手を補語とする場合を中心に使われる。
- 「お〜する」は、敬度の低い領域を担うものから次第に敬度の範囲を広げ、敬度の高い表現としても用いられるようになる。
- 「お〜申し上げる」は、後になって意図的加害性を持つ語を一部取れるようになる。

以下、近代以降の社会状況と敬語システムの変更の観点から、「受影性配慮」といった規則が成立した背景を探り、その結果としての個々の謙譲語形式の消長について整理する。

6 考察
6.1 近代以降の社会状況と敬語システムの変更

これまで述べてきた敬語形式の消長を考えるにあたり、まず、古代から近代以降への敬語システムの変更について考えてみたい。

中古語と近・現代語のシステムの違いに関する論考は多くあるが、例えば、これまで何度か引用した森山（2003）[22]がある。そこでは、平安時代において「謙譲語Aが用いられる際の条件は、「話し手が話題の中で想定される主語以外の人物に対して敬意を表すこと」だけであったと見られるからである」（同：210）としている。そして、それが、「社会構造の変化に伴い、利益や行為のやりとりを媒介として個人同士の人間関係が敬語使用の前提になることによって、相手の領域に侵入するということにタブーの中心が限定されていったわけである」（同：212）とし、続けて以下のように述べる。少し長いが引用する。

(3) 現代の日本語話者は、自己と同一地平にある人物のそういった失礼な行為を表現する場合に、その行為が「踏み込み」に当たる行為であることを認識していると表明することで尊者に対する失礼さを緩和する必要があり、そのために謙譲語Aが付加される。（中略）すなわち現代における謙譲語

　　　　　Ａとは、当該行為が、話し手から尊者に対する責任のおよぶ範囲における、尊者に対する敬譲関係に反しない（敬譲関係に沿った）行為であるということを、話し手の責任において注釈する役割を担った形式であるということができるだろう。（同：212）

　上記の考えに従えば、現代語の謙譲語Ａ（ここでの「お〜する」「お〜申し上げる」にあたる）は、補語となる人物への具体的行為について、その「失礼さ」を緩和することが主機能ということになる。

　森山（2003）の指摘は、古代語と現代語の謙譲語使用の条件と、それが生じた背景について整合的に説明したものとして、非常に重要であると思われる。ただ、現代語の謙譲語が「失礼さを緩和する」機能といった場合、補語に対する意図的加害性を持った行為の扱いについてはどう説明すればよいのか、その点が難しいとも思われる。森山（2003）では、「その行為が、そもそも敬譲関係に反することを意図して行われた場合には、丁寧さのルールを適用すること自体が必要ないわけで、失礼さを緩和するためのマークが付される必要は当然生じない」（同：212）としているが、例えば以下の点で疑問点が生じるからである。

1) 「お恨み申し上げる」などの、一部の意図的加害性と思われる表現は現代でも用いられているが、それらをどう扱えばよいのか。「お〜する」よりも敬度の高い語を用いることで、行為の「失礼さ」が緩和できるといった解釈になるのかどうか。
2) 第1章で扱ったＡ群の動詞「贈る」「教える」「貸す」「手伝う」「守る」「見舞う」「譲る」「分ける」「協力する」「招待する」などの、格関係として補語を取り、補語に対する明確な授益性がある表現に「失礼さ」があると言ってよいかどうか。「失礼さ」は「踏み込み」自体に起因するとすれば、語彙的授益性と「失礼さ」との関係性に関する説明が必要ではないだろうか。また、Ｂ群の動詞「開ける」「祈る」「入れる」

「選ぶ」「書く」「決める」「切る」「(人のために)」「探す」「調べる」「運ぶ」「用意する」などに「踏み込み」があるということは可能かどうか。
3) 現代の謙譲語Aは、主語以外の人物(補語)に対する「失礼さを緩和する」ことが、その敬意の内実なのか。行為が影響する方面(補語)に対して、従来のように「高める」(あるいは文化審議会答申(2007)『敬語の指針』の言う「立てる」)ために用いるといった動機・理由は存在しないのか。

こうした点で、現代語の謙譲語の機能の本質に関する説明としては少し不十分さが残るものとも思われる。だが、古代語の謙譲語Aについて、「話し手が話題の中で想定される主語以外の人物に対して敬意を表すこと」が主機能であったことは確かであり、また、現代語への移行のメカニズムに触れた先駆的かつ、整合的なものとして、一連の指摘が非常に重要であることは疑いない。

他方、これは移動動詞に関する論考が中心であるが、古代語と現代語の敬語システムの違いを扱ったものとして、金水(1989、2010)などの指摘も重要なものと思われる。

そこでは、近藤(1986、2000)の「おはす」「まゐる」による視点中和の議論を承ける形で、「まかづ」「はべり」を加えて論を展開している。そこでは、まず、中古語の「おはす」が「行く」「来」などの意味を持つのは、敬意を軸にした表現を用いることによって移動の内実を表現可能なためであり、現代語の「行く」「来る」のような異なる語彙を必要としなかったと述べる。そして、「おはす」は上位者の、下位者を終点とする移動であり、「まゐる」は下位から上位への移動、「まかづ」は上位から下位への移動であり、「はべり」は上位者のもとでの存在ということを確認し、それゆえ、文脈上の人物の上位・下位関係によって、行為の方向性が自動的に決定できるため、「行く／来る」が中和される(語彙項目としての区別は余剰である)と述べる。さらにそこから古代語の場合は、場面における敬語的な最上者を敬語的中心(honorific center)とし、話し手も話題内に組み込んだ形での一元的な序列化の図式が可能であ

り、話し手と聞き手との関係は直接的には考慮されないとする。他方、現代語の敬語は、話し手と聞き手が深く関与するとして、敬語現象は前者から後者へと体系的に変貌を遂げた、と述べるものである。そして、その結節点が1600年前後の話し言葉を反映した資料（キリシタン資料等）にみえるともしている。

　これらは直接的には移動動詞を扱ったものであるが、そこでの考えを敷衍するならば、古代語の謙譲語一般にとって、「上位者を軸にし、そこに向けた行為を表すものである」ということが、そのシステム上の主機能であるという点に逢着するはずである。それゆえ、具体的な働きかけがない、あるいは加害的行為であるにもかかわらず、上位者への行為という点を明確化するという主機能を果たすために、素材敬語としての謙譲語は機能していたものとも考えられるのである。それゆえにこそ、使用は行為の内実にかかわらず義務的であったといえるのであるまいか。

　さらに、中古から中世にかけて丁重語、丁寧語などの聞き手相手の敬語が発達し、江戸期には一定の安定的使用が見られてくる、という背景も考慮するならば、江戸期において生産的謙譲語形式として成立した「お〜申す」*23 が、上述の近世初期までの謙譲語の性質と、補語と聞き手両方への敬語という性質との過渡期的性格を持つ、さらには補語と聞き手両方への表現として「お〜いたす」が成立したことは十分に了解されるはずである。

　森山（2003）や金水（1989、2010）らのこうした指摘は、古代語から現代語への敬語システム変更の本質を指摘した重要なものといっていいだろう。

　他方で補足すれば、これまでも述べたことではあるが、現代敬語の場合には、上位者ではなく聞き手が第一に注視される存在となり、敬意の対象となる人物が話し手寄りか、聞き手寄りか、ということが大きな問題となる、ということが着目されるだろう。

　特に明治期以降、身分・地位の流動化とともに人間関係も多様化し、その場での立場や行為を媒介にした個人を主体にした人間関係が敬語使用の前提になっていくことは、つとに指摘されることである。そしてその事実こそは、その都度、敬語使用に関する判断が話

し手に求められることにもつながり*24、その判断は、対話の場において最も直接的な対象である聞き手を顧慮したものにならざるをえないものとなる*25。聞き手存在の大きさこそは、相対敬語としての現代敬語の特質でもあり、繰り返しになるが、待遇対象が聞き手側に属する人物か、話し手側に属する人物か、どちらにも属さない人物か、といった点が第一に注視されることになるのである。

そしてその事実こそは、話題の人物に敬語を用いる際、その使用が聞き手に対して失礼にならないか、という問題も惹起することになる。しかも、敬語使用の場においては、補語が聞き手となるケースがほとんどであろう。それゆえ、聞き手が補語の場合、補語に対して加害的行為をしつつ、言語形式として謙譲語を用いるということは、大きな矛盾を生むことになるに違いない。聞き手顧慮中心へと敬語のシステム変更が進行すると、聞き手（あるいは話し手以外の側）に対して加害的行為をしつつ、同時に敬意を表すというのでは、謙譲語使用の意図が全く不明になってしまうのである。それゆえ、意図的加害性を持った語は「お～する」に代表される新しい謙譲語形式にそぐわなかったのではあるまいか。

さらにまた、古代語がそうであったような、敬語によって行為対象を指示するという面が弱化し、いわば「場」に応じて話し手の責任で付加的に使用されるものとなると、具体的な働きかけのない、あるいは、働きかけが中心にない表現の場合には、謙譲語は必須のものではなくなる。行為の直接的な影響力が補語に及ばない以上、その未使用は失礼にはならない。

あるいはまた、主語と補語との間の具体的働きかけを通じた関係性を利用することで、補語への敬意を表現するのが現代の謙譲語であるなら、具体的働きかけのない、あるいは働きかけが明確化されていない表現の場合、両者の関係性を利用できず、謙譲語をとることはできなくなる、ともいえるだろう。

そのように考えると、近代以降の謙譲語は、いわば「行為の内実」、すなわち「受影性」を様々に意識した上で、主語と主語以外の人物（すなわち補語）を（言葉の上で）上下に定位するシステムへと変化したのだと解釈することができよう。

そして、そうした「受影性配慮」というあり方は、直接的な受影性から、より間接的な受影性をも配慮したものへと拡大していく。つまり、話し手が主語と主語以外の人物（補語）との行為を通じた関係性のあり方に敏感になることで、その関係性・影響力に対する捉え方が変化してくるともいえるのである。
　間接的なもののうち補語への授益性（あるいは「補語に代わって」といった代行性）を持つものは、第１章で指摘したＢ群であるが、それは以下のようなものであった。
　　（4）　Ｂ群…「開ける」「祈る」「入れる」「選ぶ」「書く」「決める」「切る」「（人のために）探す」「調べる」「閉める」「出す」「作る」「点ける」「付ける」「包む」「積む」「運ぶ」「拭く」「持つ」「読む」「用意する」など
　これらは昭和期頃から使用がみられてくるが、これまで検討してきたように、その生産原理は「お〜申す」の場合とは異なっている。「お〜申す」の場合は、何からの形で主語以外の人物に関係する事であれば、行為の質にかかわらずこうした語を形式内に取ることができたが、「お〜する」のＢ群の場合は、補語に対する間接的受影性の表現として、いわば、「受影性配慮」の発展形として、昭和期以降に成立したのである。
　他方、同じ間接的受影性を表現するものとして、第４章で扱った「させていただく」がある。これらは、「お〜する」のＢ群とも異なり、例えば、「（部屋に）入らせていただく」「（一方的宣言に近い形で）この話からは手をひかせていただく」等、主語の行為の影響力が、より間接的あるいは心理的といえる場合にも使用される。
　これらは明治末頃から大正末頃にかけて使用が拡大してきたのだが、これも主語以外の人物に対する間接的受影性の表現、すなわち受影性配慮の発展形として成長してきたのだといえるだろう。
　このように考えると、「主語に対する敬意の表現」として尊敬語が安定的に使用されていたのに対して、「主語以外の人物に対する敬意の表現」として、「受影性配慮」という条件のもとに、謙譲語が発達してきたといえるのではあるまいか。

6.2 受影性配慮と謙譲語形の消長・発達との関連性

　このように、古代語から近・現代敬語における謙譲語は、具体的な働きかけの際の補語の受影性に配慮するという条件のもと、その消長および新形式の誕生という現象を生み出したのであるが、最後に、これまでの検討から、四形式の消長と発達の理由について整理してみる。

　まず、具体的な働きかけの有無やその内実は問われなかった「お〜申す」は、受影性配慮という条件のもと、近代以降の敬語システムにはそぐわないものであるということは容易に想像できる。補語への加害性を有していたり、具体的な働きかけがないのに、それへの敬意を表すというのは、「行為の内実を問うた上で敬語使用を決定する」という、受影性の内実に敏感な環境下では必然的に不自然なものとなるからである。「お〜申す」はそれ自身のうちに、自らが主要な地位から退く面を胚胎していたことになる。

　「お〜申す」は、「お〜する」の成立以降（明治30年から明治末にかけて）次第に使用が減少するとともに、特に二人称（聞き手）を補語とするあらたまった場面を中心に使用されるようになり、形式内に取る語も「お〜する」と同様のものになっていったが、そうなると今度は、江戸末期に成立していた謙譲語ＡＢの「お〜いたす」と機能面において重なってしまい、もはや積極的な存在理由はなくなってしまう。そのことが、「お〜申す」の衰退へとつながっていった主たる理由であろう。

　他方で、明治末頃から勢力を拡大していった「お〜する」であるが、「する」は敬語としての形態的特徴を持たない、その意味で普通語である。他の三形式がそれぞれ持つ「いたす」「申す」「申し上げる」のように、それ自体で謙譲語となり得るような性質は持たない。

　ただ、「お〜する」のそうした無特徴とも言える性質、および「する」で主語の働きかけを直接的に表現する形式は、働きかけの内実によって使用の可否が決定する新システムに沿った敬語形式としてふさわしかったともいえるのではないか。ただ、そうした性質こそは、同時に尊敬語転用などの、いわば多くの「誤用」を生み出

し、それが再生産され続ける要因を抱えこむこととなったのであろう。

　さて、他の二形式「お～いたす」「お～申し上げる」であるが、「お～いたす」は、謙譲語ＡＢタイプ、すなわち補語と聞き手両方への敬語であり、その点で他形式と異なっていた。江戸末期頃まで「お～いたす」は、武士系の言葉として「お～申す」と棲み分けていたが、丁寧語との共起実態からわかるように、早くに謙譲語ＡＢ化し、現代まで継続して使用されることになった。

　また、「お～申し上げる」であるが、江戸後期や明治期においては、加害性のあるものや、働きかけがないものなどの例は発見できなかった。だが、現代の「お～申し上げる」の場合、こうしたものも一部可能になる。「恨む」「辞退する」「期待する」「通告する」などであり、これらは、「お～する」では不自然さが残るが、「お～申し上げる」だとごく自然である。和語動詞では、「悔やむ」「喜（慶）ぶ」等をとることができる。その意味で言えば、「お～申し上げる」は、「お～申す」が有していた語を引き継いでいるとみることも可能であるが、加害性を持つ語は「恨む」などに限られる点で「お～申す」と全同とはいえない。

　「お～申し上げる」は、江戸・明治期を通じて使用が少なく、「お～する」形の一般化と「お～申す」の衰退が進んだ段階で半ば復活し、次第に多用されるようになるとともに、「受影性配慮」という条件が進行するにつれて上記の語を積極的に取るようになっていったものと思われる。こうした点を考えると、「お～申し上げる」は、その敬度の高さに加えて、「お／ご～する」や「させていただく」では取ることのできない場合の敬語表現として発達したものとも考えられよう。

　主語と補語との間の、具体的とは言い難い働きかけがある、あるいは、意図的加害行為ではあるものの、やむにやまれずそうせざるを得ない場合、高い敬意を持ちつつ、それまで頻用されていない「お～申し上げる」が利用されたのではあるまいか。そのように思われるのである。そのことは（＃を付したものについては、話し手がわざと使用する場合はあるものと思われる）、

(5)　a．??貴方をお恨みします。
　　　b．#貴方を恨ませていただきます。
　　　c．　貴方をお恨み申し上げます。
　　　d．??貴方のご活躍をご期待します。
　　　e．#貴方のご活躍を期待させていただきます。
　　　f．　貴方のご活躍をご期待申し上げております。
となる例などでも確認できるはずである。

　この点については昭和期以降の詳細な使用状況の調査が欠かせないが、このように考えると、検討した四形式が現代に至る必然性の一端が見えてくるのではなかろうか、とも思われるのである。

　さて、これまで述べてきたことから、四形式に授益以外の間接的受影性を意識した表現である「させていただく」を加えた五形式の消長と展開について、図表5に示すものとする（図表は次ページ）。

　ここから、近代以降の生産的謙譲語形式は、主語以外の人間（つまり補語）に対する敬意を表現する手段として発達しつつも、その語形の消長や形式内に取れる語の拡張および縮小、具体的な表現成立等にあたっては、江戸末期から次第に強くなっていった「受影性配慮」が条件として機能していることがわかるはずである。

　それゆえに、江戸末期頃に武士言葉から成立した「お〜いたす」の場合、補語と聞き手の両者に敬意を表し、かつ聞き手が補語となること多かったことから、意図的加害性を持つ語や具体的な働きかけを持たない語は形式内に取らなかったのであり、他方で、古代語と同様に行為の内実にかかわらずに代表的謙譲語形式として使用されていた「お〜申す」は、「受影性配慮」の進行により、形式内に取れる語の範囲が狭くなるとともに、次第に衰退していくこととなったのである。

図表5　五形式の消長と展開

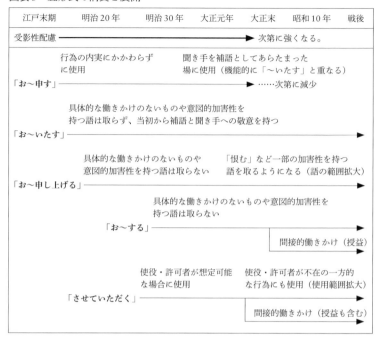

　このようにみてみると謙譲語は、江戸末期の「お～いたす」の成立前後から、次第に「補語の受影性のあり方」に敏感になっていったとも言えるだろう。そのことは、例えば、森（2016）*26において、近代以降、上位者に対して与益を明示することは丁寧ではなく、与益表現を上位者に用いることはできなくなり、そのためにオ型謙譲語（本章での四形式などにあたる）が拡張した、と述べたこととも関連があると思われる。

　森（2016）の内容は、本章での議論に従えば、上位者に対して与益を明示すること（上位者に何かをしてさし上げる、してあげる、などの表現）は、上位者に対して、恩恵を受ける側・受益側といった一種の存在規定を行う形にも通じるため、受影性配慮の点から使用できなくなったという解釈になるわけである（つまり加害性に通じる）。

　また、そのようにみると、明治期の「お～申す」では、「誉める」「喜ばせる」などを形式内に取り、「お誉め申す」「お喜ばせ申す」

などが可能であったのに対し、「受影性配慮」がより進行した段階の「お〜する」では、それらの表現は取れなくなってしまったのと連続的に考えることができるのではあるまいか*27。「誉める」「喜ばせる」などは、文法的与益の形式ではなく、語彙的意味による与益であるが、そうした場合もまた、受影性配慮の面から、直接的与益表現の一種として回避されるようになるという解釈である。

つまり、文法形式によるものであれ、語彙的意味によるものであれ、上位者に対して与益を直接的に表現することは、上位者への一方的な存在規定になる（すなわち加害性に準じる）ので、森（2016）の言うようにオ型謙譲語がその働きを担うことになったものの、受影性配慮がさらに進行する中で、形式のみで担うことが不可能になり、「お誉め申す」「お喜ばせ申す」などは、「お〜する」には受け継がれなくなったというべきではなかろうか。

そして、第1章で述べたB群（開ける、入れる、書く、作る、包む、運ぶ、等）が、主語以外の人間に対し、授益を伴う間接的働きかけ（間接的受影性）があるものとして、つまり、与益を明示せずに補語を高める謙譲語Aとしてあらたに成立してきたとみることができるだろう。

「受影性」の内実を意識するということは、それをもたらす働きかけの直接性・間接性の意識へとつながっていく。それゆえに、成立時には直接的働きかけしか使用されなかった「お〜する」が、受影性への意識の進行・浸透から、間接的働きかけの場合にも用いられるものとして拡大されていったと考えることができよう。

それは、受影性がより強く意識されることで、B群の語にも主語以外の人間（補語）への非加害的働きかけが（この場合は授益）あるものと意識され、それらを形式内に取るようになったという解釈である。

そして、一方では、間接的働きかけの中でも、補語への授益を伴わないものも含んだ形で、「させていただく」が発達することになる。「させていただく」は、本来の使役・許可者が存在する場合から、間接的働きかけ（あるいは間接的受影性への配慮）という意識のもとに、補語が単に行為の受影者となる場合にまで拡張されてい

くのである。つまり、受影性配慮の意識こそが、「させていただく」形式を発達させたのである。

　このように、近代以降の謙譲語は、「受影性配慮」の進行とその浸透という影響のもと、従来の形式の消長、また、新形式の生成・発達が起こったといえるのであるまいか。

＊1　その他、一般に尊敬語形式とされる「お／ご〜だ」が謙譲語として使用される例なども指摘されることがある。これは「お／ご〜」の部分が謙譲語化しているためと思われる（江戸期に多い「お供をする」の「お供」など）。ただ、「お／ご〜だ」は尊敬語としての使用が圧倒的であり、ここでは取り立てて謙譲語の形式としては扱わない。

＊2　菊地（1994）での「敬語上のⅡ人称」とは、「相手側の領域の人物」にあたるものである。

＊3　辻村俊樹編『角川小辞典6　敬語の用法』（1991）では「お／ご〜申し上げる」について、「敬語の機能としては、「お−する」と同様である」としつつ、ここでの他の三形式と比較して、「この「お−申し上げる」は、最も丁重な趣があり、話し言葉よりも書きことばで多く用いられる」とし、加えて「一人称者から二人称者への行為を表す最も丁重な謙譲表現として使うのが普通である」（同：165）としている。

＊4　四形式の成立時期およびその消長等については、小松（1967, 1968）をもとに、先行研究について述べた箇所でまとめている。

＊5　菊地（1994）で挙げられている例として、「お」では「お祈り・お祝い・お答え・お察し・お知らせ・お尋ね・お訪ね・お伝え・お電話」など、「ご」では、「ご挨拶・ご案じ・ご案内・ご紹介・ご招待・ご請求・ご説明・ご相談・ご通知」などが挙げられている。加えて、「ご依頼・ご助言・ご同情・ご了承」などは「「ご〜する」より「ご〜申し上げる」の方がなじむ」（同1997：296）ともしている。また、小松（1968：327）では、「お〜申し上げる」は、江戸末期から明治にはあまり使われていない形で、昭和になってから多用されるようになったものだという。

＊6　それ以前の『ロドリゲス日本大文典』には以下の例などが挙げられている。

　　a．Gofoco　moxi aguetai.（御奉公申上げたい。）
　　b．Godanco moxi aguetaku soro.（御談合申上げたくそろ。）

　形態的に「お〜（を）申し上げる」の形にはなっているものの、ひとまとまりの敬語表現とは成りきっていないという感は否めない。

＊7　菊地（1994）には、日常語的ではなく、手紙や改まった挨拶などで使い、高められる補語もⅡ人称者のことが多いという指摘がある。

＊8　附録に「大系四」は「洒落本大系第四巻・昭和6年六合館」、「いろは」は「いろは文庫・天保7年」、「近文」は「近世文芸叢書笑話第六・明40年国書刊行会」とある。
＊9　明治の作品では、「お礼を申上げ」「お詫びを申上げ」など、ヲ格をとるのが一般的である。また調査した限りにおいては、大正期から「ご案内申上げ」など、「言う」意味とは直接の関係を持たない「お〜申し上げる」の形が次第に増えてくるようである。
＊10　小松（1968）では、昭和期の調査であるが、形式内にとる語として、多いものから順に「願い、説明、案内、送り、推薦、よろこび」を挙げている。
＊11　現代の「お〜申し上げる」では、「辞退する」など具体的働きかけがあるといいにくいものや「恨む」などの意図的加害性を有するものも一部可能である。それについては最後にふれる。
＊12　『国盗り物語』は司馬遼太郎の歴史小説で戦国時代を扱った作品である。歴史小説でありながらも基本的には現代語で書かれ、文末表現において、古風な言い回しを用いている。いわば作者の創作した文体とも解釈できるため、用例としては不適切かもしれないが、筆者の語感ではさほど不自然には思われず、用例として提示した。
＊13　調査資料からは、前時代的表現である手紙文（候文体）および、他の部分と異なり故意に古風な物言いをしていると判断できるものは外した。
＊14　詳細については第2章を参照。
＊15　湯澤（1954）では江戸期の「お〜いたす」の例を4例挙げているが、いずれも「ます」が付加されたものである。ただ、江戸期では、「お味方致すか致さぬか、その心底の知れざるゆへ」（歌舞伎十八番『暫』）など、「ます」のない場合もある。
＊16　調査資料には含めていないが、『噺本大系』9巻以降（後期江戸語作品）の調査では、「お〜申す」形をとるものとして「だます」（落噺屠蘇喜言）「偽る」（古今秀句落し噺）「なだめる」（一のもり）「なぐさめる」（年忘噺角力）が確認された。
＊17　小松（1967）では「お〜する」成立期の例として「お強いする」が1例挙げられているが、強制性、加害性があるとみることのできるのはその1例のみで、筆者の調査でも見あたらない。ただ、「お強いする」は主語側がよかれと思ってやった行為について、話し手の第三者が評価的に述べている場合に限られ、意図的加害性があるとは言えない。小松（1968）や辻村（1974）で挙げられている調査結果にもない。特に「お〜する」が「お〜申す」を凌駕していく過程以降においてはそうした例は一切見つからない。
＊18　例えば、従属節に「いたす」「申す」があり、主節末に「ます」が来るような場合（「ただいまお客様を御案内いたしております」など）である。
＊19　調査から外した鴎外の歴史物などを典型とする江戸言葉の再現と思われる作品を除いては「ます」と共起しないものは一つもなかった。なお、小松（1967）では、明治18年頃までの作品調査から、「お〜いたす」の場合に半数程度が「ます」と共起するとしている。この場合「連接する語でいえば」とあるように、「いたす」に直接「ます」が接続した場合のみを扱い、従属節に「いたす」があり、かつ「ます」が主節にあるものは含まれていないものと思わ

れる。
＊20　『国盗り物語』（昭和41年）に以下の例があった。
　　　・「申しわけございませぬ」と、濃姫はうつむいてくすくす笑った。「<u>おいじめ申したようで</u>」
ただし、これは、不自然な表現を意図的にわざと用いたものであると解釈できる。
＊21　「お〜申し上げる」の二カ所の（→△）は、現在では、一部の動詞について可能になるということである。詳細は後述する。
＊22　菊地康人編『朝倉日本語講座8敬語』（2003）所収「謙譲語から見た敬語史、丁寧語から見た敬語史―「尊者定位」から「自己定位」へ―」による。
＊23　謙譲の補助動詞の生産的形式としては「奉る」があったが、「奉る」は話し言葉としては、次第に「参らす」「申す」に主たる座を譲り、「参らす」は早くに「まらする」「まする」などの形で丁寧語化し、「申す」は「言う」意味に偏って使用された。そうして、その後「お〜申す」が生産的な謙譲語の中心を占めることになったのである。
＊24　永田（2001）では、「内外敬語は明治前期までは武家の公的言語としてのみ存在し、一般町民の敬語体系は絶対敬語的であった…（中略）…明治になって身分的上下関係は四民平等の考えによって消滅したが、親族的上下関係や役割的上下関係を重視する考えは依然根強く残っていたと考えられる。」（同：253）とする。明治中期まで「お〜申す」が働きかけの有無や内実にかかわらずに謙譲語の中心であり得たことを支持するものともなろう。
＊25　関連するが、金水（2010）では、「絶対敬語は聞き手の観点を直接的には顧慮しないので融合的であり、相対敬語は基本的に対立的視点に基づいている」（同：78）としている。こうした記述からも、明治後期になってほぼできあがる相対敬語化は、聞き手の存在の顧慮の上に成立しているともいえる。
＊26　『発話行為から見た日本語授受表現の歴史的研究』（ひつじ書房）による。ここでは、「近代以降与益表現を用いて上位者に対する利益があることを示すことは丁寧な運用でなくなっている。それにより、上位者が受益者であるときは、利益について指定しないオ型謙譲語の用法が拡張して用いられるようになった」（同：178）と述べる。
＊27　森（2016）では、Leech（1983、池上嘉彦、河上誓作訳1987）をふまえつつも、現代日本語の語用論的制約はそれとは異なるとして、授受表現を用いる際の丁寧さを以下のような点から述べる。
　　①"他者に対する利益を最小限にせよ"という語用論的制約の成立
　　②利益を表さない謙譲語形式の有無
　　①については、まず、"話し手に利益のある事態は受益表現で示さなければならない"という語用論的制約が成立し、その意識から"恩恵を与える"ことの表現が話し手を高めてしまう表現と再解釈され、聞き手に利益のあることの表明が抑制されるようになった、と述べる（森2016：161）。また②については①の原則から、利益を表さない「お〜する」が好まれる、と述べている。
　　ただし、上記の考え方のみでは、例えば「お〜申す」と「お〜する」の違いに顕著なように、「オ型謙譲語」にも個々の形式に違いがあること、「お誉め申す」などが可能であったのに「お誉めする」とは言わない、ということなどに

ついて、十分にかつ連続的に説明することが難しいとも思われる。

第7章
近・現代の謙譲語の成立と展開6
「差し上げる」「てさしあげる」を中心に

1　はじめに

「お／ご～する」（以下「お～する」などとする）について、第1章での検討から以下の結果を得ている*1。

Ⅰ．主語から、人格を有するものとしての存在認識を伴う補語への具体的な行為を通じた働きかけを実現可能にする動詞（と一部の名詞）のみが「お～する」形をとる。ただし、意図的加害性の表現としての働きかけの場合は不可である。

Ⅱ．Ⅰの働きかけを実現しつつ、行為全体として補語*2の人格的領域への意図的加害性がないとみなされる場合のみに「お～する」形を含んだ表現が可能になる。

この場合の「人格」とは、意志や感情・信念などのアイデンティティ、人間性を指し、「人格的領域」とは、それに加えて補語の所有物等も含むものである。また、補語への働きかけとは、補語の人格的領域への直接的な影響力をもった行為を指し、意図的加害性とは、社会通念に照らして補語側に明確な被害意識を生じさせると判断されるような、意図的行為による影響を指す。まず、上記条件Ⅰを満たすものについて、第1章をもとに、それに該当する語例とともに示す。

A群：補語を格表示する（補語への授益性を持つ動詞と、持たないニュートラルな動詞）。
　（例）授益性あり…貸す、手伝う、招待する
　　　　授益性なし…会う、借りる、約束する

B群：補語を格表示しないが、補語の望む事物の扱いを代行するなど、補語の労力や負担を軽減する行為の表現として、「お〜する」形を取る。
　（例）開ける、祈る、入れる、書く、着る、探す
C群：補語を格表示するが、非意図的かつ軽微な加害性を持つ。対話場面での使用が中心であり、謝罪の言葉と併せて使用されることが多い。
　（例）聞かせる、待たせる、（軽微な迷惑等を）かける

　なお、「ほめる」「励ます」「慰める」などは、補語の人格（内面）領域への一方的働きかけ、あるいは規定を行う*3とも取れるため、また「憧れる」「従う」「見上げる」などは、補語への具体的な働きかけがあるとは想定しにくく「お〜する」形にはならない。
　そして、こうした条件Ⅰは、「お〜する」を含む表現全体や語用論的レヴェルにおいても適用されるものであることを示し、それを条件Ⅱとしている。
　さらに、上記条件は、明治末頃まで中心的に使用されていた「お〜申す」には当てはまらないことから、こうした制約を「受影性配慮」*4として、江戸末期頃から「受影性配慮」が次第に強まり、「お〜申す」から「お〜する」への移行の主要因となったことを述べてきた。そして同時に、「お〜いたす」「お〜申し上げる」とのすみ分け、現代語の語用論的条件の成立等にもそれが大きく影響していることを論じた。
　本章では、そうした点をふまえつつ、授受に関わる謙譲語「差し上げる」と、その補助動詞形としての与益表現「てさしあげる」を取り上げる。授受表現（と与益表現）は、補語への具体的な働きかけを表すとともに、そのあり方を通じて補語に多様な影響を与えるものと思われ、受影性配慮との何らかの関連性が期待・示唆されるからである。
　本章では、まず2節で先行研究を概観し、論点を明確化する。3節では現代の「差し上げる（てさしあげる）」の使用に関わる語用論的条件を整理するとともに、明治・大正期の使用例との比較を行

い、その相違について論じる。そして「受影性配慮」(〈被影響〉の内実配慮)と関連づけてその理由について述べる。最後の4節では、まとめと今後の課題・見通しについて簡単に示すものとしたい。

2　先行研究とその再検討

「差し上げる」は、室町時代頃から(当初は「さしあぐ」)目上に物を差し出す意で用いられ、後に先方にとって恩恵となるような行為をすることの謙譲表現「てさしあげる」が派生したとされる。一般に、両者とも話し手かその身内側を主語とし、二人称者か、目上である三人称者を補語とする点については、成立当初から現代まで同様である。

菊地(1994)では、謙譲語形として「さしあげる」を立項しつつ、本動詞・補助動詞の形を挙げて以下のように整理している(引用は同1997による)。

(1)「さしあげる」は、「Xは(が) Yに…をさしあげる」「Xは(が) Yに(を・…)…てさしあげる」の、Y＝物や恩恵の〈受け手〉＝補語(Ⅱ・Ⅲ人称者)を高め、X＝〈与え手〉＝主語(典型的にはⅠ人称者)を相対的に低める表現で、「やる」「あげる」意の謙譲語Aにあたる。　　(同1997：333)

加えて、補助動詞の場合は物の授受ではなく、先方の恩恵となる行為をする場合であり、Yのあとに付く助詞は「に」とは限らない、ともしている。さらに、

(2) とくに補助動詞の場合は、恩着せがましく響く場合もあるので注意を要する。そもそも〈自分が相手に恩恵を与える〉という述べ方をすること自体が目上に対しては失礼になりがちで…(以下略)　　(同1997：334)

と述べて、実際の適切な使用例、不適切な使用例を提示している*5。こうした菊地(1994)の言を借りれば、特に補助動詞「てさしあげる」を用いて直接に目上の相手に対する行為を表現することは、とりわけ失礼なものになるものとも思われる。

(3) a．（同僚に向かって）先日上司をパーティーにお呼びしてさしあげたんだ。
　　b．#（上司に向かって）先日パーティーにお呼びしてさしあげましたが…。
　　c．#（上司に向かって）鞄を持ってさしあげましょう。

　(3a)は、聞き手が補語にならないために特に不自然さは感じられないが、(3b)(3c)のように聞き手が補語になる場合については、遂行済みの行為について述べた(3b)、行為を申し出る表現(3c)ともに対上司に用いた場合には不自然さが残る。両者をそれぞれ適切なものに言い換えると、それぞれ以下の(4a)(4b)のようになるものと思われる。

(4) a．（上司に向かって）先日パーティーにおいでくださり／いただき…。
　　b．（上司に向かって）鞄をお持ちいたします（あるいは、「お持ちします」）。

　(4a)(4b)とも菊地(1994)での〈自分が相手に恩恵を与える〉ことを回避した表現である。(4a)は「相手から自分に恩恵が与えられる」捉え方をした表現であり、(4b)は謙譲語ＡＢ「お〜いたす」（あるいは「お〜する」）を用いた表現である。ただし(4b)の場合、意志形「（よ）う」を用いて行為主体の意志を明示し、「鞄をお持ちいたしましょう」（あるいは「お持ちしましょう」）とすると（感じ方に個人差はあるが）若干不自然さが生じてしまう（この点については後述する）。

　このように、「てさしあげる」の場合、〈自分が相手に恩恵を与える〉という述べ方を回避するために、適宜表現の変更が行われるといえるだろう。

　こうした点に関連して森（2012, 2016）では、「話し手が聞き手に利益をもたらす行為を行うことを表明する表現」を「申し出表現」とし、"与益表現による上位者への申し出表現"として「てさしあげる」を取り上げて論じている。

　そこでは、上位者に対する申し出表現の場合、「てさしあげる」が使用されなくなったことについて、「明治期以降、基本的には上

位者への申し出には与益表現を用いない。」（森2016）とし、その理由を以下のように述べる。

> （5）近代までに受益表現「くれる」「くださる」が発達し、"話し手に利益のある事態は受益表現で示さなければならない"という語用論的制約が成立した。その意識から逆に"恩恵を与える"ことの表明が話し手を高めてしまう表現と再解釈され、聞き手に利益のあることの表明が抑制されるようになった*6。　　　　　　　　　　　　（森2016: 161）

そしてそこから、上位者への申し出の場合には「てさしあげる」の代わりに、利益を表さない謙譲語一般形（「お〜する」）が好まれるようになったと述べる。

森（2016）の場合、「てあげる」「てさしあげる」の申し出表現を中心に述べたものだが、これによれば、受益表現の発達の結果として聞き手に利益のあることの表現が抑制されるようになったということになるだろう。

だが、森（同）の"話し手に利益のある事態は受益表現で示さなければならない"という語用論的制約が強固なものであるのに対し、「てさしあげる」は、あくまで上位者に対する使用の際に不自然に感じられるものであり、制約としての強さ・働き方は同様でないようにも思われる。

また、「てあげる」「てさしあげる」などは、いわば文法形式による恩恵（与益）表現であるのに対し、語彙的与益とも言える「誉める」などを見ると、大正期頃までにかけては「お誉め申す」が使用されていたものの、「お誉めする」という表現は存在しない。森（2012, 2016）では両者とも謙譲語一般形とされているものであるが、形式による違いもあるのである。「お〜申す」の例を示す。

> （6）a．いへもう私の旦那を<u>お誉め申す</u>もいかゞでございますが、惣別お氣立のよいおかだでネ。　　　　　（浮世風呂）
> 　　b．（お定が奥さんのことを）御器量自慢でいらっしゃるのですから。その時も私の方から、<u>御褒め申せ</u>ば、もう何よりの御機嫌で…。　（島崎藤村・旧主人・明治35年）

上記はいずれも「お〜する」にはならないのである。

さらに、上位者である聞き手への語彙的与益の場合、例えば「(先生に向かって)お貸しします」などは実際には使用されず、「どうぞお使いください」などの、「話し手利益」の表現が用いられるはずである。このように、上位者である聞き手への授益(聞き手にとっての受益)をめぐっては、謙譲語一般形への移行といった観点だけでは十分に説明できず、まだ議論の余地があるとも思われる。
　管見ではあるが、以上が主な「差し上げる(てさしあげる)」に関する先行研究と、そこから見えてくるものである。

3　現代と明治・大正期の「差し上げる(てさしあげる)」

　前節での概観をふまえ、まず、現代の「差し上げる(てさしあげる)」表現成立の語用論的条件について、作例を用いて詳細に確認・検討する。

(7)　a．(持ち物を褒められた部下が上司に)「よろしかったら差し上げます。」
　　　b．#(提出書類を忘れた部下が上司に)「すぐに差し上げます。」
　　　c．#(自分の用事で電話し相手が不在の場合)「もう一度お電話を差し上げます。」
　　　d．#(部下が上司に)「お茶を差し上げます。」
　　　e．(パソコンが起動せず困っている上司に部下が)「私が直してさしあげます。」
　　　f．#(訪れた先生に学生が)「コーヒーを入れてさしあげましょう。」
　　　g．#(受章した先生に学生が)「是非お祝いしてさしあげたいと思います。」

　いずれも上位者を補語とした申し出の例だが、現代の「差し上げる」の場合、(7b)のように義務に対して「差し上げる」を用いると不自然であり、(7c)のように補語の容認が想定されない一方的行為の場合(補語が望んでいると判断できない場合)も同様に感じられる*7。また、(7d)のように主語に行為の権限があり補語の容

認が含意される場合であっても、上位者への行為の申し出には不自然さが残る*8。さらに（7f）（7g）の与益表現「てさしあげる」の場合には、その使用自体が不自然に感じられる。他方で「てさしあげる」でも、（7e）のように主語に行為の権限があり、かつその行為を補語が望んでいる（求めている）と明確に判断される場合には、（判断に個人差はあるが）許容度が高まるものと思われる*9。

　ちなみに（7c）および（7f）（7g）を申し出ではなく遂行済みの表現にしても、やはり語用論的に不自然である*10。

(8)　c'　#(自分の用事で電話し相手が不在の場合)「先程お電話を差し上げましたが」

　　　f'　#(訪れた先生に学生が)「コーヒーを入れてさしあげました。」

　　　g'　#(受章した先生に学生が)「先日お祝いしてさしあげましたが…。」

　このように見てくると、上位者である聞き手を補語とする「差し上げる（てさしあげる）」は、主語が権限を持ち、かつ当該行為に関する補語の受容が明確に想定される場合にのみ、使用されることが確認される。ただ、その一方で、こうした条件を満たす場合であっても、（7d）のように上位者に対して「お茶を差し上げます」（あるいは「お茶を入れてさしあげます」）とはいいにくい。

　そうすると、「差し上げる（てさしあげる）」の使用に関する語用論的条件は、与益や恩恵のあり方、行為の権限といった観点からだけでは決定しがたいことがわかる。以下、これをふまえてもう少し詳細に検討する。

　上位者に行為を申し出る表現、および遂行済みの行為について述べる表現について、自然度順に示す（いずれも部下が、聞き手である上司にお茶を入れる場合）。

図表1　上位者に対する恩恵的表現の自然度

表現形および表現の構成要素		自然度
行為の申し出	a．（上司に）「お茶をお入れします。」 →（「お～する」形） b．（上司に）「お茶をお入れしましょう。」 →（「お～する」形＋意志形） c．（上司に）「お茶を差し上げます。」 →（「差し上げる」形） d．（上司に）「お茶を差し上げましょう。」 →（「差し上げる」＋意志形） e．（上司に）「お茶を入れてさしあげます。」 →（「てさしあげる」形） f．（上司に）「お茶を入れてさしあげましょう。」 →（「てさしあげる」＋意志形）	自然 ↑ ↓ 不自然
遂行済み	g．（上司に）「お茶が入りました。」 →（無生物主語の形） h．（上司に）「お茶をお入れしました。」 →（「お～する」形） i．（上司に）「お茶を差し上げました。」 →（「差し上げる」形） j．（上司に）「お茶を入れてさしあげました。」 →（「てさしあげる」形）	自然 ↑ ↓ 不自然

　おおよそ図表1のようになると思われる＊11。

　まず、行為の申し出の場合、「お～する」形が最も自然であり、授受動詞「差し上げる」がそれに続き、与益表現「てさしあげる」が最も不自然となる。ただし、前述のように意志「（よ）う」の付加は、不自然さを増すものとなる。また、遂行済みの行為の場合、主語を行為者から「お茶」（無生物主語）にした場合に最も自然であり、「お～する」がそれに続く形となる。そして、ｉとｊはともに不自然な表現として実際には使用されない。

　これらから、上位者の聞き手を補語として述べる際、授受表現や与益表現の使用が不適切になることに加え、主語の意志性の明示も不自然さを増す要素となることも確認できるなど、「差し上げる（てさしあげる）」使用に関する語用論的制約・条件は、謙譲語一般形への形式交替のみによって解決されたとはいえないことがわかる。

さらに、すでに確認したように謙譲語一般形でも、語彙的与益と言える「誉める」「喜ばせる」では「お〜申す」を用いた「お誉め申す」「お喜ばせ申す」が可能であったのに対して、後の「お〜する」では成立せず、また、現代では上位者の聞き手に「お貸しする」などが使いにくいことも考慮すると、上位者の聞き手に対し、与益的行為をそのままの形で表現すること自体、不適切になったということが指摘できよう。そして、行為者の意志性の明示である「（よ）う」の使用も不自然さを生む要因となることとあわせると、前者は上位者である補語に対し、受益者という存在規定を行うという意味で、後者は、与益者の意志という、行為の権限者の明示という意味で、上位者補語の内面（権限）領域に対する一方的規定あるいは侵入の表現となるのではあるまいか。
　そう考えると、以下のような考察が可能になるだろう。
　（9）上位者である聞き手に対する授受あるいは与益表現は、上位者補語の内面（あるいは権限）領域に対する一方的な存在規定、あるいは望ましくない侵入の表現となるため、そのままでは使用できない。そのため「お〜する」などが使用されるものの、「（よ）う」なども、与益者の意志表示という形による行為の権限者の明示となるため、それに準じるものとして、補語にとって望ましくない表現となる。このように、上位者に対する与益的行為を表現する場合、様々な形の配慮を行った上で、最適な表現が選択される。
　上位者である聞き手への与益表現の使用の回避に加え、「お〜する」使用に伴う与益主体の意志の明示（「（よ）う」の使用）なども、上位者補語に対する内面（権限）領域侵入に準じた表現になると思われ、使用が避けられる*12のである。また、それゆえに、遂行済みの行為に関する「お茶が入りました」などが、行為主体を主語としないことから、謙譲語を使用せずとも補語に対する最も敬意の高い表現になっているともいえるだろう。
　さて、このようにみてくると、授受あるいは与益表現をめぐる使用制限規則は、1節で確認した「お〜する」のそれと類似したものであるといえまいか。すなわち、補語に対する「受影性配慮」（あ

るいは〈被影響〉の内実配慮）が作用しているという考え方である。そして、そうみるならば、「差し上げる（てさしあげる）」の使用についても、「受影性配慮」の成立期である江戸末期から明治末頃とそれ以降では、その語用論的条件に違いが生じている可能性が高いことも想定されよう。

以下、江戸末期から昭和初期頃までの「差し上げる（てさしあげる）」の例を年代順にみてみる。

(10) ａ．（泥棒に路用を盗られ、印伝の巾着を買ってほしいと懇願する北八に侍が）「…お身たちの難儀とあれば、求めてつかはそふ。あたひななんぼじや」（北八が侍に）「ハイ三百ぐらゐにさしあげませふ（侍が北八に）「それは高直じや」（北八が侍に）「すこしはおまけ申ませう」
（東海道中膝栗毛）

ｂ．（亭主が北八に）「…わたくしかたは今まで、外商賣をいたしておりましたが、こんどはたごやになりまして、すなはち今日がみせ開でござります。あなた方ははじめてのおきやくゆへ、それで祝つて、ひとつさし上ますのでござりますから、別に御酒代を、いたゞくのではござりませぬ。おこゝろおきなく、めしあがつて下さりませ」
（東海道中膝栗毛）

ｃ．「馬鹿な！間如きに」「急に強くなつたから可笑い。さあ。用意は好いよ」「此方も可い」二人は膝を正して屹と差向へり。妻「お茶を一つ差上げませう」蒲「どうしても敵討の門出だ。互に交す茶盃か」
（尾崎紅葉・金色夜叉・明治30年）

ｄ．（煩悶の色を浮かべる娘の芳子に父の時雄が）時雄は激した。そんな手紙を書いたって駄目だと宣告しようと思って、足音高く二階に上った。「先生、後生ですから」と祈るような声が聞えた。机の上に打伏したままである。「先生、後生ですから、もう、少し待って下さい。手紙に書いて、さし上げますから」
（田山花袋・蒲団・明治40年）

e．(白鷺などに池の魚を捕られることについて料理番が境賛吉に)「馬鹿な人間は困っちまいます――魚が可哀相でございますので……そうかと言って、夜一夜、立番をしてもおられません。旦那、お寒うございます。おしめなさいまし。……そちこち御註文の時刻でございますから、何か、不手際なものでも見繕って<u>差し上げ</u>ます。」　　　　　　　　　　（泉鏡花・眉かくしの霊・大正13年）
　　f．(宿泊した境賛吉への女中と料理人の言葉)「旦那様、帳場でも、あの、そう申しておりますの。鵆(つぐみ)は焼いてめしあがるのが一番おいしいんでございますって。」「お膳にもつけて<u>差し上げ</u>ましたが、これを頭から、その脳味噌をするりとな、ひと嚙りにめしあがりますのが、おいしいんでございまして、ええとんだ田舎流儀ではございますがな。」　　　　　（眉かくしの霊・同年）
　　g．(銀行員が私に)「現金でお持ちになりますか。それとも御便利なように、何かほかの形にして<u>差し上げる</u>ようにしましょうか。」と、そこの銀行員が尋ねるので、私は例の小切手を現金に換えてもらうことにした。
　　　　　　　　　　　　　　　　（島崎藤村・分配・昭和2年）

　いずれも、文脈上、上位者を補語とする例だが、現代からすれば、それぞれの「差し上げる（てさしあげる）」に若干の不自然さが残っているように思われる。(10c)(10d)の「差し上げる」、(10e)(10g)の「てさしあげる」はいずれも主語が行為を申し出る表現だが、補語が上位者の場合でも使用されている。また、(10f)は行為の申し出ではなく遂行済みの行為を述べたものであるが、現代からすれば、やはり不自然さが残るものと思われる。
　こうした例から、「差し上げる（てさしあげる）」は、昭和初期頃までにおいて、上位者補語に対する申し出、あるいは遂行済みの行為に対して広く用いられていたことが確認できるだろう。
　ただし、大正期に以下のような例も見つかる。
(11)(お嬢さんとの結婚を申し出た「私」への「奥さん」の対応)男のように判然(はっきり)したところのある奥さんは、普通の女

と違ってこんな場合には大変心持よく話の出来る人でした。「宜ござんす、差し上げましょう」と云いました。「差し上げるなんて威張った口の利ける境遇ではありません。どうぞ貰って下さい。御存じの通り父親のない憐れな子です」と後では向うから頼みました。　（夏目漱石・こころ・大正3年）

　この場合の「奥さん」は、「差し上げる」（と「（よ）う」）の使用について、主語の側に行為の権限があることに加えて一種の恩恵的な響きがあることを認めているのではあるまいか。あるいはまた「奥さん」は、自身を上位者として位置づけるような言い方と感じて言い直したのであろう。そう解釈するとこの例は、現代語の使用意識に近いともいえる。

　なお、「上位者補語への申し出表現」として「差し上げる（てさしあげる）」を用いた例は、昭和期以降はほぼ見つからなかった＊13。昭和期以降では、ほとんどが補語が上位者以外（対等か、あるいは見知らぬ人など）の場合に用いられるのであり、しかもその変化の時期は、「お〜申す」から「お〜する」へと形式が移行した時期ともほぼ符合する。

　そして昭和10年代になると、以下の例などが見つかる。少し長いが引用する。

（12）（私の所に薔薇を売りに来た偽百姓の女が）もったいないから、ここのお庭に、ちょっと植えさせて下さいまし。植えてから、六年になりますのよ。ほら、こんなに根株が太くなって、毎年、いい花が咲きますよ。なあに、そこの畑で毎日はたらいている百姓でございますもの、ちょいちょい来ては手入れして差し上げます。旦那さま、あたしらの畑にはダリヤでも、チュウリップでも、草花たくさんございます、こんどまた、お好きなものを持って来て植えてあげますよ。あたしらも、きらいなお家にはお願いしないだ。お家がいいから、好きだから、こうしてお願い申すのよ。薔薇をこれだけ、ちょっと植えさせて下さいまし、とやや声を低めて一生懸命である。

（太宰治・善蔵を思う・昭和15年）

「私」に半ば強引に薔薇の苗を売りつけようとする「偽百姓の女」の語り口に「私」は強い不快感を募らせていく場面である。「女」は「私」の庭に薔薇を植える代わりに、庭の手入れという一種の与益行為を申し出るのであるが、それが下線部の「て差し上げる」「てあげる」で表現されている。他方で「私」は、「卑屈な猫撫で声」を出し「おろかな媚さへ感ぜられ」る、この「女」の姿勢を「ほとんど暴力的」とさえ感じているのである。そのようにみると、「て差し上げる」「てあげる」は「私」の内面領域に一方的に侵入してくる厚かましさの表現として効果的に用いられているものといえまいか*14。「女」の低姿勢とその言葉に、「私」はむしろ「極めて悪質の押し売り」と感じるのである。ここでは、上位者補語に対する申し出の「てさしあげる」に付随する恩着せがましい響きが効果的に用いられているともいえよう。

4　まとめ

本章では、上位者である聞き手を補語とした場合の「差し上げる（てさしあげる）」について調査し、その使用条件の変容について論じた。これまでについてまとめると以下のようになる。

(13) 補語に物を差し出す、または補語に利益を与える意味の謙譲表現「差し上げる（てさしあげる）」は、上位者の聞き手を補語として用いる場合、与益の明示は上位者の内面（あるいは権限）領域への望ましくない侵入の表現となるため、使用できない。また、「（よ）う」の使用なども与益主体の意志表示という形での行為の権限者の明示となるため、補語にとって望ましくない表現となる。そうした制約は、明治30年頃から大正末頃にかけて成立した。そのため、「お〜する」などが広く用いられるとともに、様々な形での表現的配慮を行った上で、最適な表現が選択されるようになった。そして、「お茶が入りました。」などの、いわば主語の行為を全面に出さない無生物主語の表現なども広く用いられるようにもなった*15。

このように、「差し上げる（てさしあげる）」においても、明治30年頃から大正末頃にかけて、補語の影響の受け方（あるいは〈被影響〉の内実）に配慮した使用がなされるようになっていったことが確認できよう。それは、上位者の聞き手を補語とする場合の「差し上げる（てさしあげる）」の使用に関する語用論的制約としても機能するようになったのである。そしてその成立時期は「お～申す」から「お～する」への形式交替の時期とも重なっているのである。

＊1　「お～する」形使用の条件を語形、表現形、語用論的レヴェルに分けて論じた。また、「お～する」の語形を満たす語をA～C群に分類し、そこから共通の性質・条件等を抽出している。以下に述べるA～C群は第1章でのそれに従う。

＊2　本章でも、菊地（1994）に従い、謙譲語を謙譲語A（「お／ご～する」「伺う」「申し上げる」など）、謙譲語B（「いたす」「まいる」「申す」など）、謙譲語AB（「お／ご～いたす」）の3タイプに考え、敬語上の主語（は、に、が、には、などで表現される）を主語として、主語でないある種の文成分、目的語などを補語（を、に、から、と、ために、等をとる）として扱う。両者はともに人間である。また、人称についても、適宜、菊地の「敬語的人称」（Ⅰ～Ⅲ人称）を使用する。

＊3　例えば、「おほめする」だと、補語を「ほめられる」に値する存在であると、いわば人格規定することとなり、補語の人格領域への侵害が生じる、と捉えることも可能だろう。あるいは、「ほめる」という語自体が一般に下位者から上位者に対しては使用できず、その使用は、精神的にせよ主語の側が補語の上位に立つことを含意することになってしまう、と捉えることなども可能と思われる。

＊4　あるいは補語の「〈被影響〉の内実配慮」などとしている。

＊5　同様に、辻村編『敬語の用法』（1991）では「二人称者に対して、「－てさしあげる」と言うとかえって恩着せがましい感じがし」（同：271）としている。

＊6　例として、［コンビニに行くという友人に］僕の分のお弁当も｛買ってきてくれない？／#買ってこない？／#買ってこい｝。などを挙げて受益表現の使用が義務的になったと述べ、授受表現を用いる上での丁寧さの原則として、「a．自己に対する利益を最大限にせよ、b．他者に対する利益を最小限にせよ」を挙げる。そして日髙（2007）を援用し、「現代語の恩恵の授受においては恩恵の与え手が上位で、受け手が下位となるという立場上の上下関係があ

る」として（森 2016: 155–157）、"恩恵を与えること"の表明は、話し手自身を上位に、聞き手を下位におくことになるため、上位者に対する「てさしあげる」は使用できなくなったとしている。

＊7　（7b）の場合、「すぐに持って参ります」が最適であり、「すぐにお持ちします」がそれに準ずると思われる。（7c）の場合には「もう一度お電話をさしあげてもよろしいでしょうか」（許可要求の付加）か、「もう一度お電話いたします」（あるいは「お電話させていただきます」）となるものと思われる。

＊8　上司の（現在ではあまり好ましくない表現だが）「お茶をくれ」に対して「すぐに差し上げます」だと許容度が増すなど、相手の明確な要求に対する「差し上げる」の使用は自然になる。ただし、「すぐに差し上げましょう」という、意志形式「（よ）う」の付加により、不自然さが生じる。

＊9　（7f）の場合、「コーヒーを差し上げましょう」だと、若干自然度が上がるように思われるが、不自然さは残る。また、上位者補語の「コーヒーをくれ」に対して「すぐに入れて差し上げます」も、やはり不自然になる。後述するが、「コーヒーをお入れします」が最も自然であろう。

＊10　（8c'）の場合、不自然さを感じる程度は話者によって異なるものと思われるが、「先程お電話いたしましたが（あるいは、お電話させていただきましたが）…」が一般的であろう。

＊11　簡単なアンケートを行い自然度を確認している。また、例えば「お茶をお入れしましょうか」として、裁量・判断を相手に委ねた形にすると、意志形が中和されて a と b の間に入るものとも思われる。

＊12　補語が聞き手ではない場合、例えば会社の同僚に対して「先日、社長にコーヒーを入れて差し上げたら…」などは勿論可能である。

＊13　（10g）の藤村の例に加えて、大正末年に以下の例があった。
　（教職の女から、ある先生の元への手紙）…何れにしても御迷惑な話でございますが一度御目にでもかゝれたらと存じまして、命がけ位の恥かしさをしのんでこの手紙をさし上げます。（婦人倶楽部・大正末年）

＊14　勿論、「差し上げる（てさしあげる）」のみに厚かましい響きが集約されているとは言えないが、前後の文脈から「私」が不快感を募らせていく中心的な表現として機能しているとはいえるだろう。

＊15　島崎藤村の『家』（明治43年）に、「父さん、御茶が入りました」などがある。

第8章
近・現代の謙譲語の対象配慮の諸相
受身形と使役形を中心に

1　はじめに

　これまで、近代以降のいわゆる謙譲語形式「お／ご～申す」「お／ご～いたす」「お／ご～する」「お／ご～申し上げる」(以下、それぞれ「お～」とする)の比較及びその消長に加え、「(さ)せていただく」「(て)さしあげる」についても、それぞれの語形及び語用論的条件等について論じてきた。そして、これらの謙譲語においては、特に明治30年から明治末頃にかけて、補語の被る影響の内実に配慮した上で、主語と補語とを(言葉の上で)上下に定位するものへと変化してきたことを述べた[1]。そしてそれをもたらしたものを「受影性配慮」(あるいは被影響の内実配慮)とした。
　本章では、「受影性配慮」の内実について、受身形や使役形の場合等を挙げてより詳細に検討するとともに、さらにその延長として尊敬語の代表的形式「お／ご～になる」(以下「お～になる」とする)について漱石の例を調査し、同様の要因等が作用しているかどうか検討する。
　本章の構成であるが、次節でこれまで扱った六形式の成立と消長、さらにそこに通底する「受影性配慮」について確認し、「受影性配慮」について再検討を行う。そして3節では漱石作品を例に「お～になる」について調査・検討する。4節は今後の課題と見通しである。

2　六形式と受影性配慮の諸相

　まず、これまで検討してきた「お～」の四形式について、成立と消長、相違について簡単にまとめると以下になる。

(1) a．現代の代表的謙譲語形「お～する」は、補語の人格（的）領域への具体性を有する非加害的働きかけの場合のみ、使用可能になる（ただし、「ご迷惑をおかけする」などの非意図的な加害性の場合は一部可能）。そこには、補語の影響のあり方（受影性あるいは被影響の内実）に対する配慮が働いており、そうした配慮は、語形のみならず、格表示や主語の意志明示のあり方等にも反映されている*2。

b．aの配慮は、江戸末期の「お～いたす」の成立頃から見られ、明治30年前後の「お～申す」から「お～する」への形式移行や、江戸末期頃に成立し、明治末頃から使用頻度が増加する「お～申し上げる」の使用条件にも影響を与え、その影響下のもとで四形式は、現代と同様の語形的・語用論的制約のもとで使用されるようになった。

それとあわせ、補語に物を差し出す、または補語に利益を与える意の謙譲表現「差し上げる（てさしあげる）」について、その使用条件の変容と四形式との関連性について述べると次のようになる*3。

(2)「差し上げる（てさしあげる）は、上位者に対する申し出の場合、与益（恩恵）の明示が、上位者の内面（あるいは権限）領域への望ましくない侵入の表現となるため、使用できない。また、「（よ）う」の使用なども授益主体の存在・意志の明示となるため、恩恵の明示に準じるものとして、補語にとって望ましくない表現となる。そうした制約も明治30年頃から大正末頃にかけて成立した。

このように、四形式とともに「差し上げる（てさしあげる）」においても、明治30年頃から大正末頃にかけて、上位者に対する使用の際に補語の影響の受け方（あるいは被影響の内実）に配慮した使用がなされるようになっていった。この配慮は「お～申す」から「お～する」への形式交替の際に明確化するとともに、上位者への申し出の場合の「差し上げる（てさしあげる）」の語用論的制約としても作用しているのである。

さらに、こうした語形的・語用論的制約は、いわゆる「（さ）せていただく（させてもらう）」表現（以下「させていただく」とする）についても言える。「させていただく」については、大正初め頃から以下のような例が次第に増加する。

(3) a．私には心底をお打明け申しました所、どちら様にも義理が立ちませんから、薄情でも今日かぎりこのお話には手をひか<u>せていただき</u>ます。……どうか悪くお取りになりませんようにね……　（有島武郎・或る女・大正8年）
   b．「絵島丸では色々お世話様になって難有う存じました。あのう……報正新報も拝見<u>させていただき</u>ました。（夫人の顔色が葉子の言葉一つ毎に変るのを葉子は珍らしいものでも見るようにまじまじと眺めながら）大層面白う御座いました事。　　　　　　（或る女・同年）
   c．「ええ。一日位暇を作ってくれてもいいでしょう。そんな暇は無くって」「そうですねえ。そんな事をやっちゃいられない大事の場合だけれど、お伴<u>させて貰う</u>としようか」私はもうすぐに落城して了った。

（久米正雄・学生時代・大正7年）

　(3a)(3b)は、補語が実質的な権限を有する使役・許可者とは言えない状況での一方的宣言とも言えるものである。なかでも(3b)の補語は一切権限を有せず、主語の一方的行為の事後承諾要求的なもの、(3c)は「させてもらう」形だが、補語が許可者ではなく依頼者であり、補語からの事前の依頼に対して「させてもらう」形を用いたものである。これまで検討したように、こうした「させていただく」の用法も、大正初め頃になって主語の行為による補語への影響の内実を考慮したものとして、擬似的許可を用いて拡張してきた表現形としている。
　このように、明治後半から大正末頃にかけて謙譲語は「補語の権限領域と受影性（被影響の内実）への多様な配慮」のもとに、語形的・表現的・語用論的条件あるいは制約を発達させていくことになったと思われるのである。そしてそのようにみるならば、こうした性質は上述した六形式のみならず、他の謙譲語形式、さらには、尊

敬語等にも何らかの形で影響していることが予測されよう。

そうした点をふまえつつさらに検討していく。

まず、現代では一般に受身の謙譲語表現は使用されず、使役性の動詞を用いた謙譲表現の場合、限られた条件でしか使用されないとされる。「お～する」の例を挙げ、使役性のものから検討する。

(4) a．（相手に対して）「近日中に<u>お知らせ／お見せ／お聞かせ</u>します。」

　　b．（相手に対して）「つまらないことを<u>お知らせ／お聞かせ</u>してすみません。」

　　c．（相手との待ち合わせに遅れてしまい）「<u>お待たせして</u>すみません。」

(4a)(4b)の「お～する」内の「知らせる／見せる／聞かせる」の補語はあくまで主語の行為の受容者であるため、被影響の内実によってその可否が決定される。(4a)の場合は非加害的影響という含意のもとで自然な表現となり、(4b)の場合は、補語にとって好ましくない影響と思われ、謝罪の言葉を伴うことが多くなる。他方、(4c)の「待たせる」の場合には、補語に対して「待つ」という行為要求の表現になるため、より不自然なものになりやすい。したがって謝罪の言葉や語り口調などの助けを得て、補語の人格的領域への意図的加害性が回避可能と判断できる場合に限って成立するといえるだろう。このように、使役性の動詞の場合、動詞の語彙的意味による補語の内面領域への影響の程度やその種類によって、適不適が決定するのである。

他方、現在一般に「お～する」形を取らないと思われるものであっても、それ以前の主流形「お～申す」では可能であった。

(5) a．小夜が悪堅くて飛だ恥を<u>お掻かせ申し</u>たのに、<u>旦那様</u>は飽までもお心広くて格別御立腹の御様子もなく、その翌晩もまたお召し。

（二葉亭四迷・其面影・明治39年）

　　b．『でも、さう<u>お歩かせ申し</u>ちやア』と、女は踏みとまつて、あたりを見まはした、『済みません、ね。どこか──』

（岩野泡鳴・憑き物補遺・大正9年）

c．「じゃ御客様にはえらい失礼だが、私あ馬を起しに行って来るだあから、お前は御客様を奥に通して、行輔が帰って来るまで、緩り御休ませ申しておけ」
　　　　　　　　　　　　　　　（田山花袋・重右衛門の最後・明治35年）
　　d．なるほど若いお方ではありこの淋しい処へおろされては定めしお困りなさりませう、これは私が悪う御座りました、ではお乗せ申ませう、お供を致しませう、
　　　　　　　　　　　　　　　（樋口一葉・十三夜・明治28年）
　　e．それを造り上げた上でどうして神様の御手に届けよう、と云うような事は固より考えもせずに、早く造り上げてお喜ばせ申そうとのみあせって、仕舞には夜の目も碌々合わさなくなった。　（有島武郎・或る女・大正8年）

　（5a）は補語への明確な加害性のために、（5b）は補語に対する強制的行為の表現であり、加害性に準ずるものとして「お～する」を取れない。（5c）での「休む」行為は補語にとって受益的と思われるものの、やはり強制的行為であるために不可となる。他方、（5d）で使用されているが、「乗せる」を「お乗せする」にした場合、補語が対者か第三者かによって適否は異なる。

　（6）　a．?（上司に向かって）「お乗せします。」
　　　　b．（同僚に対して）「部長は私がお乗せするよ。」

　「お乗せする」の場合、対者への使用は不自然だが、不在の第三者には使用可能になる。これについては、前述のように、現代語の恩恵授受における与え手上位、受け手下位という立場上の上下関係に関する日高（2007）等の指摘、そしてそれを受けて与益表現の歴史的変遷について論じた森（2016）等を援用すれば説明可能であろう。すなわち、上位者に対する恩恵の明示は、授益者を上位に置くという含意があるために不自然になるのである。このことは使役以外の表現、例えば「貸す」を用いて、

　（7）　a．?（上司に向かって）「お貸しします。」
　　　　b．（同僚に対して）「部長には私がお貸しするよ。」

としても同様であろう。ただし、立場的に上下関係にない相手に向かって「お貸しします」などは自然である*4。ちなみに（6a）

第8章　近・現代の謙譲語の対象配慮の諸相　　175

（7a）の場合、それぞれ
(8)　a．（上司に向かって）「お乗りください。」
　　　b．（上司に向かって）「お使いください。」

などが自然なものと思われる。なお、(5e)「お喜ばせ申す」は、「お誉め申す」などと同様に「お～する」形にならないが、これらは授益であっても、補語の人格（的）領域*5に直接的に触れる表現であるため、不自然なものとなるのである。

このように、使役的表現を用いた「お～する」の場合、受影性、すなわち被影響の内実及び授益（授益）をめぐる細やかな配慮のもとに、語形の成立ないしは使用の可否が決定されていることが確認できる。

続けて受身形について同じく「お～する」の例を見てみる。形式内に受身形を取る場合、「お～申す」では以下のような用例が存在する。

(9)　航海中はとにかくわたし葉子さんのお世話をお頼まれ申しているんですからね。　　　　　　　　　　　　　（或る女・大正8年）

しかし現代では、受身の場合には補語への具体的な働きかけがあるとはいえず、基本的に「お～する」形はとらない。ただし、菊地（1994）で挙げられている例（同1997:286）、

(10) それからこの間あなたにお頼まれしした労組の宴会ね。あれ、お引き受けしてもよござんすよ。

（三島由紀夫・宴のあと・昭和35年）

など、ごく一部の受身の謙譲語形は存在する。この場合、例えば主語を「あなた」、話し手を行為の受け手として、

(10)' それからこの間あなたが（私に）お頼みになった労組の宴会ね。

とは表現しにくいだろう。

この場合「あなた」は受益者、話し手が授益者（あるいは与益者）となるが、これについても、前述した日高（2007）、森（2016）等を援用すれば説明可能である。つまり「あなた」の上位待遇に尊敬語「お～になる」形を用いたとしても、恩恵授受の面において、恩恵の与え手である話し手が上位となるために、使用が不

自然になるという解釈である*6。そのため、「お頼まれする」という謙譲語形にし、主語が「頼まれる」という行為を行う形にすることで、その矛盾が回避されるのであろう*7。

続けて補語への加害性について若干補足する。
(11) a． 太郎は先生に手紙を<u>お渡しし</u>た。
　　 b．#太郎は先生に脅迫状を<u>お渡しし</u>た。
　　 c． 太郎は先生に花子からの脅迫状を<u>お渡しし</u>た。

(11a) とは異なり、(11b) (11c) は、ともに「脅迫状を渡す」という、補語に対する意図的加害行為である。しかし、意図的加害的行為であっても、(11c) のように、その行為が主語から補語に向かうものでない場合には適切なものとなる。

謙譲語における主語と補語との関係についての指摘は、森山(2003)等がある。それによると、「お～する」を含む謙譲語Aについて、次の (12)・(13) の例を挙げ、「「社長に会った人」というのが、(12) の場合には赤の他人である可能性があるのに対して、(13) の場合には、話し手が、その人物を、自分と同じ基盤で社長に対して敬譲関係*8を持っている人物と認識しているような印象を与える」(同:205) と述べている。

(12) 警察の調べでは、その時間帯、社長に会った人が一人だけいたそうだ。
(13) 警察の調べでは、その時間帯、社長に<u>お会いし</u>た人が一人だけいたそうだ。

(13) の場合、確かに話し手は社長に会った人物に寄り添いつつ、行為の相手である社長に敬意を表現しているように感じられる。

そのようにみると、(11b) (11c) の場合には、ともに話し手が太郎に寄り添いつつ先生に敬意を表現しているのであるが、(11b) は、太郎が書いた脅迫状を渡す行為に「お～する」を使用しており、行為の内実と敬意の矛盾という点で不適切になるのに対し、(11c) の場合には、花子が書いた脅迫状を太郎が先生に渡すのであり、太郎の行為と太郎及びそれに寄り添う話し手からの敬意とは矛盾せず、適切になる。

このように、受影性配慮(被影響の内実配慮)とは、あくまで話

し手が、(それが寄り添う)主語が与える補語への影響の内実を踏まえた上での配慮であることが確認できる。

なお、益岡 (2013) では、「お〜する」を「スル型尊敬構文」とし、話し手自身の行為の場合には話し手は事象の相手に対して直接的に敬意を付与するとし、森山 (2003) での (13) の例とあわせて、「スル型構文には、このような意味において、事象の主体から相手を見る視線が決定的に関与する」(同：229) と述べている*9。

ただし、尊敬語あるいは他の謙譲語と併用した (二方面敬語の) 例を検討すると、話し手と主語を単純に同一地平にあるものと見ているともいえないことも確認できる。

(14) a．先輩が先生にお聞きしてくださった。
　　 b．先輩から先生にお聞きしていただいたので助かりました。

(14a)(14b) ともに表現的には可能であろう。このように、話し手から主語に対する敬意の表現も可能であることを考えると、主語を単純に話し手と完全に同一地平にあるものと見ているともいえないだろう。だが、話し手が主語を自分側に置き、主語の行為を通じて補語に対する敬意を表していることは確かであると思われ、これまで述べた条件や制約との関係性とあわせて検討・考察する必要もあるだろう。

以上、受影性配慮 (あるいは被影響の内実配慮) について、これまで述べてきたことを詳細に検討しつつ適宜補足した。

3　敬意対象配慮と尊敬語「お〜になる」

前節で検討し適宜補足してきた受影性配慮 (被影響の内実配慮) は、話し手側から話題内の敬意対象について言及する際になされるものである。ならばこうした配慮は、謙譲語のみならず敬意対象を主語とする尊敬語においてもなんらかの形でみられるものではないのか。尊敬語も話し手側から話題内の敬意対象について言及するものであり、こうした配慮がなされる可能性がある。本節では、この点について「お〜する」と対照的に扱われることの多い「お〜にな

る」を取り上げて若干の検討を行う。

　「お～になる」は、現代の尊敬語の生産的形式の代表形である*10とされている。菊地（1994）では、現代の「お～になる」について、形式内に取らない語として、一拍（かな一字分の長さ）の場合、特定形がある場合（「くれる」の場合に「くださる」になるなど）、外来語や擬態語・擬音語系の語の場合（メモする、など）、意味・文体的特徴などによる場合（主語が無情物、意味的によくない語、俗語的な響きを持つ語の場合）、習慣として言わない語の場合を挙げており、その制限は「お～する」のそれとほぼ同様のものとなっている。また、例えば、「メモする」などは「メモなさる」といった「～なさる」形として可能になるなど、「お～になる」形を取れない場合、他形式がそれを補っている点についても「お～する」と似ている*11。

　成立事情を概観すると、辻村（1951）、山田（1959）、原口（1974）などがあり、それらを踏まえて明治20年代までの使用状況について調査した山田（2013）*12がある。山田（2013）では、「お～になる」と「お～なさる」の拮抗状態の時期、敬意差、文体差等について辻村（1951）と山田（1959）では若干違いがある点を踏まえつつ、敬意対象に関して聞き手用法と第三者用法に分け、なおかつ使用者の社会階層、話し手と敬意対象との関係を分類しつつ丁寧に考察を進めている。それによれば、「お～になる」は明治20年前後から増加を始めるということ、また、口頭語として認識されるとともに、高い敬意を表すものであったことなどが指摘されている。なお辻村（1951）では、明治40年頃になり、「お～になる」がそれまで中心的な尊敬語であった「お～なさる」を凌ぐほどになって今日に至ることが述べられている。

　こうした状況をみると、「お～する」の使用が拡大していく状況と「お～になる」のそれとは、若干の時期の違いはあれ、軌を一にしているかのような感がある*13。この点からも、「お～する」形における受影性配慮は、何らかの形で尊敬語の場合にも作用しているとはいえまいか。

　そこで、手始めに明治・大正期の漱石作品について、現在「お～

になる」としては使用されていないと思われるものに関する簡単な調査を行った。以下、成立年代順に例を挙げる*14。

(15) a．「それでもあなたが御飯を召し上らんで麺麭を御食べになったり、ジャムを御舐めになるものですから」
(吾輩は猫である・明治38年)

b．「卒業して銀時計を御頂きになったから、これから論文で金時計を御取りになるんですよ」
(虞美人草・明治40年)

c．「だって、あなたも、あんまり無考じゃ御座んせんか。楽に暮せる教師の口はみんな断っておしまいなすって、そうして何でも筆で食うと頑固を御張りになるんですもの」
(野分・明治40年)

d．「失礼ながら眼を御煩いになったのは余程以前の事なんですか」と聞いた。
(行人・明治45年)

e．「此方の先生も一つ御儲けになったら如何です」
(道草・大正4年)

f．書生は厭な顔もせずに奥へ入った。それから又出て来た時、少し改まった口調で、「奥さんが御目にお掛りになると仰しゃいますからどうぞ」と云って彼を西洋建の応接間へ案内した。
(明暗・大正5年)

(15a)では、「御飯」に「召し上がる」を使用しつつも、下線部には「お～になる」を用いている。現代ではそれぞれ「召し上がる」や「舐めていらっしゃる」などが一般的であろう。「召し上がる」は飲食行為の尊敬語として室町期から用例があり、「御飯を召し上がる」などで多く使用されるが、「お食べになる」も使用されているのである*15。また、(15b)のように謙譲語を形式内に取るものは現代では使用されず、「頂戴（あるいは「いただき」）なさる」などが使用されるものと思われる。その他、(15c)～(15e)の下線部は現在では順に、「張っていらっしゃる」「煩っていらっしゃっ」「儲けられ」がより自然であり、(15f)の場合には、尊敬語を外して「お目に掛かる」が一般的であろう。

このように、漱石作品の概観から、明治から大正初期までは「お

「〜になる」の形式内に入る語の範囲が現在より広かったこと、そして使用量が増大していく一方で、形式内に取れる語の範囲を縮小させていったことが推測されよう。ただしそこには、漱石作品の特徴はもとより、現代に至るまでに敬意の程度の変化や二方面敬語の回避、「〜なさる」等の他の尊敬語形式との棲み分け等が起きたことも考えられるため、単純な判断はできない。

　「お〜になる」の使用が拡大した大正初期の例を『明暗』(大正5年)からもう少し挙げる*16。

(16) a.「そりゃそうかも知れません。嫂さんから電話が掛って来ても、あたしの前じゃわざと冷淡を装って、<u>打っちゃってお置きになる</u>位で…」

　　　b.「僕は先刻奥さんに、人から笑われないように能く<u>気をお付けになったら</u>可かろうという注意を与えました。

　これらから、補助動詞等の場合についても、かつては現在より広く用いられていたことが推測されよう。これらは不自然とまではいえないが、現在ではいわゆる「〜なさる」やレル敬語が使われる場合の方が多いだろう。

　以上、漱石作品の概観ではあるが、(15)及び(16)の例から「お〜になる」は、使用範囲・使用量等を拡大する一方で、そのいくつかは「〜なさる」やレル敬語等に移行したものもあると思われるのである。

　特に、(15b)「お頂きになる」、(15f)「お目にお掛かりになる」など、形式内に謙譲語を取る形は現在使用されないといってよかろう。主語を高める意図で尊敬語を用いつつ、その主語の行為として尊敬語の形式内に謙譲語を用いる形のために不自然となるのであろう。現在では、あえて二方面敬語を用いるならば謙譲語に尊敬語を付加した形で、「頂戴(あるいは「いただき」)なさる」「お目に掛かっていらっしゃる」などになるかと思われる。

　そして、そのことは、例えば謙譲語形「お〜する」が、意図的加害性の語を基本的に形式内に取れず、他の形式「お〜申し上げる」が高い敬意を背景にしてそれを可能にしている(「お恨み申し上げる」など)ことなどとも関連するのかもしれない。

このようにしてみると、「お〜する」と対照的に扱われることの多い「お〜になる」についても、形式内に取れる語をめぐって成立後に様々な制約が出来たことが示唆されるだろう。

4　おわりに

本章では、これまで論じた受影性配慮（被影響の内実配慮）について、使役形、受身形等の検討を通じてこれまでの議論を補いつつ、さらに敬意対象配慮という、より広範な視点から、尊敬語「お〜になる」についても若干その使用実態をみた。

現代の敬語は、敬意対象を単に高めるだけではなく、その「高め方」に対しても様々な制約がある。これまで述べてきた受影性配慮がその一つであると思われるが、今後、敬意対象に対する言及の仕方、表現上の制約について広く見ていくことが必要であろう。そうしてはじめて、明治20年前後から現代に至るまでの、個々の形式の消長や盛衰の理由、現在の謙譲語・尊敬語の諸形式の棲み分け等の理由に迫ることが可能になるものと思われる。本章はその一端に触れただけであるが、今後、扱う語形、資料の幅と量を広げつつ、個々の用例に対する詳細な場面分析も行うなど、検討を加えたい。

---

*1　本章でも、敬語の分類及び主語、補語等については菊地（1994）に従う。
*2　第1章で検討している。
*3　第7章で検討している。
*4　「貸す」の場合、授益に加えて貸借という行為自体に行為者優位という含意があるために、「お〜する」の使用が不自然になるものと思われる。同じ授益的行為であっても、（見送るの意味で）「送る」「（物を）譲る」などは自然になる。この点については再考も必要であろう。
*5　「人格」について、意志や感情・信念などのアイデンティティ、人間性を指し、「人格的領域」とは、それに加えて補語の所有物等も含む。「誉める」「喜ばせる」はともに、こうした補語の人格的領域に直接的かつ強制的働きかけを及ぼすものであり、その点で、人格的領域への侵害が生じると捉えられるのである。このことは、例えば、「先生にお教えした」という表現が、思想・

信条等に関わることではなく、技芸などについてのみ成立することなどでも確認できる。
＊6　ただし、「先生は将来、撮って送ってくれるように、そして折々たよりをしてその後の様子を知らせるようにとお頼みになった。」（太宰治『惜別』）のように、不在の第三者を主語にして述べることは可能である。
＊7　調査では「お頼まれする」以外に受身形の謙譲語表現は見当たらなかった。なお「お呼ばれする」は、美化語「お呼ばれ」があり、「美化語＋する」とも思われる。
＊8　森山（2003）では、「「敬譲関係」とは、話題となっている両者の間に、師弟関係にあったり、同一組織に属するなど、何らかの結びつきを有した上で発生している上下関係を言う。」（同：204）と述べている。だが、例えば、「その人は社長にお会いした」とした場合、「話し手」が「その人」を自分側に置いているのは確かであろうが、「その人」と「社長」に敬譲関係があるかどうかは判断できないなど、それも踏まえた丁寧な説明が必要とも思われる。
＊9　益岡（2013）では、「お〜する」を「お〜になる」（ナル型尊敬構文）と対比させつつ、前者について「事象に対する内の視点」が存在し、後者には「外の視点」があると述べる。こうした点については別の機会に詳細に検討したい。
＊10　成立については、江戸末期頃の成立とする辻村（1951）の他、山田（1959）、原口（1974）などがある。
＊11　例えば、現在「お恨みする」には不自然さが残る（ただし、個人差がある）が、「お恨み申し上げる」ならば自然さが増すと思われる、などである。
＊12　敬意対象について聞き手用法と第三者用法とに分けるとともに、使用者を中流以上の人々、下層の人々、芸妓の三種に分け、話し手と敬意対象の上下関係の観点から精緻な分析を行っている。
＊13　前述したように益岡（2013）では、語形内の「する」と「なる」の違いから、内と外の視点の違いの可能性を論じる。
＊14　漱石の小説家としての活動時期は、明治38年の『吾輩は猫である』から大正5年の『明暗』までであるが、その間、継続的に作品が発表され、講演や日記・学術研究など、多様なジャンルの作品群を残しており、ジャンルに応じたスタイルシフトも行っていると言われている。また、通時的な文体の変遷も見られる。ゆえに、敬語の変遷をみるためにも漱石作品は有効性が高いと判断した。ただし、漱石個人の時間的変化と、東京語全体の時間的変化とは一致するとは限らないことは勿論である。
＊15　「お舐めになる」と並列句になっていることから、それに誘導されたものとも思われるが、詳細な考察はここでは行わない。その他「お〜なさる」として「否、何の貴僧。お前さん後程に私と一所に<u>お食べなされ</u>ば可いのに。」（泉鏡花『高野聖』）などがある。
＊16　その他、調査結果からは、「お述べになる」「（体を滝で）お打たせになる」などもある。さらに「お〜になる」以前の主流の形「お〜なさる」であるが、一部翻訳小説に「お殺されなさる」（『太陽』1925年・ハートの九『第三回』）などもある。

第9章
謙譲語形式における参与者間の関係性について

1　はじめに

　前章において、「受影性配慮」は明治20年前後から増加するとされる尊敬語形式「お／ご〜になる」(以下、同様の形式をそれぞれ「お〜」とする)にも作用している可能性が高いことを指摘した*1。そうすると、謙譲語に見られる「受影性配慮」は、謙譲語のみに留まらず、尊敬語も含んだ形での「敬意対象配慮」という視点から捉え直すことが可能になる。本章ではそれに関連して、受影性配慮をめぐる話し手と主語、補語、聞き手の関係についていくつかの観点から再検討する。

　本章の構成であるが、次節で謙譲語に関する話し手と主語、補語、聞き手の関係に焦点化する形でこれまでの研究史を簡潔に振り返り、そこから浮かび上がってくる課題等について確認する。3節ではそれを踏まえて、受影性配慮を巡る話し手、主語と補語との関係について、これまで述べてきた内容をもとに再検討する。4節はまとめである。

　なお、敬語の基本的な枠組みはこれまでと同様、菊地(1994)によるものとする。

2　研究史にみる謙譲語における参与者の関係性

　「尊敬語」「謙譲語」「丁寧語」といういわゆる敬語の三分類は明治後半頃から出始め、中等文法教科書に採用されるにつれて次第に広まったとされるが、その中でも謙譲語の機能・位置付け、下位分類等については、他の素材敬語である尊敬語と比較しても時代とともに大きな変化を遂げてきたといえる。

近代以降の敬語研究の嚆矢とも言える山田（1924）の『敬語法の研究』での「謙称」、その文法的人称概念の矛盾を克服した石坂（1944）の『敬語史論考』、さらには、現代的示唆に富む独自の研究ともいえる松下（1930）『改撰標準日本文法』などにみられるように、特に初期の研究においては、敬意主体と敬意対象をめぐる解釈の違いが大きい。詳細は省略するが、その理由を考えると、「敬意」というものの内実が不明確・不安定で多様性に富むという根本的な問題に加え、謙譲語が話し手と聞き手の関係に加え、その話題内に主語と補語という二者関係が機能しているからにほかならないだろう。

　その点に焦点化しつつさらに研究史を見ていくと、実際の運用面の詳細な観察をもとに渡辺（1971）*2において、謙譲語の「受手尊敬」としての本質と謙譲語の2種の違いが的確に述べられ、続く大石（1976）*3では、謙譲語を謙譲語Aと謙譲語Bに分け、謙譲語Bに属する語のうち、話題主（の人間）が存在しない用法として丁重語Aを設定し、丁寧語については丁重語Bという分類を行っている。加えて謙譲語A・Bに共通の性格として、「話題主を低め、その行為の向かう相手方あるいは聞手を高める表現のために用いられる敬語」としている。ただ、ここでも果たして「為手（話題主）を低めることによって、受手（相手方）を高めること」が可能になっているのか、つまり、「為手（話題主）を低める」ことが、「受手（相手方）を高める」ことの手段になっているのか、という問題が依然として残されていたとはいえるだろう。

　というのも、「為手（話題主）を低める」ことと、「受手（相手方）を高める」ことを独立かつ同時にもたらすものが謙譲語Aであるという解釈も可能だからであり、両者の間に「手段－目的」関係といった論理的連関を認める必然性がないともいえるからである。さらに言えば、言語的に上下関係を作り出すのが敬語とすれば、補語（受手）を高めるだけで上下関係を作り出すことが可能になるとも思われるのである。

　こうした点について整合的な説明をしているのが菊地（1994）であり、大石（1976）の謙譲語A・謙譲語Bといった用語は踏襲

しつつも、その内実、敬語全般を捉える姿勢等については、大石（1976）とは相違がある＊4。

　菊地（1994）では謙譲語について、謙譲語Ａ（話手が補語を高め、主語を低める（補語よりも低く位置づける）表現）、謙譲語Ｂ（話手が主語を低める（ニュートラルよりも《下》に待遇する）表現）、謙譲語ＡＢ（謙譲語Ａの《補語を高める》という機能と、謙譲語Ｂの《主語をニュートラルより低める》という〈機能〉（およびそれによって《聞手への丁重さをあらわす》という事実上の〈機能〉）をあわせもつ敬語である）としている。

　菊地（1994）の特徴として、謙譲語ＡＢを設けたことに加え、「主語（あるいは為手・話題主）を低める」ことを、「補語（あるいは受手・相手方）を高める」ことの手段としての位置から解放した、換言すれば、両者の直接的な関係を断ち切った＊5ことが挙げられる。ただし謙譲語Ａにおいては、主語が補語より低く位置づけられることは必須の条件となる＊6ので、両者の上下関係は副次的機能として提示されることになる。

　さらに、その後の文化審議会答申（2007）「敬語の指針」においては、実用面等も考慮しつつ謙譲語について以下のように表現している。

　　謙譲語Ⅰ…自分側から相手側又は第三者に向かう行為・ものごとなどについて、その向かう先の人物を立てて述べるもの。

　　謙譲語Ⅱ（丁重語）…自分側の行為・ものごとなどを、話や文章の相手に対して丁重に述べるもの。

　このうち本章での議論に関係するのは謙譲語Ⅰである＊7が、自分側からの行為やものごとについて、相手側又は第三者を立てるという形で、菊地（1994）で明示された、主語を補語よりも低く位置づけることが含意されたような表現となっている。また、主語を「自分側」とすることで、主語がいわゆる広義の一人称であることを示すとともに、行為の方向性の観点も含んだものとなっている。

　こうしてみると、謙譲語の主語（為手・話題主）と補語（受手・相手方）の関係性については、これまで様々な扱いがなされてきた

ことが確認できる。また「謙譲」という表現は、「謙（へりくだ）り譲る」という意味であるため、主語（為手）を焦点化しつつ、それを低めることがその中心的機能、あるいは補語を高めるための手段と長らく思われてきたことも上述の通りである。「謙譲」という名称が人々の意識を拘束してきたといっていいだろう。

3　謙譲語における参与者をめぐる問題

　このように、謙譲語に関する解釈・理論は時代とともに様々な変化を遂げてきたが、それぞれの解釈・理論は皆、それが形成された時々の言語を一つの共時態とみなした上で展開・構築されてきたものといえるだろう。だが、前章までで検討してきたように、明治後半頃から「謙譲語」とされる一連の表現形について、語形の消長はもとより、その機能・適用上の変化も静かに、かつ確実に起こってきた（もちろん現在も変化している）のは事実である。したがって、例えば現在同じ謙譲語Aとされる表現形の中でも、その成立時期・成立事情等が異なるゆえ、機能・適用等において厳密に同様であるとは限らない可能性もある。それゆえに、今後の敬語に関する議論は機能・適用面はもとより、その生成原理の変化の視点も含んだ、より柔軟性を持ったものとなる必要があるのではないか。

　そのようにみた時、焦点化される一つの問題として、やはり謙譲語の主語と補語の関係性が挙げられるだろう。

　それに関して前章では、森山（2003）の例とともに益岡（2013）の指摘を挙げている。そこでは概略にとどめたが、その後の検討を加えつつ補足して述べる。

　益岡（2013）では、話し手が所与の事象をいかなる視点のもとで描きあげるのか、という点から、尊敬語「お～になる」と謙譲語「お～する」について触れている。そこでは前者について、話し手が「行為者の内面から距離を置き、自然現象と同じように事象の外面に目を向ける姿勢を取る」（同：227）ので「外の視点」を有するとしており、後者については、話し手が「当該の事象における動作の主体を通して動作の相手を高める」としている。また、「事象内

の動作の相手に直接敬意を表す形を取るのではなく、当該の動作の相手に事象の主体を通して間接的に敬意を表す形を取る」(同:228) とし、そこには「事象の主体から相手を見るという視線」が重要な要素となっている」(同:228) と述べる。さらに、主体から相手を見る視線というのは、事象内の人物の側からの視線を意味するのであり、「内の視点」を有するとしており、その例として森山 (2003) を挙げている。森山 (2003) の例を再掲する。

(1) 警察の調べでは、その時間帯、社長に会った人が一人だけいたそうだ。

(2) 警察の調べでは、その時間帯、社長にお会いした人が一人だけいたそうだ。

(2) の場合、確かに話し手は社長に会った人物に寄り添いつつ、その視線を通して行為の相手である社長に敬意を表現しているように感じられよう。第三者が主語の場合の他の例を挙げる。

(3) a. その人は先生に聞いた。
　　b. その人は先生にお聞きした。

(3a) が事象を外から述べている（現象描写）に対して、(3b) の場合、話し手は「その人」の行為を通して、また「その人」の視線を通して間接的に相手である先生に敬意を付与しているように感じられる*8。しかし、もし仮に「内の視点」について、話し手が主語を自身と同じ目線、同一地平にあるものとみて主語の側に立ち、その視線を通じて補語に対する敬意を描いているものとすると、主語に対する敬意をも含んだ表現は成立しにくいといえるだろう。だが例えば、

(4) a. その人が先生にお聞きしてくださった。
　　b. その人から先生にお聞きしていただいたので助かりました。

上記 (4a)(4b) ともに表現的には成立するものと思われる。そう考えると、話し手が主語の行為・主語からの視線を通して補語を高めるとしても、主語と完全に同じ目線、同一地平に立っているものとも言い難く思われるのである。他方で、これまで示した例をみてみると、

(5) a．太郎は先生に手紙をお渡しした。
　　b．#太郎は先生に脅迫状をお渡しした。
　　c．太郎は先生に花子からの脅迫状をお渡しした。

　(5b)(5c)に見られるように、補語に対して「脅迫状を渡す」という同じ加害的行為であっても、加害性が主語から補語に向かう(5b)の場合には不自然となり、主語からの加害性ではない(5c)の場合には適切なものとなる。このようにみると、やはり主語から補語に対する視線は働いており、主語の行為を通して補語を高めるのが「お〜する」であるといえるだろう。そしてこれまで述べてきた「受影性配慮（被影響の内実配慮）」は、単に補語に対する影響のあり方に関して発動されるものではなく、主語から補語に対する行為の影響のあり方に関する話し手の表現上の配慮ということになろう。

　さらに検討していく。(4)に関連して、「お聞きする」を例えば「お持ちする」に変えてみる。

(6) a．?その人が先生の鞄をお持ちしてくださった。
　　b．?その人から先生の鞄をお持ちしていただいたので助かりました。

　(6a)(6b)ともに不自然になることが確認できるはずである*9。第1章では、「お〜する」が成立する条件を語形・表現全体について整理し、形式内に取れるものをA〜C群に分類しているが、「お持ちする」などは、このうちB群「補語を格表示しないが、補語の望む事物の扱いを代行するなど、補語の労力や負担を軽減する行為の表現として、「お〜する」形を取るもの（開ける、入れる、書く、切る、探す、読む、など）」に入るものである。そして、これまで示したように、B群の「お〜する」形は、補語を格表示するA群の成立時期よりも遅れて発生したものと思われるのである。

　前節でも述べたが、同じ謙譲語Aとされる「お〜する」でも、その成立には段階があり、それぞれの成立期の事情を反映した形で現代に至ったと想定されるのであり、それがこうした違いに出ているものとも判断できよう。

　ちなみに「お〜する」について、益岡(2013)等を参考に、述

語動詞と補語との関係に注目すると、
　(7)　a．先生を家まで<u>お送りする</u>。(動作の対象)
　　　 b．先生に事情を<u>お尋ねする</u>。(動作の相手)
　　　 c．先生から理由を<u>お聞きする</u>。(動作の起点)
　　　 d．先生の研究室に<u>お伺いする</u>。(動作の方向、着点)
　　　 e．先生の鞄を<u>お持ちする</u>。(動作の対象の持ち主)
　　　 f．先生が転勤されたと<u>お聞きする</u>。(補文内の主語)

となるが、このうち(7d)～(7f)の補語は、そのまま述語動詞の項とは言い難く、項の一部等になっているのである(うち(7e)がB群)。こうしたことからも現代の「お～する」の補語は、形式内の語が有する格的支配(関係性)から離れて意味論的存在になっていることが確認されよう。

　そして、前述の通り成立期からの「お～する」のB群について調査したところ、昭和初期以降には一定の使用が認められたのに対して、明治・大正期では使用例が見つからない*10。現代の「お～する」の使用基準からすると、「お～する」形の使用が一般的と思われる場合にも、「お～する」形は使われていないのである。これまで示した例を挙げる。
　(8)　a．「叔父さん、いずれすこし落着きましたら露西亜のお茶でも<u>入れ</u>ますから、私共へもいらしって頂きましょう」
　　　　　　　　　　　　　　　　　　　　(島崎藤村・新生・大正7年)
　　　 b．「博士、例の通り狭っこい所ですが、甲板ではゆっくりも出来ませんで、あそこでお茶でも<u>入れ</u>ましょう。早月さんあなたも如何です」
　　　　　　　　　　　　　　　　　　　　(有島武郎・或る女・大正8年)
　　　 c．「<u>旦那さん</u>、お肴屋さんがまいりました。<u>旦那さん</u>の分だけ何か<u>取り</u>ましょうか。次郎ちゃん達はライス・カレエがいいそうですよ」　　(島崎藤村・嵐・大正15年)

これらは現代の常識的感覚からすれば、「お～する」(「お入れする」「お取りする」)の使用が一般的とされるケースとも思われる。しかし、「お～する」は用いられていない。これまで述べたように、大正半ば以降は「お～する」の使用が「お～申す」を凌いで一般的

になっており、そうした時代状況と謙譲語使用の例を考慮すると、これらは本来「お〜する」の使用が一般的に思われるのである。

このようにみると、(6a)(6b)が不自然になる理由には、B群を用いた「お〜する」の成立事情が深く関わっている可能性があると言えよう。すなわち、他の「お〜する」形より成立時期が遅いため、話し手と主語、補語との関係において他の「お〜する」とは異なる可能性があるのである。

前述したように、従来の研究においては「お〜する」を一つの形式として、形式内に入る語の違い等を特に問わずに一律に扱ってきた感がある。しかし、成立時期・成立事情等を考慮すると、一律であるとは限らないことになるのではあるまいか。(4a)(4b)に比して(6a)(6b)が不自然に思われる理由には、こうした成立事情が関わっているとも思われるのである。

その点を考慮しつつ、(6a)(6b)の不自然さについて再考すると、これまで検討したように以下の理由等が考えられよう[11]。

(9) a．主語「その人」に対し、強く話し手側の人物と捉える、あるいは同一地平に置き、その行為を通じて補語である「先生」を上位に待遇するため、話し手側に属する「その人」を上位に待遇することが難しくなる。

　　b．受益者が「お持ちする」で先生、「〜てくださる」で話し手となるなど、受益者が一文内での二重構造になっており、受益の構造の複雑さから不自然に感じられる。

などが考えられるだろう。関連して、例えば「お〜する」内の動詞を第1章で述べたA群のうち、授益性のあるもの(A−1群)に変えてみる。

(10) その人が、先生に本をお貸ししてくださった。

(10)は(6b)と同様に、受益者が2方向になるものの不自然ではない。そうするとやはり、(9b)の理由は成立しにくいといえるのであるまいか。ここから(9a)の理由、すなわち主語を強く話し手側と捉える、あるいは同一地平に置く、といったことが想定されるが、再度、これまで挙げてきた例を参考に検討してみる。まずB群は、

(11) a．?先生にその本を読んだ。
　　 b．　先生にその本を<u>お読み</u>した。
　　 c．??先生に時刻表を調べた。
　　 d．　先生（のため）に時刻表を<u>お調べ</u>した。

に見られるように、「お～する」内の動詞が要求する格表示とは異なる形で補語が示されるか、あるいは「ために」で示されるものであり、その点でいえば、「お～する」形式が独自に要求する補語であるともいえる。その点からも、「お～する」が形式として成熟した後に出現したタイプであることが想像されよう。前にＢ群について、昭和初期に以下の例が見られることを指摘した。

(12) a．「では、この御洋服は箱に<u>お入れ</u>して、出口のお買上引
　　　　 渡所へお廻し致して置きますから、…」

　　　　　　　　　　　　　　　　　（池谷信三郎・橋・昭和２年）

　　 b．「お弁当を<u>お入れ</u>しましょうか」

　　　　　　　　　　　　　　　　　（宮本百合子・日記・昭和10年）

　資料を精査したわけではない＊12が、これらは話し手主語による、聞き手補語に対する申し出行為である。

　Ｂ群について、上位者に対する授益行為の申し出の際に使用されたものから次第に拡張していったものとすれば、これまで述べてきた現代語の恩恵授受における与え手上位、受け手下位という立場上の上下関係に関する日高（2007）等の指摘、それを承けて与益表現の歴史的変遷について論じた森（2016）等の観点が想起されよう。

　すなわち、上位者に対する恩恵の明示は、授益者を上位に置くという含意があるために不自然になるという指摘である。そしてこのことは、例えば語彙的意味として授益性を持つ「貸す」を用いた例、

(13) a．?(上司に向かって)「<u>お貸し</u>します。」
　　 b．（同僚に対して）「部長には私が<u>お貸し</u>するよ。」

からわかるように、対者を補語とする場合には語用論的に適切なものとはいえない＊13。他方、Ｂ群を用いた「お～する」の場合も授益的行為であるが、話し手主語、聞き手補語の場合に一般的に使用されている。そのようにみると、Ｂ群の場合は、授益者上位を相殺

するために（13a）などに比して、（9a）で述べたように主語を強く話し手側に置く、あるいは主語をより低く待遇するといった見方も可能になるのではあるまいか＊14。

　即断はできないが、B群を用いた「お〜する」はこうした理由により、主語への敬意の表現（尊敬語）との同時使用が不自然になるとも思われる。B群を用いた「お〜する」は、話し手主語、聞き手補語の場合を中心に、補語への授益的行為を申し出る際の表現として他よりも遅れて成立した点も、他の群とは異なっていることの傍証となるだろう。

　現代の謙譲語Ａの代表形「お〜する」は、「敬意」に焦点化すると菊地（1994）のようになるものと思われるが、敬意に関わる参与者の関係性に着目すると、こうした事情や違いが見えてくるものとも思われるのである。

　そして例えば、
　（14）a．太郎は先生に花子からの脅迫状をお渡しした。＝（5c）
　　　　b．その人は先生にお聞きした。＝（3b）
を見た場合、（14a）の場合には、補語である先生にとって望ましくない事態ではあるものの、それが主語から補語に向かうものでないので、表現的には自然であるとともに、主語と補語との「敬譲関係」も想起させる。他方で（14b）の場合、主語であるその人と、補語である先生との間に、実質的な敬譲関係があると判断できるかどうかは難しい。そのようにみると、主語と補語との間に存在する関係とは、両者の間に実質として存在する関係性ではなく、主語から補語への非加害的行為を行った際、「内の視点」を通じて見える「仮想の関係性」であるともいえるのではあるまいか。そのようにも思われるのである。

4　まとめ

　本章では、はじめに謙譲語の代表形「お〜する」について、話し手と主語、補語、聞き手といった参与者の関係性に着目して、研究史上の捉え方の違いとその変遷について確認した。次に森山

(2003)、益岡（2013）等を参考に、補語に対する高め方、主語から補語への視線の観点から従来の説の再検討を行った。その結果、第１章で提示したＢ群を用いた「お～する」が、他の群の場合よりも遅れて成立し、話し手主語、かつ聞き手補語のもとで、授益的行為の申し出を中心に使用されていたこと、「貸す」や専用形式「さしあげる」等が、授益性ゆえに上位者を補語とする場合に使用しにくい例を挙げ、その場合にも「お持ちする」「お入れする」等は使用されていることについて確認した。そして、受影性配慮が主語から補語に向かう行為に関して作用する（ただしその判断は話し手）ものであること、主語に対する尊敬語の同時使用が不自然になることなどから、Ｂ群を用いた「お～する」の場合、話し手と主語を強く同一側、同一地平に置くこと、主語をより低く待遇すること等について述べた。以上は、これまで何度か検討してきた点を抜粋し、整理・再検討したものでもある。

＊１　前章では明治・大正期の漱石作品における「お～になる」について簡単な調査を行っている。そこでは、現在ほとんど用いられないものとして、「お食べになる」「お舐めになる」「お頂きになる」「お儲けになる」等を挙げている。また、他形式「～なさる」「る（らる）」の使用が一般的と思われる場合についても挙げている。ただし、自然・不自然の判断は「お～する」の場合ほど明確とは言いがたい面もあろう。

＊２　渡辺『国語構文論』（1971）による。そこでは「受手尊敬はあくまで話題の人物である受手に対する敬語であり、謙遜は対話の相手である聞手に対する敬語」（同：435）とし、謙遜を「為手としての自分の行動を殊更に低く待遇して表現し、それによって間接に聞手への敬意を表す」として、謙譲語の２種の明確な違いを述べている。

＊３　関連して、大石『敬語』（1975）では謙譲語Ａについて「話題の人を低く待遇することによってその相手方の人（話題の人の行為の関係する先方）を高め、これに敬意を表するもの」（同：88）とし、話題主と相手方の待遇上の落差を用いて図解している。

＊４　なお、謙譲語の先達における分類、立項の方法とその実際、相違点等については、菊地（2022）において非常に丁寧に整理されている。また、それらと関連する形で、後述する『敬語の指針』について述べられている。

＊５　菊地（1994）では、「謙譲語Ａの趣旨は、あくまでも《補語を高める》こ

とのほうにあり、《主語を低める》ほうは、実は副次的なことにすぎないのである」(同 1997: 257) としている。ただし森山 (1990) を挙げ、謙譲語 A について「《主語が補語を高める意図をもっている、と話し手が想定している》という点も必要なようである」(同 1997: 258) ともしている。

＊6　菊地 (1994) の例を挙げると「社長が部長をご自分の別荘へご招待したそうです」などは変である、ということになる。

＊7　『日本語学』27–7 (2008) で様々な見解が提示されている。宮地裕は、「私見」とした上で謙譲語を「話題の下位者の上位者に対する行為の表現をとおして、話し手がその上位者への配慮をあらわす敬語」(同: 8) としている。

＊8　森山 (2003) では、現代の謙譲語 A について、「主語と補語との間に敬譲関係が認められる」ことを条件にするが、こうした例の場合、両者間に「敬譲関係」は認めにくい (ただし印象による個人差はある) ようにも思われる。これに関しては後述する。

＊9　ただし、この判断には個人差があるものとも思われる。「〜お入れしてくださった」などになると不自然さが増すとも思われる。形式内に入る語のタイプに完全に依存するものか、個々の語による影響があるのか、あるいはまたそこに通時的変化があるのか、等については、今後の検討課題でもある。

＊10　「明治の文豪」「大正の文豪」(いずれも CD-ROM 版)「太陽コーパス」「近代女性雑誌コーパス」の他、参考として「青空文庫」の多くの作品、『日本語歴史コーパス明治・大正編 I 雑誌』も調査した。精査が必要だが、「お〜申し上げる」「お〜いたす」の形式内に入る動詞も「お〜する」と同様であり、B 群にあたるものも見つからなかった。

＊11　前にも述べたが、こうした指摘は蒲谷 (1992) が早いもののようである。そこでは、主語をより強く自分側の人物と捉えるという点、恩恵を受ける人物が二重構造になる点が挙げられているが、理由について詳細な説明はなされていないものと思われる。ここではこうした指摘を踏まえて再検討している。

＊12　そもそも B 群を用いた「お〜する」は用例が少なく、なかなか見つからないようでもある。

＊13　対者を補語とする場合、「お〜する」の使用も回避され、「(上司に向かって)「どうぞお使いください。」などの形になるものと思われる。

＊14　B 群を用いた「お〜する」による補語への働きかけは、A 群を用いた場合に比して間接的であるということも関与している可能性がある。この点は検討が必要である。

第10章
近・現代の謙譲語の成立と展開 7
「ていただく」を中心に

1　はじめに

　これまで、第1章で提示したB群「補語を格表示しないが、補語の望む事物の扱いを代行するなど、補語の労力や負担を軽減する行為の表現として「お〜する」形を取るもの（開ける、入れる、書く、切る、探す、持つ、読む、など）」が、他の群を用いた「お〜する」よりも遅れて成立したことを指摘した。具体例を挙げる（以下のc、d、g、hがB群を用いたもの）。
(1)　a．#(上司に向かって)「お貸しします。」
　　　b．(同僚に向かって)「社長には私がお貸しするよ。」
　　　c．(上司に向かって)「(鞄を)お持ちします。」
　　　d．(同僚に向かって)「社長の鞄は私がお持ちするよ。」
　　　e．その人が先生にお聞きしてくださった。
　　　f．(先輩に向かって)「先生にお聞きしてくださったので助かりました。」
　　　g．?その人が先生の書類をお書きしてくださった。
　　　h．?(先輩に向かって)「先生の書類をお書きしてくださったので助かりました。」

　(1a)〜(1d) は、話し手主語による授益的行為を申し出る表現であるが、補語が第三者（社長）の場合の(1b)(1d)の場合と異なり、聞き手である補語（上司）への直接的な申し出の(1a)(1c)の場合、(1a)には語用論的な不自然さが残る。前章では、現代語の恩恵授受における立場上の上下関係に関する日高(2007)等の指摘、それを受けて与益表現の歴史的変遷について論じた森(2016)*1等の論考をふまえ、授受行為に関する表現では授益者上位という含意が生じることから、(1a)の場合には上位待遇される

補語との関係性において不自然さが生じ、他方でB群を用いた（1c）には不自然さが生じないことについて確認した。両者はともに授益性を有する点では共通であるが、（1a）の「お貸しする」や専用形式「さしあげる」等が、上位者の聞き手を補語とする場合には使用しにくいのに対し、B群を用いた「お持ちする」「お入れする」等は不自然な表現にならないのである。

　また、（1e）〜（1h）については、いずれも主語「その人」（第三者）「先輩」（聞き手）に対する敬意の表現を加えたもの（いわゆる二方面敬語）であるが、（1e）（1f）の場合には自然な表現になるのに対して、B群を用いた（1g）（1h）では不自然になることが確認できる。

　こうした点から前章では、まずB群を用いた「お〜する」の場合は話し手主語かつ聞き手補語のもとで、授益的行為の申し出を中心に使用されてきたこと、それとあわせて、補語と主語の関係性のあり方が他の群の場合と異なっていることを指摘した。さらに、B群を用いた場合では話し手と主語をより強く同一側に置くこと、主語をより低く待遇すること等が、他の群を用いた場合との違いになって現れていると論じた*2。同じ「お〜する」形であっても、形式内に取る語のタイプによって異なるふるまいを示すのであり、そこには成立時期や成立事情の違い等が反映していると考えられるのである。

　これらを踏まえ、本章では授受補助動詞「ていただく」を中心に扱う。「ていただく」は近世後期以降の成立とされているが、現代では、本来「A（話し手側）がB（聞き手・話題の人物側）に〜ていただく」というべきところを「Bが〜ていただく」とする誤用の頻用に加え、本動詞「いただく」については美化語的な使用*3等の増加も指摘されているなど、「（て）いただく」をめぐっては、様々な点が指摘されている。こうした点も視野に入れつつ、成立期以降の「ていただく」の用法の実態について考察する。

　本章の構成であるが、次節で「ていただく」に関する研究史を簡潔に振り返りながら、「ていただく」の成立と展開について確認する。3節では明治後半以降の用例について特徴的なものを取り上げ、

現代の多様な用法と比較しつつその発生要因と背景を探り、その事情について考察する。4節ではそれをもとに「（さ）せていただく」との比較を行う。

　本章における敬語の基本的な枠組みはこれまでと同様、菊地（1994）によるものとする。

2　「ていただく」に関する先行研究と成立期の用法

　「ていただく」については、その成立を巡るものから、先述した誤用とされる用法に関するものまで、多様な観点による研究の蓄積がある。後者の誤用とされる表現「B（聞き手・話題の人物側）が～ていただく」を扱ったものとしては、「てくださる」と比較して「ていただく」の使用実態を調査した金澤（2007）が代表的なものとして挙げられよう。金澤（2007）では、「ていただく」について、以下のような図式を提示している。

　(2)〔○○（＝相手）が、△△し〕ていただく

　そして、「ここでのポイントは、本動詞の部分（△△し）と授受関係を表す部分（ていただく）を一体化した形で捉えるのではなく、少なくとも話者の意識においてはその両者の役割を分担し、本動詞の方は動作主としての主語との関わりだけを担うのに対して、授受表現の方は話者の心情や意識を全面的に担う、とするところにある」（同：49）としている。これによれば、まず、「B（聞き手・話題の人物側）が△△スル」といった形で事態そのものを描き、描かれた事態を受益者としての話し手が「（て）いただく」といった解釈になるだろう。

　だが、その場合には本来「Bが～てくださる」が使用されるはずであり、誤用とされる「ていただく」形が使われる理由は不明となってしまう。金澤（2007）では、「てくださる」「ていただく」の使用例のうち、もう一方の表現と入れ替えることが可能な場合（「くださる」↔「いただく」）を抽出・調査し、「ていただく」が「てくださる」よりも、はるかに高い割合で選択されていることを指摘している。さらに金澤（2011）では、こうした結果を踏まえ

て近世後期江戸の資料（滑稽本・洒落本・人情本）から21例の「ていただく」を抽出するとともに、「ていただく」が他の授受補助動詞*4に比較して極端に遅れて出現していることに着目している。そして、前接語や後接表現、位相、敬語使用の根拠（金澤では「敬意の基盤」とする）から用例を分類・検討し、「特に際立った特色が見られないというそのこと自体が、一種の特徴である」「用法面でのそれなりの広がりが予想される状況である」（同：29）と述べている。

　次に、本動詞「いただく」の機能拡張と併せて、「ていただく」が授受補助動詞の敬語形としての地位を占めるようになった事情とその背景を精緻に論じた山口（2016）が挙げられる。山口（2016）では、元来「頭より高い位置に物を掲げる、被る、載せる」意の「いただく」が授受の意味へ変化していく過程を調査した荻野（2009）を踏まえつつ、「いただく」に関わる事態生起の起点が「与え手（等）側」か「受け手側」のどちらにあるかに着目し、その変化の様相を丁寧に辿っている。具体的には「（ⅰ）誰を起点として生起した事態か（与え手等か受け手か）、（ⅱ）対象物は何か」（同：39）の2点を主な観点として調査しているが、それによれば、19世紀にも事態生起の起点が与え手等である用例が多いとしつつも、「受け手を起点とする用法もまとまった用例数が見られた」（同：42）と述べている。山口（2016）での、受け手起点の用例を挙げる。

　（3）　宿へも何共申さずに。出ましたから吾儕は。お暇を頂きますが。お組おまへ一宿お願ひな

　　　　　　　　　　　　　　　　　　（人情本、『春色江戸紫』、八八、同：42）

　山口（2016）では、こうした「状況的にも許可のない用例」を「もらう」への接近として捉えている。そしてそれに続けて「ていただく」について、金澤（2011）の調査結果をふまえつつ、前述の事態生起の起点の観点から分析している。それによれば、成立初期の「ていただく」について、「当時の本動詞イタダクの特徴に近く、与え手等からの行為指示のある用法を含めた与え手等を事態生起の起点とする用法が半数近くを占めることが分かった。これは当

時の本動詞イタダクの様相を反映したものといえ、十九世紀では、本動詞イタダクと補助動詞テイタダクとの連続性の高さが窺われる」（同：45）としている。さらに、19世紀まで一貫して受け手起点の用法を保持していた「てもらう」の敬語形「ておもらいもうす」の領域を「ていただく」が次第に獲得し、「お～もうす」の衰退と相俟って結果的に、「明治・大正期には、テイタダクはテオモライモウスに代わってテモラウの敬語形としての地位を確立したと捉えることができよう」（同：46）としている。このように山口（2016）では、「いただく」に授受の意味への変化が生じたことが、結果的に「もらう」「てもらう」の敬語形として採用されるようになっていったと述べている。

　以上が、「ていただく」の成立とその機能拡張等に関する代表的な先行研究である。

3　「ていただく」における用法・機能拡張

　前述の金澤（2007, 2011）、山口（2016）等の成果をふまえ、明治期以降の「ていただく」について検討したい。まず、明治期の用例を挙げる。いずれも漱石作品によるものである＊5（会話の改行部分を詰め、文脈がわかるよう、前後も挙げてある）。

(4)　a．「序に女の方へも一通書きましょうか」「女も御存じなのですか」「ことによると知ってるかも知れません」と答えた田口は何だか意味のありそうに微笑した。「御差支さえなければ、御序に一本書いて頂だいても宜ろしゅう御座います」と敬太郎も冗談半分に頼んだ。
　　　　　　　　　　　　　　　　　　（彼岸過迄・明治45年）

　　b．雑誌の男は、卯年の正月号だから卯年の人の顔を並べたいのだという希望を述べた。私は先方のいう通り卯年の生れに相違なかった。それで私はこう云った。「あなたの雑誌へ出すために撮る写真は笑わなくっては不可いのでしょう」「いえそんな事はありません」と相手はすぐ答えた。あたかも私が今までその雑誌の特色を

誤解していた如くに。「当り前の顔で構いませんなら載せて頂だいても宜しゅう御座います」「いえそれで結構で御座いますから、どうぞ」私は相手と期日の約束をした上、電話を切った。　　　　（硝子戸の中・大正4年）

　（4a）（4b）ともに、相手側の提案・誘いかけに対して「ていただく」を使用している例であり、前述の山口（2016）での「事態生起の起点」という観点によれば、「与え手等起点」となるだろう。

　次に、別の観点から見てみる。山田（2004）では「テモラウ受益文」が構造的に持つ受益者から動作主に対する何らかの働きかけのあり方を「働きかけ性」とし、その観点から「テモラウ受益文」に少なくとも「依頼的」、「許容的」、「単純受影的」と仮称できる3種類が認められる*6としている。山田（2004）の観点に従えば、（4）の2例はともに「宜（ろ）しゅう御座います」が後接しており、その点からは「許容的」と判断できよう。また、この2例の場合、許容した事態は話し手にとって実質的に受益性があるものとは言いがたい。「ていただく」の非敬語形である「てもらう」を基準にすると、恩恵型とも迷惑型とも言いがたいものであろう。つまり、相手（聞き手）の一方的な提案、誘いかけに対して、とりあえず許容の形を取った表現であると思われる*7。

　また、「ていただく」に先行する動詞は、それぞれ（4a）「書く」（4b）「載せる」であり、動作の受け手に対する働きかけはともに間接的である。相手（聞き手・与え手）側からの一方的な提案、誘いかけといった点とあわせると、（4a）（4b）とも、話し手にとっては直接的な関与性が低い事態といえよう。それゆえに、相手（聞き手・与え手）に対する敬意は保持した形で、「動詞＋ていただく」部分を尊敬語に替えてもさほど不自然にはならない。基本的に文意の変更もないように思われる*8。それぞれ変更した部分を示す。

（5）　a．「御差支さえなければ、御序に一本お書きになっても宜ろしゅう御座います」と敬太郎も冗談半分に頼んだ。
　　　b．「当り前の顔で構いませんならお載せになっても宜しゅう御座います」

なお、こうした尊敬語互換が可能な表現は、現代語でも用いられ

る。作例を挙げる。
（6）a．私は一人で大丈夫ですから、先に行っていただいても構いません。
　　　b．（家電店で販売員が）お宅の冷蔵庫はどれくらい長くお使い（になって）いただいてますか？

（6a）（6b）ともに話し手にとって受益とも言いがたいものである。現代でも特殊な表現ではない。続けて（6a）（6b）の「動詞＋ていただく」をそれぞれ尊敬語に替える。
（7）a．私は一人で大丈夫ですから、先にいらっしゃっても構いません。
　　　b．（家電店で販売員が）お宅の冷蔵庫はどれくらい長くお使いになっていらっしゃいますか？

（7a）（7b）ともに、尊敬語に替えても自然な表現となるとともに、基本的に文意の変更はないといえるだろう。

それでは、「ていただく」の場合と尊敬語の場合の相違とは何か。尊敬語は、敬意対象の行為を捉えて、それについて焦点化しつつ言及するものであり、その点で、行為主体とその受け手という二者の関係性を含んだ謙譲語「ていただく」とは異なっている。したがって尊敬語の場合には、その行為・事態が話し手とは無関係に行われる形の表現になると思われる。他方、「ていただく」の場合は、当該行為・事態の受け手である話し手が、自身との関与性を表明した表現であるともいえよう。

ただし、ともに尊敬語互換が可能であるとはいうものの、（4）の漱石の例と（6）の作例は同一タイプとすることはできない。というのは（4）の場合は、相手（聞き手・与え手）の提案・誘いかけによって事態が生起したものであるのに対して、（6）の作例の場合はそうではない。話し手である受け手側からの提案（（6a））、受け手側が提起した問いかけによるもの（（6b））であり、その点で異なっている。さらに検討するため、（4）と同様の明治末の例を、前後の箇所も含めて挙げる。
（8）a．「私が此処に来てから、もう三年になりますが、その時分は生徒の風儀はそれは随分酷かったものですよ。初

めは私もこんなところにはとてもつとまらないと思った位でしたよ。今では、それでも大分よくなったがな」と校長は語った。帰る時に、「明日は土曜日ですから、日曜にかけて一度行田に帰って来たいと思いますが、御差支はないでしょうか？」かれはこう訊ねた。「ようござんすとも……それでは来週から勤めて<u>戴く</u>ように……」その夜はやはり役場の小使室に寝た。

(田山花袋・田舎教師・明治42年)

b.「そう仰有って下さりゃ、私ももう何も言う事は有りません。これも何かの因果だと諦めて、来年の暑中休暇にお帰りの時、御機嫌の好いお面を見せて<u>戴く</u>のを、楽みにしてお待ち申しましょう」と又堰り来る涙を襦袢の袖で拭いたが、……

(二葉亭四迷・其面影・明治39年)

　当該箇所はそれぞれ、(8a)「お勤めになる」、(8b)「お見せになる」として尊敬語に交換可能である＊9。(8a)は既に確定している「勤める」ことについて、(8b)は相手（聞き手・与え手）の提案（あるいは宣言）に対するものである。その点でいえば (6) ではなく (4) に近いものであろう（ただし、(8b) には受益性があるものとも思われる＊10）。

　このようにみると、繰り返しになるが、(4)(8) の「ていただく」は与え手側が引き起こす行為・事態、あるいは今後実現することが決定している事態に対して、話し手側がその受影者（影響下にある）であることを表明した表現であるといえるだろう。したがって、そこには実質的な受益が伴わなくてもよいのだともいえる。いわゆる迷惑型ともいえない。

　そして、このタイプの「ていただく」は、明治・大正期の資料を概観的に調査した限りにおいては、明治末頃から使用されているようである。

　なお、「ていただく」の機能と関連して尊敬語との互換性に着目した先行研究としては上原 (2007) が挙げられる。上原 (2007) では、益岡 (2001) で述べた「受動型てもらう」と「使役型ても

らう」＊11 の二種類の大別に基づいて考察し、尊敬語互換については、話し手にとって恩恵性がある場合のみに使われる「受動型ていただく」だけが担うことができるとしている。また、話し手にとって恩恵性を受けない相手の行為の場合には、「受動型ていただく」は使用できず、尊敬語しか使えない、ともしている。ただ、(4)(8)のような実質的な恩恵性の存在が認めがたく、かつ「受動型ていただく」と「尊敬語」両方の表現が可能なもの、受動型か使役型かとも判断が難しいものについては、取り立てては扱ってはいないものとも思われる＊12。

4　「(さ)せていただく」の用法・機能拡張との関係性

　明治後半頃は、謙譲語の一般形として「お〜申す」に替わって「お〜する」の使用が拡大するとともに、これまで述べたように、使役・許可者が想定できない「(さ)せていただく」(以下「させていただく」とする)の用法が伸長した時期でもあった。詳細な調査は今後必要だが、(4)(8)のタイプの「ていただく」が、同時期に用法・機能拡張として出現してきたものと考えると、両者の間になんらかの関係性・共通要素の存在が想像されよう。

　本書の第4章では、近代東京語の「させていただく」について、本来の使役・許可者が存在する用法から、使役・許可者を見立てた用法、さらには使役・許可者が不在の表現にまで拡大していく様相について記述した。そして、拡大用法について、「半ば一方的行為による補語への間接的受影性に配慮した表現としても使用範囲を広げていった」としている＊13。そこでの例を再掲する。

(9)　a．やがて郡視学の方へ向いて、「私から伺います。まあ、風間さんのように退職となった場合には、恩給を受けさして頂く訳に参りませんものでしょうか」

(島崎藤村・破戒・明治39年)

　　　b．「叔母さん、どんなに私は是方へ参るのが楽みだか知れませんでしたよ。お近う御座いますから、復たこれから度々寄せて頂きます」こう豊世は優しく言って、心

忙わしそうに帰って行った。

　　　　　　　　　　　　　　　（島崎藤村・家・明治43年）
　　c.「絵島丸では色々お世話様になって難有う存じました。あのう……報正新報も拝見させていただきました。（夫人の顔色が葉子の言葉一つ毎に変るのを葉子は珍らしいものでも見るようにまじまじと眺めながら）大層面白う御座いました事。　　　（有島武郎・或る女・大正8年）

　（9a）は実質的な権限を有する使役・許可者が明確に存在するもの、（9b）は使役・許可者が存在しつつも、話し手の意志や宣言等が前面に表現されたもの、（9c）は実質的な使役・許可者が不在のものということができよう。

　それでは、こうした明治後半以降における「させていただく」の拡大の様相と（4）（8）のような「ていただく」には、何か共通性が見出せるだろうか。先述したように、（4）（8）の「ていただく」は、相手（聞き手・与え手）の行為に対して、話し手側がその受影者（影響下にある）であることを表明するものとして機能していることが確認された。他方、同時期に用法を拡大した「させていただく」は、話し手の、半ば一方的な行為による受け手（この場合は聞き手）に対する配慮の表現として機能している。

　このようにみると、両者は次のような関係にあるといえまいか。すなわち、「聞き手側（与え手側・相手側）の行為による話し手側（受け手側・自分側）への影響力」を表明しつつ、行為主体としての聞き手側（与え手側・相手側）に配慮した表現が「ていただく」であり、他方で、「話し手側（自分側）の行為による聞き手側（相手側・受け手側）への影響力」に配慮した表現が「させていただく」という説明が可能ではなかろうか。つまり、両者は、それぞれ「行為の受け手側から行為主体への配慮を表す」「行為主体から行為の受け手側への配慮を表す」ものとして、用法・機能を拡張していったように思われるのである＊14。詳細については、幅広い用例の採取による調査が必要だが、そのような位置付けが可能ではあるまいか。

5　おわりに

　本章では、まず敬語がその時代の社会構造や人間関係のあり方・その変化に大きく、かつ敏感に影響を受けるものであるという前提のもと、成立時期、生成原理の変化の視点も含んだ研究の必要性について「お～する」を例に確認した。そして次に、授受補助動詞「ていただく」について、先行研究での指摘を整理しつつ、明治後半頃の様相について検討し、その頃に用法を拡大したと思われる「させていただく」との関係性について指摘・整理した。「ていただく」については、先行研究にみられるように事態生起の起点が「与え手」か「受け手」かという観点、受け手からの「働きかけ性」の有無、それに関連した受益型か使役型かという分類等、多様な視点・観点による分析があるが、それぞれの分類基準においても截然と分けられるものとはいえない。それぞれの典型的な用例を両極とすると、その間は連続的であると思われる。そしてそのことは、「ていただく」が「てもらう」の敬語形としての位置を占めるようになって以来、次第に用法を拡大してきたこととも関連しているものとも思われる。

　ただし、本章での調査は近代東京語の一部の用例に限られており、今後は前述のように多様な資料に関する詳細な調査に加え、非敬語形「てもらう」との比較も必要であろう。

---

*1　森（2016）では、日高（2007）を踏まえつつ与益表現の歴史的変遷について論じている。そこでは、上位者に対する恩恵の明示は、授益者を上位に置くという含意があるために不自然になると指摘している。
*2　B群の場合、話し手と主語を強く同一側に置くこと、主語をより低く待遇することから、主語に対する尊敬語使用が不自然になるとともに、こうした点から、主語が授益者でありつつも、「お持ちします」などが自然な表現になるという捉え方である。
*3　菊地（1994）では、美化語的なものとして「こうしますと、一層おいしくいただけます」などを挙げている。なお、「名物にうまいものなしと申す

が之れは一寸おいしく戴けます」（女学世界・大正８年）の例などが、美化語的使用の一歩手前の表現と思われる。明治後半から大正期にかけて「いただく」（ていただく）が用法・機能を拡張していく一例としても捉えられよう。
＊４　金澤（2011）では、「て頂く」のほかに「てやる」「てあげる」「てくれる」「て下さる」「てもらう」の出現数を調査している。
＊５　漱石の小説家としての活動時期は、明治38年の『吾輩は猫である』から大正５年の『明暗』までと短いが、その間、継続的に作品が発表されている。また、講演や日記・学術研究など、多様なジャンルにわたる作品群も残しており、ジャンルに応じたスタイルシフトも行っているといわれている。
＊６　山田（2004）では、依頼的用法であれば、「わざと」「わざわざ」などが、許容的用法であれば「そ／このまま」などが、単純受影的であれば「偶然」「期せずして」「思いがけず」などが共起しうるとしている。ただし、この３種類についてはいずれとも決めがたい場合が最も多い、ともしている。
＊７　山口（2020）では、近代関西語の「サセテモラウ」に関連して「テモラウ」も扱っており、そこでは「テモラウ」の「与え手に利益がある例」として、「へえあの、あこ西へ下りてもろうたら、ちょうど元の日本橋」（落語録音②、寄合酒、93）などをあげ、「サセテモラウ同様、近代以降みられるようになる」（同：120）としている。（4a）（4b）の場合にも「与え手利益」の発達の観点から解釈することが可能とも思われる。また、大正期では、例えば「シチユーのやうな汁を拵へまして、肉を用ひずに油揚、じやが芋、人参等を入れて、よく煮て頂きますと、大變おいしい白いお汁が出來ます。」（婦人倶楽部・大正14年）などのように、料理に関する記事ではかなり一般的に使用されている。ただ、「煮る（煮込む）」「焼く」「炒る」「蒸す」などの動詞は尊敬語化しにくいといった点も考慮する必要があるかもしれない。
＊８　「ていただく」の機能について、尊敬語との互換性に着目して論じたものとして、上原（2007）がある。これについては後述する。
＊９　（8a）（8b）の場合、話題となっている行為の実現が既に予定されているものであるので、尊敬語互換が可能であるともいえるだろう。なお、「たい」「（よ）う」などが後接する場合は、基本的に「使役型ていただく」であり、尊敬語互換は不可能である。
＊10　（8b）の受益性は、「〜楽みにして」とあることから想定できるものであり、実質的な受益性の存在については確定できない。
＊11　益岡（2001）では、「相手から一方的に動作を受けるもの」を「受動型てもらう」、「相手に対する働きかけが認められるもの」を「使役型てもらう」とし、前者を受動構文と、後者については使役構文とそれぞれ対比させてその違い、相補的関係等について論じている。
＊12　上原（2007）では、脚注部分で「「受動型ていただく」と「使役型ていただく」の両方の性質を持ち、中間に位置づけられるような「ていただく」がある」として、道案内の「こちらの通路をまっすぐ行っていただくと、右側にございます」等の例を挙げている。そして、尊敬語だけの形に置き換えることができる点から、「典型的な「使役型ていただく」に比べて使役性は低いと言える」としている。なお、上原が挙げている尊敬語互換が可能なものに該当する古い例としては、例えば「いいえ、そんなことをして頂かなくつたつて、わ

たくし、澤山でございますわ。」(婦人倶楽部・大正14年)などが挙げられる。「そんなことをなさらなくたって」と尊敬語に替えることができよう。

*13　これと関連するが、山口(2020)では「サセテモラウ」の成立過程等についても論じており、歴史的な展開を考える上で参考になる。

*14　「ていただく」「させていただく」ともに、相手(聞き手)との直接的な関係性のない行為・事態に対して、話し手が相手(聞き手)との関係性に持ち込む表現に拡張させた、といった捉え方も可能であろうか。

II

謙譲語使用に関する意識と今後の変化

第11章
謙譲語と関連表現にみる「話者認知」という視点

1　はじめに

　本章以降では、これまで中心的に検討してきた現代語の謙譲語一般形「お／ご～する」の成立条件、また、それを含んだ複数の形式に関する成立・消長の事情等といった、共時的・通時的観点とは異なり、多種多様な方法を用いて話し手の内面・心理分析を行い、話し手がどのような意識で謙譲語を使用しているのかについて調査・分析していく。
　そして、その分析をもとに、第Ⅰ部の内容とあわせる形で、今後の謙譲語の変化の方向性の一端を探っていくこととしたい。

2　従来の方法の問題点と新たな観点の有効性

2.1　従来の研究の観点と問題点

　これまで述べてきたように、敬語は精緻な文法的システムを持つ言語事実でありつつも、実使用に際しては、それによる対人関係構築・維持が重要な動機となっている以上、そこで選択される語形はもとより、その運用の仕方についても話者の多様な意識が反映するといってよい。また、相手や場面のとらえ方はそれぞれ異なるがゆえに、同一の相手や場面を設定しても、話し手によって適切と思われる表現には個人差があり、そこで選択される語形が異なる場合も多い。
　これまでは、こうした点について「こうした場面ではこういう表現を用いるべき」という、いわゆる規範的立場からの逸脱といった観点から論じたものが多かったように思われる。あるいはまた、例えば授受補助動詞「てくれる」と「てもらう」の敬度等を比較した

複数の先行論文にもみられるように、相手の行為に対して直接に触れない「てもらう」の方が、相手の行為に直接言及する「てくれる」に比して丁寧に感じられる、などのいわゆる語用論的立場からの指摘なども多くみられてきた。

ただ、果たしてこれらが話し手の個人差を捨象した「一般的な傾向」といえるかどうかについては断言できないのではあるまいか。あるいは、こうした語用論的立場からの説明に対し、話し手によって判断が分かれるケースが、看過できない程の一定数存在するとするならば、それは一般的な傾向とはいいがたいのではないかとも思われる。

敬語を含む待遇表現は、菊地（1994）の言葉を借りれば、「基本的には同じ意味のことを述べるのに、話題の人物／聞手／場面などを顧慮し、それに応じて複数の表現を使い分けるとき、それらの表現を待遇表現という」（同 1997: 33）ことになるが、「使い分け」には、社会的慣習等が大きな要因として作用していることは事実であるものの、相手や場面を顧慮するのは、究極的には話し手である以上、話し手の意識の違いによって、そこで産出・運用される表現は異なるはずである。

そのようにみると、従来の、特に現代語における文法研究の基本的な方法ともいえる一般的（あるいは理想的）話者の想定のもと、個々の表現について、そこからの逸脱の程度として「不自然」あるいは「不適切」、「誤用」としての判断を行う方法は、敬語に関しては最適の方法であるとはいいがたいだろう。

こうした点については、もちろん敬語以外についてもいえることではあるが、敬語が文法的側面のみならず、語形や適用面にもまたがる現象として存在し、むしろ後者の側面が強いものである以上、従来の方法のみではその実態解明の方法として不十分ではないかとも思われるのである。

2.2　新しい観点による研究の有効性

このように、話者の多様な意識のありかたによって、語形選択はもとより、表現の適切性の判断さえも分かれるものであるゆえ、従

来のように一般的（あるいは理想的）な日本語話者の想定のもとに、表現の適切性や選択をめぐる判断について論じることは難しい。そこで、ここではこれまでとは異なる「話者認知」という視点・観点から、各種敬語表現や授受表現に関する話し手のとらえ方、および、多様な場面における話し手の表現選択等について考察するものとする。

「話者認知」という観点から論じるためには、多人数調査による表現選択や個々の表現に対する印象等の調査はもとより、それ以外の言語一般の使用に関する意識や対人関係意識等と関連させた上で、様々な表現形の適切性判断に関する心理分析を行うことも有効であろう。

そこでここでは多人数話者を「被験者」として、おおよそ以下の方法を用いて各種表現に関する話者認知の構造分析を行っていくものとする。

1) 被験者それぞれに有する諸特性について、多様な視点・方法による検査・意識調査等を用いて、その個人的傾向・特性を分析・確認する。
2) 同一被験者について、複数の心理検査・調査を行い、各種表現に関するとらえ方や、表現選択の傾向をみる。
3) 1と2の結果を用いて、各被験者の個人的傾向・特性と、各種表現に関するとらえ方・表現選択との関連性を探る。

上記のような方法で分析および考察を進めていくことにする。

待遇表現意識に関する複数の心理検査・調査を行った上、被験者の個人的傾向・特性を確認し、それと発話時の心理、各種表現に関するとらえ方、表現選択との関連性を探るものといってよい。

3 調査の概要と被調査者の特性

3.1 調査の概要

前節に基づき、各種検査および調査を行っていくが、はじめに、本章以降で用いる調査とそのデータについて記しておく。まず、第12章と第13章で述べる内容に関する調査は、2001年と2002年、

いずれも秋田県由利郡（現在の秋田県由利本荘市）で行ったものである。具体的には、2001年12月と2002年3月に行い、さらに2002年9月に同地域での再調査を行っている。（調査とデータの詳細については各章で提示）。調査後20年程経ているが、その後の社会状況等を考慮に入れてもデータの有効性は大きくは変わらないであろうと考え、それを用いている*1。また、2009年と2011年には秋田県秋田市の高校生を対象に調査を行っている（第14章で扱う）。

調査法としては、基本的にアンケート調査を用いたが、適宜、電話で、あるいは直接に面接を行ったケースもある。由利本荘市での調査における年齢層は17歳の高校生から60歳代までの男女であり、同市内からほぼ均一になるように被調査者を抽出した。抽出方法は、同一高等学校に通う生徒およびその保護者（保証人）に加え、筆者の個人的な知人も含めたものである。こうした方法はランダムサンプリングではなく、母集団特性を推定するための標本であるとはいいがたいが、調査が様々な分野にわたっており、調査の信頼度を上げるといった面から採用したものでもある。

各調査での被調査者であるが、秋田県由利本荘市での3回の調査のうち、約3分の1は同一人物である。

調査の内容であるが、2001年の12月と2002年の3月には各種の意識調査を行った。また2002年の9月には、各種意識調査に加え、様々な敬語表現の自然度判断に関する調査を行った。2009年と2011年の秋田県秋田市での調査においては、各種意識調査と「させていただく」を用いた表現形に対する自然度調査を行った。以上が調査の概要である。

3.2 調査地とその特性

調査地は、東北の日本海側の一地域であり、いわゆる標準語話者が多数を占めるものの、言語変種としての方言も盛んに用いられている。

一般に西高東低と言われる方言敬語であるが、調査地域である秋田県由利本荘市、秋田県秋田市も、方言敬語の分類上は敬語簡素地

域に入る。しかし、加藤（1973）によると、「城下町やその付近では一応尊敬表現が発達している」（同：33）とされており、調査地域の中心地である秋田県由利本荘市、秋田県秋田市も古くは城下町である。また、当地は加藤の地図でも尊敬語と丁寧語の存在が明確に記されている地域となっている。

他方、吉岡（2000）*2では、文化庁『国語に関する世論調査』の集計と各種の方言調査の結果をもとに、「共通語に限った敬語行動や規範意識においても、地域社会のレパートリーに方言敬語が簡素であるか、豊かであるかという言語環境が大きく寄与することが明らかになった。」（同：250）としている。

これらの記述を参考にするならば、調査地域は、標準語の敬語行動や規範意識の調査地としての条件を満たしているといえる可能性が高い。加えて、調査地は近隣に大企業を有し、県外からの移住者や首都圏、国外居住経験のある人が多く、地域全体を通じて方言といわゆる標準語との、いわゆる「使い分け能力」（スタイルシフト）が発達している。したがって、敬語の調査地としては妥当であると思われる。

3.3　調査方法の実際

上述の通り、第Ⅱ部では敬語表現や敬語行動に関する各種の意識調査、表現形の「正誤」および「自然さ（あるいは不自然さ）」判断をめぐる心理検査等を行い、表現形の正誤を判断する際の要因や、そこに見られる意識構造について、数理的手法を活用しながら考察を行っていく。

具体的方法としては、様々な敬語表現に対する意識構造や認知・判断構造を明らかにするため、平均得点比較に加え、多変量解析の方法（主として因子分析）を用いた。これらの方法は、被調査者（被験者）の表層意識の操作を受けにくく、その意味で信頼性の高いものと判断したからである。

なお、敬語表現の丁寧度（敬度）に関しては、荻野（1986）*3らの一連の研究があるが、それらによると、丁寧度の測定は、基本的に一次元的に測定可能であるとの報告がなされている。したがっ

てここでは、各種表現から受ける「自然さ」も一次元上に数値化可能なものと仮定し、その上で「自然度」に対する一般的傾向や、世代的・性別傾向に対する傾向分析を行うものとする。その際、先行研究等との結果と比較しながら考察を加えていく。

4 敬語の今後の変化傾向について

　敬語の語形、機能、使用面での今後の変化傾向予測については、多くの先行研究が存在しているが、その際、根拠とされているものは国立国語研究所（1983）等のデータ*4である。ただし、それらの予測は、データに対して社会構造や人間関係の変化とを関連させた視点から論じられる場合がほとんどである。また上述したように、いわば過去の研究に基づくものであり、かつ、話者の心理面も含めた考察が十分に行われているとは言いがたい。

　ちなみに菊地（1994）では、現代敬語の変化を予測するためのファクターについて、辻村・川岸（1991）をもとに、以下のように述べている。少々長いがそのまま引用する。

　　①〈絶対敬語から相対敬語化〉へ、②〈"対話の敬語"の発達〉、③〈敬度の漸減／補強〉、および最近の④〈敬語の大衆化〉という四つのファクターが、現在から将来への敬語を方向づける、あるいは方向を占う手がかりとなるファクターになるだろうと考えられる。このうち③は〈語形〉の問題、②は〈機能〉の問題、①は〈適用〉の問題で、いずれも具体的な個々の単語について問題になることだが、④は個々の敬語の問題ではなく、敬語全般と使用者の問題であるという意味で他の三つと異質の問題である。
　　　　　　　　　　　　　　　　　　　　　（同1997：424）

　敬語の変化傾向に関わるものとして四つのファクターを設定しているが、この指摘自体は首肯できる。また、菊地（1994）ではそれに続けて上記④の〈敬語の大衆化〉が持っている規範変化の力を認めた上で、③・④の変化を「易しくなる方向」への変化とする一方で、①〈絶対敬語から相対敬語〉に関しては、適用上のルールの複雑化という視点を軸に、「難しくなる方向への変化」としている。

その上で全体的方向性としては、誤用が増えていく方向にあるとし、特に「お／ご～する」の尊敬語化について、その方向性を探っている。具体的に示すと次のaからcの点である（菊地1994＊5で述べられている内容を抜粋・要約した）

　a．尊敬語の「お／ご～なさる」と比較して、「お／ご～する」が一拍短い表現であり、表現として謙譲語より多用されているはずの尊敬語の方が長いという不合理性から、「お／ご～する」が代表的な尊敬語となっていく。
　b．尊敬語と謙譲語の区別が消失し、「お／ご～する」といえば丁寧な趣が出る、といった形に、事実上〈対話の敬語〉（ないし美化語）として機能し、近似的に三分法で捉えられたシステムが消失、〈対話の敬語〉だけが残る、あるいは、「お／ご～する」で代表される一般形としての謙譲語がなくなる。
　c．「お／ご～される」の尊敬語化との関連性から、「お／ご～される」が尊敬語、「お／ご～する」が謙譲語という役割分担ができ、敬語のシステム自体は維持される。あるいは両者とも類似の語形ということで敬度が異なる尊敬語として一般化する。

　上記のような可能性を指摘している。いずれも具体的根拠を伴った説得力のあるものである。本章以降は、こうした言語体系の変化に関する一般的方向性やその他の要因を総合的に踏まえた考察に対し、話者の実際の心理等の側面をふまえた再検討でもある。
　これまでの調査と分析には、本研究で用いたような心理検査等の様々な手法を用いたものはほとんど存在しなかったといってよい＊6。したがって話者の心理と認知・判断に基づく本調査での分析は、菊地（1994）等の考察を、別の面から補強する可能性を持っているものかもしれない。

＊1　ただし、データの種類・内容によっては有効性が限られることは勿論であり、その点は否めない。
＊2　「敬語使用と規範意識の社会差・地域差」『計量国語学』22-6 による。ここでは方言敬語の発達が、いわゆる標準語敬語に対する規範意識と深く関連していることを論じている。
＊3　「待遇表現の社会言語学的研究」『日本語学』5-12 による。各種調査のデータから、待遇表現の丁寧度は基本的に一次元上のスケールに序列可能であることを確認している。
＊4　国立国語研究所（1957）『敬語と敬語意識』（国立国語研究所報告 11　秀英出版）、国立国語研究所（1983）『敬語と敬語意識―岡崎における 20 年前との比較―』（国立国語研究所報告 77 三省堂）などがその代表であろう。また、最新のものとして、国立国語研究所（2016）『敬語表現の成人後採用―岡崎における半世紀の変化』がある。
＊5　第 I 部と同様、講談社学術文庫版（1997 年）、pp. 442–444 で述べられている内容を抜粋・要約した。
＊6　後に「させていただく」に関する椎名（2021）の精緻な論考等が出ている。

第12章
謙譲語における話し手の判断の多様性

1　はじめに

　繰り返しになるが、現代語の謙譲語の一般形「お／ご～する」は、菊地（1994）では「謙譲語A」として位置づけられ、

　　話手が補語を高め、主語を低める（補語よりも低く位置づける）表現である。　　　　　　　　　　（同 1997: 256)

とされている*1。また、「お／ご～する」は、「お／ご」と「する」の組み合わせという、取り立てて特徴のない形式であることから、成立当初より、いわゆる謙譲語として働く場合も含め、以下の三種類に用いられていたことが指摘されている*2。
(1) 謙譲語としての用法（「謙譲語A」としての用法）
　　　「お話しする」「お訊ねする」等。
(2) 「尊敬語＋する」としての用法
　　　「ご利用する」「ご出発する」等。
(3) 「美化語＋する」としての用法
　　　「お休みする」「お料理する」等。
　小松（1967）によれば、「お／ご～する」の成立は明治30年代で、待遇価値の上位を担う「お／ご～申す」に対して、下位を担うものとして、他の「お／ご～いたす」等とともに、次第に使用を拡大していったもの、とされている。また、成立当初から、上記(1)～(3)のような、謙譲、尊敬、美化の用法もあり、そうした実使用のありさまと規範的立場とのせめぎ合いの中で、次第に謙譲語形としての安定性を獲得していったものともされている。
　現在「お／ご～する」（以下、「お～する」などと表記）は、謙譲

語Aの代表的なタイプとなっているが、上記のような成立事情等を考えると、当初から謙譲語としての脆弱性を抱えていたということは否定できない。

また、敬語のいわゆる「対者敬語化」に伴い、「話題の敬語」が対者敬語化していくなかでも、主語と補語、そして話し手の三者の関係をとらえた謙譲語Aタイプは、関係認知の困難さもあって、今後変化していく可能性が高いともいえる。

そこで本章では、「お〜する」形に関する認知要因について、尊敬語転用とも関連づけた上で考察を行うものとする。加えて、近年、尊敬語という意識で多用されるといわれる、「お〜する」と類似した（規範的に誤りとされるが、多くの人が自然に使用する）語形「お〜される」の認知要因についても考察し、今後の方向性について探るものとしたい。

2　先行研究

前述したように、「お〜する」の成立事情については小松（1967）に詳細な記述があり、そこでは当初から、尊敬語や美化語に使用されていたことが述べられている。また、菊地（1994）では、「お〜する」の尊敬語化の要因として、まず、「お〜する」と「お〜になる」とを比較し、謙譲語より多く使われる尊敬語の方が一拍長くなっている事実を挙げる。そして、〈語形〉的に短く、しかも簡単に作れる「お〜する」の方が、よく使われる尊敬語としての〈機能〉を果たすようになっていくという点について述べ、それを助長するファクターとして〈敬語の大衆化〉を指摘している。また、前章でも挙げたが、「お〜する」の将来像として、私見としつつ以下の4つのケースを挙げている（同1997: 443–444）。

①尊敬語と謙譲語の区別がなくなり、とにかく「お／ご〜する」といえば丁寧な趣が出る、つまり「お／ご〜する」が尊敬語と謙譲語を兼ねて、結果として事実上は〈対話の敬語〉（ないし美化語）として機能するようになっていき、これまで近似的に

三分法で捉えられたシステムは全く消失、事実上の〈対話の敬語〉だけが残るという可能性。
② 「お〜する」は代表的な尊敬語として使われるようになり、一般形としての謙譲語がなくなる、つまり〈話題の敬語〉としての尊敬語と〈対話の敬語〉である丁寧語（および美化語）だけが残るが、尊敬語も〈対話の敬語〉性を強めていくという可能性。
③ 〈「お〜される」が尊敬語、「お〜する」が謙譲語〉という役割分担ができ、「お〜する」の尊敬語化にブレーキがかかり、尊敬語と謙譲語の区別は保ち、敬語のシステムも今まで通り維持できる可能性。
④ 「お〜される」も「お〜する」と同系統の語形ということで、〈敬度が違うだけで、両者ともに尊敬語として一般化する〉という方向に向かう。つまり「お〜される」の一般化が「お〜する」の尊敬語化やそれに伴う前述のようなシステムの消失にますます拍車をかける可能性。

上記①および②はもっぱら「お〜する」について述べたものであるが、③と④では、類似語形「お〜される」との比較の観点からも述べている。

本章では「お〜する」とその周辺的表現に関わる話者の適切性判断要因を探ることが目的であるが、「お〜する」とあわせて「お〜される」の認知要因を探ることにより、今後の変化傾向をさぐる上でも有益な示唆が得られるはずである。本章での見解が直接に将来の方向性予測に結びつくものではないが、両表現に関する話者の認知要因を探ることは、今後の変化傾向予測と深く関わってくるものであるとはいえよう。

3　調査

3.1　調査方法等
以下の形でアンケート調査を実施した。

> 調査方法：質問紙による調査。有意サンプルにより実施。（「調査」に関わる被調査者の「負担度」等を考慮し、より適切であると判断したため。）
> 調査対象：秋田県由利本荘市の高校生と20～50代の成人。内訳は高校生50名（男23名、女27名）、20～50代の成人44名（男14名、女30名）の計94名。
> 調査期日：2002年10月下旬。

　ランダムサンプリングではなく、母集団特性を推定するための標本であるとはいいがたいが、調査項目が多岐にわたっており、調査の信頼度を上げるといった面から採用したものである。調査結果に関しては、他の全国調査や先行研究と比較し、あわせて信頼性係数等を算出、調査の信頼性と妥当性、データの一般性と被調査者の回答姿勢等の適切性を確認している（詳細は次に述べる）。

3.2　調査対象者の特性

　本調査ではあらかじめ、全国調査との結果比較を行い、調査対象者の特性を確認した上で、分析・考察を行っている。
　以下に示すのは、文化庁文化部国語課『国語に関する世論調査』（1997～2002）と本調査での同一の調査文による調査結果を比較したものである。比較に用いた表現形は次の通りであり、それぞれの表現について「正しい言い方」「正しくはないが自然な変化」「どちらでもかまわない」「誤用あるいは言葉の乱れ」の形で回答を求めた。ただし、項目f・gについては、本調査で独自に入れたものであり、比較からは除外する。

文化庁調査と本調査との比較に用いた表現形

> a. 「来ることができる」という意味で、「来れる」を使うこと。
> b. 「おっしゃる」や「言われる」という意味で、「申される」と言うこと。
> c. 「花に水をやる」ということを「花に水をあげる」と言うこと。
> d. 「いらっしゃる」という意味で「おられる」と言うこと。
> e. 放送等で「電車がまいります」と言うこと。
> f. 「お求めやすい」と言うこと。
> g. 相手にたずねる場合、「あなたがお持ちしますか」と言うこと。

次に各表現形で「誤用あるいは言葉の乱れ」以外を回答した比率に関して、文化庁調査の結果と本調査の結果を比較して示す。いわば表現の受容度比較である。

図表1　各表現形の受容度（数値は％）

調査／表現形	a	b	c	d	e	f	g
文化庁調査	69.9	73.8	83.1	64.4	72.0	なし	なし
本　調　査	75.0	62.0	88.2	67.7	71.7	(80.5)	(25.0)

bにおいて差が大きいと思われるが、これは、本調査での世代別人数比に起因するものである。高校生世代で「誤用あるいは乱れ」とする傾向が強く、高校生と社会人の平均値において t 検定[*3]を行った結果、5％水準で有意差があることがわかっている。ただし、世代別の人数を補正することにより、文化庁調査とほぼ同じになることも確認している。また、aはいわゆる「ら抜き言葉」であるが、東北地方（の一部）では方言形との相互影響もあり、関東、近畿等と比較して使用に抵抗感が少ないといわれている。文化庁調査『国語に関する世論調査』（2001）でも同様な結果が出ており、主としてこれは地域的な特性であるといえる。そうした点から考慮すると、

これらは、いずれも今回の調査結果の分析・解釈に対する直接的、あるいは大きな要因にはなっておらず、特に問題はないものと思われる。
　次に、被調査者の敬語判断の一般的傾向を確認する。上記例文について、順位相関係数行列（listwise）を図表2に示す。
　相関係数は、被調査者の敬語判断に関する一貫性を確認するために提示したものである。相関係数は、2変数の間に因果関係が存在しない場合でも観測されることがあり、相関をそのまま2変数の因果とみることはできない。非因果的な共変部分が含まれている可能性もある。ただし、これらの組合せは特殊なペアではなく、敬語表現という同一カテゴリー内での比較であり、その意味で相関係数に因果性を認めてよいといえるだろう。

図表2　各表現形の順位相関係数行列

	a （来れる）	b	c	d	e	f
b．申される	.208*					
c．花に水をあげる	.175	.075				
d．おられる	.189	.431**	.082			
e．電車がまいります	.110	.272**	.346**	.144		
f．お求めやすい	.252*	-.053	.394*	.147	.198	
g．あなたがお持ちしますか	.212*	.426**	.218	.073	.009	.081

spearmanの相関係数　**：$p<0.01$　*：$p<0.05$　N＝92

　表を見ると、b「申される」と、d「おられる」およびg「あなたがお持ちしますか」の相関が高く、いずれも1％水準で有意である。このことは、いずれも「申す」「おる」「お〜する」といった謙譲語形を含んだ表現に対し、カテゴリー認知に基づく正確な判断力が働いていることを示している。また、c「花に水をあげる」とf「お求めやすい」およびe「電車がまいります」との相関の高さがそれに続いているが、これは、一般的に受容度の高いとされる表現に対して、被調査者が統一した見解を持っていることを示している。ちなみに、これらは美化語あるいは丁重語的に使用されているもの

でもある。

　したがって、この数値からも本調査での被調査者が、敬語に対する一般的な判断傾向を有し、なおかつ調査全体に関して、一貫性を持った回答姿勢で臨んでいることが十分に想定できる。

　関連して、本回答での信頼性係数*4を算出したところ、0.563であった。本調査での被調査者の特性が全国データに近いものであり、回答姿勢においても協力的であったことが確認されている。

4　「お／ご〜する」「お／ご〜される」形に関する認知判断と尊敬語転用

4.1　「お／ご〜する」の認知判断と尊敬語転用

　はじめに、「お〜する」に関する認知判断と尊敬語転用に関して考察する。

　調査に際しては、「お〜する」を謙譲語Aとみた場合の「正用」と「誤用」と合わせた様々な文タイプ、および「お〜する」の中に入る動詞のタイプを変えて（上記、「国語に関する世論調査」等も参考にしつつ）調査文を設定した。調査文中の下線部分は、「お〜する」以外の敬語要素も含んでいるが、それについては本章の展開上で明らかにしていく。

「お〜する」の認知判断に関する調査文

> ①（住民が市役所に）「早急にご対処していただきたいと思います。」
> ②（住民が市役所で）「税務課にご案内していただけませんか？」
> ③（住民が市役所に）「○○の件に関してお教えしてくださいませんか？」
> ④（住民が市役所に）「○○実施の件、お約束してください。」
> ⑤（市役所が住民に）「市民の皆様にもこれでご安心いただけると思います。」

⑥（市役所が住民に）「市民の皆様も是非<u>ご出席くださいますよう</u>、お願い致します。」
⑦（市役所が住民に）「市民の皆様にも是非<u>ご利用していただきたい</u>と思います。」
⑧（市役所が住民に）「市民の皆様にもきっと<u>ご満足していただける</u>と思います。」
⑨（市役所職員が住民に）「そちらで<u>お待ちしていただけませんか</u>。」

　上記の①〜⑨の下線部の表現に関して、「自然な言い方」「不自然な言い方」「どちらとも言えない」で回答を求めた。集計に関しては、「自然な言い方」を2点、「どちらとも言えない」を1点、「不自然な言い方」を0点として集計した。はじめに全体の得点状況について示す。

図表3　「お〜する」に関する自然度平均

調査に用いた表現形（略記）	平均値	標準偏差
①ご対処していただきたい	0.37	0.75
②ご案内していただけませんか	0.43	0.82
③お教えしてください	0.47	0.83
④お約束してください	0.78	0.95
⑤ご安心いただける	1.79	0.58
⑥ご出席くださいますよう	1.78	0.59
⑦ご利用していただきたい	1.72	0.67
⑧ご満足していただける	1.64	0.74
⑨お待ちしていただけませんか	1.21	0.93

（N＝92）

　まず平均値を見ると、一見して⑤・⑥・⑦・⑧・⑨が高いことがわかる。このうち⑤と⑥は「お〜する」の形式をとっておらず、いわゆる「正用」であり、その他は規範的立場からは「誤用」とされるものである。これを見ると、「正用」とされる表現形が「自然度」が高いのは当然としても、拮抗して⑦・⑧・⑨も高い値を示してい

る。⑦・⑧・⑨の特徴を挙げてみる。

図表 4 「自然度」の高い「誤用」表現の比較

調査に用いた表現形（略記）	自然度	謙譲語○×	文末の表現形
⑦ご利用していただきたい	1.72	×「ご利用する」	と思います。
⑧ご満足していただける	1.64	×「ご満足する」	と思います。
⑨お待ちしていただけませんか	1.21	○「お待ちする」	ませんか。

※「謙譲語○×」欄は、その形式の謙譲語の成立の可否。「文末の表現形」欄は、下線部分の文末の表現形を抜き出したものである。

　図表3及び図表4から、「お～する」の中に入る動詞のタイプが自然度に大きく作用していることがわかる。というのは、①～④は「お～する」の形で謙譲語の用法を持つものであり、それらが自然度が極端に低いことを考えると、「お～する」が謙譲語の用法を持たないものが尊敬語の「正用」として認知されやすい傾向にあることが予測できる。すなわち、「お～する」が謙譲語の用法を持たないものは、謙譲語との干渉が起こらず、尊敬語として認知されやすいという予測である。
　だが、それでは、⑨が「お～する」で謙譲語としての用法を持ち（「お待ちする」）ながら、①～④と異なり自然度が高い理由は説明不可能である。蒲谷（1992）では、「「お・ご～する」に関わる誤用の問題」として、以下のように述べている。

　　それが誤用かどうかの判断基準は、用いられる動詞や名詞が「お・ご～する」形式をとる際に客体上位語としての用法があるかどうか、ということになると思われる。あれば誤用、なければ誤用とは言いがたい（無論、正しい用法というのではない）ということである。
　　　　　　　　　　　　　　　　　　　　　　　　（同：155）

　それに続けて、「『ご指導してくださる』は誤用、『ご利用してください』は誤用とは言えない」（同：155）とし、「お／ご」に後接する語の違いにより「お教えしてください」のような形は実際には

出にくいとしている。

　こうした見解に従うならば、確かに③「お教えしてくださいませんか」は平均値が0.47であり、自然度は低い。だが、同タイプの⑨「お待ちしていただけますか」は自然度1.21である。このような大差が生ずる理由としては、以下の点が想定可能である。

[「お～する」に後接する表現形の違いによる影響]
1. 「くださる」と「いただく」がそれぞれ「くれる」と「もらう」の敬語形であり、それらに関する敬度の判断の違いが両者の自然度の差を生んだ。

[場面設定の違いに伴う人間関係に対する判断の影響]
2. ③では、「住民が市役所に」、⑨では「市役所職員が住民に」という場面設定上の違いがあり、場面に対する被調査者の認識・判断が自然度の差を生んだ。

[調査文の配列上の影響]
3. ⑨の前に自然度が高い表現が続いており、⑨の判断時にそれらからの影響（いわゆるキャリーオーバー効果*5）により、自然度が高くなった。

　上記1～3の要因の影響により、③と⑨の自然度の差が出たことが想定できる。だが、これはあくまで根拠の乏しい推測、憶測に過ぎず、納得できる解釈になるとはいいがたい。
　そこで次に各表現について、自然度判断の背後にある潜在因子の探索、意識構造の解明の手段の一つとして、因子分析*6を行った結果を提示する。因子分析を用いることにより、上記3のような影響（キャリーオーバー効果）から自由な解釈が可能になるはずである。以下に結果を示す。

図表5 「お／ご～する」に関する因子分析結果

調査に用いた表現形（略記）	因　子		
	第1因子	第2因子	第3因子
①ご対処していただきたい	0.006	0.182	0.488
②ご案内していただけませんか	0.028	0.025	0.545
③お教えしてください	0.055	0.313	0.188
④お約束してください	0.134	0.346	0.070
⑤ご安心いただける	0.585	0.110	-0.057
⑥ご出席くださいますよう	0.588	0.171	0.125
⑦ご利用していただきたい	0.693	0.153	0.214
⑧ご満足していただける	0.592	0.290	-0.200
⑨お待ちしていただけませんか	0.315	0.803	0.089
因子負荷量2乗和	1.640	1.045	0.689
寄　与　率（％）	18.222	11.607	7.653

※因子抽出法は主因子法を用い、バリマックス回転を行った。（KMO = 0.705）
　KMO は Kaiser-Meyer-Olkin の標本妥当性の測度であり、0.5以上で妥当性が確保される。
　数値はそれぞれ小数第4位を四捨五入している。

　因子分析の結果、3因子が抽出された。次にそれぞれの因子について検討・解読する。まず、第1因子であるが、一見して、⑦と⑧の因子負荷量が大きく、（それぞれ0.693と0.592）、拮抗して⑥と⑤の「正用」表現（それぞれ0.588と0.585）が続いている。その次にくるのが⑨であるが、他と比べて明らかに負荷量が小さい（0.315）ことから、別にして扱うことが可能である。よって⑤・⑥・⑦・⑧の表現形に含まれた要素を比較してみることにする。（⑤・⑥・⑦・⑧は、「お～する」の部分が謙譲語の用法を持たないものである。）

図表6　第1因子に関わる表現形の比較

調査に用いた表現形（略記）	用法	謙譲語○×	文末の表現形
⑤ご安心いただける	正用	×「ご安心する」	と思います。
⑥ご出席くださいますよう	正用	×「ご出席する」	お願い致します。
⑦ご利用していただきたい	誤用	×「ご利用する」	と思います。
⑧ご満足していただける	誤用	×「ご満足する」	と思います。

※「用法」欄は、「正用」か「誤用」か、の判断である。また、「謙譲語○×」欄はその形式が謙譲語として成立するか否か、であり、「文末の表現形」は調査文の下線部分の文末の表現形である。

　図表6を見るとわかるが、これだけでは⑦と⑧の因子負荷量の大きさの説明は困難である。そこで、表現形の動詞部分に着目するものとする。すると、⑦と⑧は、動詞部分がそれぞれ「利用する」「満足する」であり、他の⑤と⑥と比較して、語彙的意味として、聞き手にとって利益性の高い内容となっている。例えば⑤の「安心する」は、本来そうあるべき状態（安心できる状態）に戻ったことを含意しており、その点で⑦と⑧に比較して、聞き手の利益性は低いといえる。Leech（1987）では、「丁寧さの原則」として「他者に対する負担を最小限にし、他者に対する利益を最大限にせよ」としているが、聞き手にとって利益が大きいとみなされることは、必然的に高い待遇性をも有することになるといえる。

　このような点から言えば、「お～する」形を持つ表現の自然度比較では、「お～する」に関わる判断が主要因となりながらも、必ずしもそれだけではないことが指摘できる。動詞の語彙的意味が有する「聞き手に対する利益の供与」という、いわば「物理的恩恵性」の大きさと「くださる」「いただく」の違い、当該表現中の「お～する」が謙譲語としての用法を有するか否か、それと、文末表現によって総合的に判断されている可能性が高い。

　つまり、「お～する」に関わる判断を主要因としながらも、その他の要因も副次的に影響しているといえるのである。文末表現の「と思う」も、直接的に待遇価に関わる表現であると想定されるが、この点についてはさらなる検討が必要であり、解釈の可能性といった形にとどめておきたい。

さて、以上の点から、第1因子についてまとめることにする。これまで因子解読に関わる可能性があるとして読み取ってきた要素について整理すると、以下の3点が挙げられる。

> ⅰ）「お〜する」形が謙譲語としての用法を持つものと持たないものの違い。
> ⅱ）表現形中の動詞の語彙的意味の持つ聞き手にとっての利益性の高さの違い。
> ⅲ）敬語要素「いただく」「くださる」から聞き手が感ずる待遇価の違い。

　このうち、まず、⑤・⑥・⑦・⑧の、①・②・③・④に対する因子負荷量の大きさから、ⅰが、次には⑦と⑧の因子負荷量の大きさから、ⅱが作用し、その周辺的なものとして、若干ながらⅲが関わっていると判断できるだろう。

　因子分析は、話者が自然度を判断する際にどういう要因が作用しているかを遡及的に想定するものであり、因子に対する総合的判断において恣意性が介入する危険性があることは否めない。そうした点も考慮し、ここでは解読・判断の単純化は避けておきたい。以上が第1因子である。

　次に第2因子に着目する。第2因子では⑨が因子負荷量（0.803）で突出している。⑨だけが突出する理由を挙げるならば、これが前述した調査票上の項目配列上の問題（キャリーオーバー効果）であるといえる。よって特に第2因子はこの場合特に重要視する必要はないと思われる。

　最後に第3因子である。第3因子では、①と②が高い。両者はともに要求・依頼文である。⑦と③がそれに続いているが、表現全体が有する聞き手に対する依頼の程度は①と②より小さいといえる。よって、第3因子は、聞き手に対する要求・依頼度の違いであるといえる。要求・依頼も聞き手に対する負担度から、待遇価に関わってくる問題である。第3因子から読みとれることを整理すると、

> ⅳ）表現形の文タイプの違い。要求・依頼性が強いか否かの違い。

ということになる。

　このように、「お〜する」の自然度判断においては、その形が謙譲語の用法を持つかどうかを中心にして、表現形全体の待遇価の高さに対する判断が副次的に、かつ強さの違いを持って行われているといえよう。

　なお、調査の際、別の形で調査文として入れた「先生にご指導していただいたおかげで論文が書けました」も含めて、同方法で因子分析を行った結果、第1因子中の、⑦と⑧の次の群にランクされた。表現は「ご指導する」が使用機会が限られながらも（例えば趣味などに関して目上を指導する場合）謙譲語としての用法があることなども考えると、やはり、表現形全体の待遇価が判断に大きく影響していることが想定できる。

　以上が、「お〜する」を含む表現形の自然度判断の要因と意識の分析結果である。

4.2　「お／ご〜される」の認知判断と尊敬語転用

　次に、「お〜される」に関し、その認知判断と尊敬語転用について考察する。

　これに関しても、文タイプ、および、「お〜される」の中に入る動詞のタイプを様々に変えて調査文を設定した。調査文は次の通りである。

「お〜される」の認知判断に関する調査文

① （学生が教員に）「先生は明日ご出発されるのですか。」
② （学生が教員に）「先生はバスをご利用されていますか。」
③ （学生が教員に）「先生は何時の電車にご乗車されますか。」
④ （学生が教員に）「先生はもうあの方へご連絡されたのですか。」
⑤ （学生が教員に）「先生はあの方とはお約束されたのですか。」
⑥ （学生が教員に）「先生はもうあの方にはお話されたのですか。」
⑦ （学生が教員に）「先生はもう○○市にお移りされたのですか。」

　上記の①〜⑦の下線部の表現に関して、「お〜する」同様に「自然な言い方」「不自然な言い方」「どちらとも言えない」の選択肢で回答を求めた。集計に関しても、「お〜する」同様、「自然な言い方」を2点、「どちらとも言えない」を1点、「不自然な言い方」を0点として集計した。なお、下線部分は、「お〜される」以外の要素も含んでいるが、いずれも質問形であり、「です・ます」を含んでいる点で共通している。

　全体の得点状況について示す。

図表7 「お〜される」に関する自然度平均

調査に用いた表現形（略記）	平均値	標準偏差
①ご出発されるのですか	1.13	0.94
②ご利用されていますか	0.89	0.97
③ご乗車されますか	0.95	0.95
④ご連絡されたのですか	1.26	0.93
⑤お約束されたのですか	1.32	0.92
⑥お話されたのですか	1.28	0.94
⑦お移りされたのですか	0.37	0.73

（N＝94）

「お～する」の場合と比較して、総じて標準偏差の値が大きく、判断に個人差が見られる。菊地（1994）では、「お～される」について、様々な類似形からの心理的影響を挙げた上で、「およそ敬語を使い慣れた人なら、まず使わない形である（あった）ということは、いえそうに思う。」（同1997: 413）としている。文化庁『国語に関する世論調査』（1997）では、「お～される」を用いた形について、「正しく使われている」を回答した全体平均は72.6％（東北地域は77.4％）であり、中でも高校生の男子と40代以上の男女が全般的に高くなっている。図表7に戻ると、⑦の「お移りされた」が他の表現より自然度が極端に低くなっており、標準偏差も小さい。予想されることとしては、⑦だけが、「お～される」の「お／ご～」と「される」を切り離した際、「お／ご～」の独立性が低く（「お移り」）、単独で名詞として用いられない表現であることが挙げられる。
　次に「お～する」と同様、因子分析の結果を提示する。

図表8　「お～される」に関する因子分析結果

調査に用いた表現形（略記）	因　子		
	第1因子	第2因子	第3因子
①ご出発されるのですか	0.526	0.343	0.005
②ご利用されていますか	0.924	0.065	-0.087
③ご乗車されますか	0.654	0.184	0.237
④ご連絡されたのですか	0.174	0.690	-0.115
⑤お約束されたのですか	0.324	0.743	0.084
⑥お話されたのですか	0.022	0.535	0.251
⑦お移りされたのですか	0.038	0.040	0.528
因子負荷量二乗和	1.695	1.473	0.426
寄　与　率（％）	24.215	21.036	6.084

※因子抽出法は、主因子法を用い、バリマックス回転を行った。（KMO＝0.690）
　数値はそれぞれ小数第4位を四捨五入している。

　以上のように、3因子が確認された。それぞれの因子について検討するものとする。第1因子では、②の因子負荷量が突出し、その

次に③と①が続いている。①・②・③は、ともに「お／ご〜」に「する」を付加した「お〜する」の形が謙譲語としての用法を持たないものである。ただし、⑦も「お移りする」とした場合、謙譲語の用法は持たないが、因子負荷量は小さい。

　①と②および③を比較すると、②は①と③に比較して、質問内容として聞き手の判断領域に対する侵入度が低いということが挙げられる。というのは、①「出発する」と③「乗車する」は、それが義務的に決定している行為でない限り、行為の決定・遂行権は聞き手に属しており、いわば聞き手領域性の強い表現*7であるといえる。他方、②の「利用する」は、聞き手の個人的行為でありながら、「バスを利用する」行為全体として見た場合、バス利用に関する一般性の高い質問ととれるものであり、①と③に比較して聞き手領域に対する侵入度は低いといえる。とは言え、この解釈は②の突出性に関し、あくまで「可能性を持つ解釈」であり、根拠に乏しいことは事実である。

　それでは②の突出要因は何か。もう一度自然度の平均値を確認する。すると、④・⑤・⑥が高く、②はむしろ低い。また、⑦「お移りされた」の低さに関して、「お移り」の独立性が低いことは前に述べた。それらを考慮すると、「お〜される」の認知判断については、「お／ご〜」と「される」とを一旦分割し、その後に加算しているという予測が可能である。

　そのようにみた際、両者の間に入る語が問題となるが、この場合の「される」は「する」の尊敬語と解釈できるから、被調査者が「される」の前に挿入する可能性の最も高いものは「ヲ格」の格助詞ということになるはずである。つまり、被調査者の認知・判断に関して②と③を例にとり、前後を分割、ヲ格挿入すると、それぞれ

(4)　②'　*先生はバスをご利用をされていますか。
　　　③'　先生は何時の電車にご乗車をされますか。

となる。ヲ格挿入により、②は、「バスを」のヲ格と「ご利用を」のヲ格という、いわゆる二重ヲ格制約に反することになり、非文になってしまう。このタイプは①〜⑦の質問文の中で②のみであり、このことが、②が最も因子負荷量が大きくなっている理由であると

考えられる。

　つまり、第 1 因子では、「お〜される」を一旦分割し、加算的に判断する際に二重ヲ格制約に反するかどうか、が主要因となっていると言えるだろう。そして、その次に①・②・③に共通した因子負荷量の大きさから、「お／ご〜」が「する」が結びついた際の謙譲語の用法を持つか否か、という点が挙げられる。そのように解釈すると、①および③に比較して②の因子負荷量が突出している要因と、①と③が拮抗してそれに続いている理由を整合的に説明できる。

　菊地（1994）では、「ご説明される」を例に挙げ、「ご説明をされる」などの類推から「ご説明される」を作る心理が働くのだろう、との説明をしているが、この結果は、そうした類推を裏付けるものであり、認知判断の際に、それが最も大きな要因として作用していることが確認できるのである。被調査者は、「お〜される」について自然度を判断する際、意識的にせよ、無意識的にせよ、一旦前後を分割してヲ格挿入を行っており、その際に表現として自然なものかどうか、という判断を働かせていると思われる。

　次に第 2 因子を見る。因子負荷量が大きいのは、④・⑤・⑥である。いずれも他の選択肢とは異なり、「お／ご〜」の部分に「する」を後接させると、謙譲語としての用法が成立するものである。

　ちなみに、「お〜される」の尊敬語用法を「誤用」とする理由としては、次の二つの立場がある。

---

a ．「お／ご〜される」は過剰な二重敬語であり、不適当とする立場
　　　　　　　　　　　　　　窪田・池尾（1971）など
b ．謙譲語形「お／ご〜する」に「れる」を付けた形にあたるので誤りという立場
　　　　　　　　　　　文化庁編『ことばシリーズ 5』（1976）など

　上記 a は、二つの敬語要素を認めるという点で、「お〜される」を要素の加算的なものと捉える姿勢が根底にあり、他方 b は、「お〜する」がひとまとまりの表現であることを前提にしている。このうち、第 1 因子の分析結果は、a の立場を裏付けるものであり、ま

た、bの立場に関わる要因は第2因子であると見ることができる。したがってa．bの立場はそれぞれ第1因子と第2因子に関連していることが確認できる。

　最後に第3因子であるが、因子負荷量が大きいのは⑦である。⑦は、「お／ご～される」を分割して考えた際、「お／ご～」の部分の独立性が低いものであった。したがって⑦は、第1因子に関わる判断を行った際にふれた「お／ご～」部分の独立性の問題であることが確認できる。

　以上、3因子について被調査者の意識と関連づけて分析した。結果として以下のことが確認できた。

> ⅰ）「お～される」を分割・加算的に判断し、ヲ格挿入を行った際、同格衝突を起こす（二重ヲ格制約に反する）か否かの違い。
> ⅱ）「お／ご～」が「する」と結びついた際、謙譲語としての用法を持つかどうかの違い。
> ⅲ）分割した際、「お／ご～」が独立した表現形となりうるかどうかの違い。

　以上のように、「お～される」を含む表現の自然度判断は、「お／ご～」と「される」とを分割する形で、敬語要素を加算的に捉えつつ、それに加えて、「お～する」との干渉が働き、なおかつ「お／ご～」の部分の独立性が低いと不自然さが残るといった形で行われることがわかる。

　なお、こうした判断に関する性別・年齢別の属性差、あるいは各種意識との関連性であるが、年齢層によって差があると思われる項目もあったが、各種検定の結果では、有意であると言う程ではなかった。

　以上が、「お～される」を含む表現形の自然度判断の要因と意識の分析結果である。

4.3 認知判断に関するその他の要因

　ここまで、「お〜する」および「お〜される」の被調査者の認知判断の基準とそこに見られる意識構造について、特にそれらが尊敬語として受容されていく要因を中心に考察してきた。ここでは、それらに加えて認知判断に関する他の要因についてふれておく。
　繰り返しになるが、菊地（1994）では、「お〜する」について、

　「…を（に・から・と・のために）」などにあたる〈補語〉を高め、相対的に主語を低める〈謙譲語A〉である。ただし、語によっては、「お仕事する・お料理する」などのように、謙譲語Aとしてではなく、単にいわば《上品》に述べるだけの美化語として使われるものもある。（同1997: 282–283）

と述べている。「お〜する」が成立当初から尊敬と美化の用法が存在していたことは前述した通りだが、「お〜する」には現在も美化語として安定的に使用されているものも多く、「お〜する」の認知、判断にはそれらの存在が与える影響も考えられる。
　また、尊敬語は基本的に話し手と聞き手、主語の関係に属することであるが、謙譲語は話し手と聞き手、主語、それに補語の四者が関わるものであり、関わる方面についての認知・判断の負担は尊敬語に比して大きいことは確かである。そうした要因も「お〜する」の認知判断に関わっているはずである。
　こうした「お〜する」形式と謙譲語に固有の問題もあることも想定されるが、それについては別の機会に論じたい。

5　まとめ

これまで述べてきたことを整理すると以下になる。

(Ⅰ)「お〜する」の自然度に関する認知判断

> ⅰ)「お〜する」形が謙譲語としての用法を持つものと持たないものの違い。
> ⅱ) 表現形中の動詞の語彙的意味の持つ聞き手にとっての利益性の高さの違い。
> ⅲ) 敬語要素「いただく」「くださる」から聞き手が感ずる待遇価の違い。
> ⅳ) 表現形の文タイプの違い。要求・依頼性が強いか否かの違い。

(Ⅱ)「お〜される」の自然度に関する認知判断

> ⅰ)「お〜される」を分割・加算的に判断し、ヲ格挿入を行った際、同格衝突を起こす（二重ヲ格制約に反する）か否かの違い。
> ⅱ)「お／ご〜」が「する」と結びついた際、謙譲語としての用法を持つかどうかの違い。
> ⅲ) 分割した際、「お／ご〜」が独立した表現形となりうるかどうかの違い。

　上記のそれぞれを通時的な変化要因ともみなすことが可能ならば、それぞれについて以下のようにいえる。
　「お〜する」（Ⅰ）の尊敬語用法に歯止めをかける要因としてはⅰ）が挙げられるが、その他は、尊敬語用法を容認する方向に働くものといえる。
　同様に、「お〜される」の尊敬語用法に歯止めをかけるものとしては、ⅰ）とⅱ）が挙げられる。ただし、例えばⅰ）について言えば、要因自体としては大きいものの、実際の発話等において要因が作用する機会が少なければ、それは歯止め要因としては小さなものとなる。作用しなければ、むしろそれは二つの敬語要素を持つという意味で、尊敬語化の加速化要因ともなりうるのであり、そのことは表現形④・⑤・⑥の自然度平均の高さに表れているとみることが

できるのである。その他の要因についても同様の面を持っていることは確認しておきたい。

　敬語は菊地（1994）にもあるように、〈語形〉〈機能〉〈適用〉の三つの観点でとらえることが必要であり、話者も実際の使用にあたっては、意識せずともこうした観点で総合的に判断しつつ使用しているものと思われる。それゆえ、話者の心理と認知・判断に基づく本調査での分析は、今後の謙譲語の変化傾向に有益な示唆を与える可能性を持っているのかもしれない。

　ただし、今回の調査と分析は、被調査者を標本とみなした場合における調査時点での意識・判断傾向であり、それをそのまま通時的な変化に適用することはできない。だが、現時点での話者の心理をふまえた認知・判断傾向が変化しないで今後も続いていくと仮定できるならば、予測すること自体は許されてよいだろう。

　ここで、これまでの結果をもう一度確認しつつ、今後の変化の方向性について探るものとする。

　まず、「お～する」に関してであるが、上記（Ⅰ）から尊敬語としての使用を加速化する要因としてはⅱ）・ⅲ）・ⅳ）が考えられる（ⅲとⅳは、「他の敬語要素」という形でまとめることが可能）。これらは、「お～する」が含まれた表現について、「お～する」以外の要素に着目するものである。これらの要因が強まると、「お～する」は謙譲語から尊敬語へ、というよりも、対者敬語化の流れに添う形で、菊地（1994）のいう〈対話の敬語〉化し、「お～する」と言えば丁寧な趣が出る、といった認識に変わってしまう可能性を持っている。他方で、「お～する」を謙譲語として保持させる要因としてはⅰ）がある。ⅰ）は、「お～する」の形は基本的に謙譲語である、という認識の保持であり、「お～する」の尊敬語化に歯止めをかける要因となっている。ⅰ）は他の要因と比較して、自然度の認知・判断に最も影響する因子である。

　だが、例えば、『日本語基本動詞用法辞典』を例にとると、謙譲語の「お～する」となりうるのは、記載の全動詞の約2割弱である。尊敬語となりうる動詞の方が謙譲語となりうる動詞より比率が高いと思われることとあわせ考えると、「お～する」が取り得る動詞の

比率の低さは、ⅰ）の意識が働く機会の少なさと重なってくる。そうした面も考慮すると、「お〜する」は、頻用される一部の表現のみが、慣用的に謙譲語として残っていく可能性が高いともいえるだろう。

　次に「お〜される」に関する（Ⅱ）であるが、自然度の認知・判断の際、ⅰ）およびⅲ）から、「お／ご〜」と「される」の部分に分割し、加算的に判断している傾向が確認されている。二重ヲ格制約は歯止めにはなるが、分割によって、後半部分「される」が、いわゆる「レル敬語」化する可能性が高く、今後の尊敬語使用を加速化する要因になるものといえよう。尊敬語化に歯止めをかける要因としては、「お〜される」の「お／ご〜」に「する」を付加した場合に謙譲語となるかどうか、という認知・判断であるⅱ）が挙げられる。ただこれは「お〜する」の謙譲語としての機能の保持を前提として働くものでもある。したがって、単独で作用するものとは言い難く、「お〜する」の今後の変化と密接に関連しているのである。

　以上、「お〜する」と「お〜される」の今後の変化に関する要因について、尊敬語としての使用を加速化する要因と、そうした傾向に歯止めをかける要因について整理した。

　最後に認知・判断要因を今後の変化傾向と関連づけると図表9のようになる。

図表9 「お〜する」と「お〜される」の認知判断と尊敬語転用

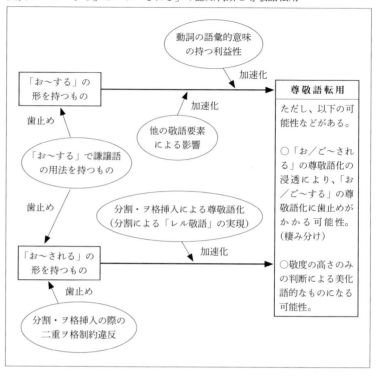

※上図の楕円は認知・判断に関わる要因であり、大きさはほぼ要因の大きさを表す。要因間で大小比較が不可能なものは、楕円の大きさを同じにしている。「お/ご〜される」に関わる各要因について補足説明する。
　①「分割・ヲ格挿入の際の二重ヲ格制約違反」とは、「お/ご〜」と「される」の分割に基づく自然度判断によるもの。例えば、「バスをご利用をされる」等になるため、「ご利用される」は不自然とされる。
　②上記①に関連して、二重ヲ格制約に反しなければ、「お/ご〜」に「レル敬語」が加わった形と判断されやすい。そのため、分割による判断は、積極的に尊敬語化の加速化要因として作用する面もあわせ持つ。

　今回の結果と分析は調査の一部に基づくものであるが、今後は、謙譲語固有の問題はもとより、話者の敬語使用に関する意識と関連させたものも含め、詳細に検討していく必要がある。被調査者の範囲・属性等を拡大、あるいは調査地域を変えて実施し、今回の調査・分析と有意差があるかどうかについても考察したい。

＊1　他章と同様に、本章における敬語の枠組みについては基本的に菊地（1994）に従うものとし、敬語上の主語を「主語」、「…を（に・から・と・のために）」にあたる高められる対象を「補語」とする。
＊2　第Ⅰ部で何度か述べたように、小松（1967, 1968）に詳細な記述がある。
＊3　t 検定は、t 分布という理論的に考えだされた分布に従う検定統計量を用いて、2つの母集団の比較を行うものである、2つの母集団の平均値と標準偏差、各標本数によって決定する。なお、第Ⅱ部で用いた統計解析ソフトは、調査当時において標準的ともいえる SPSS 11.0J である。
＊4　信頼性係数は、関心下のテストが相対的にどの程度真の個人差を捉えることができるのかを表す指標である。ここでは、平均値と標準偏差、分散を用いたクロンバックの Alpha 係数を採用しており、信頼性係数が1に近いほどテストの信頼性が高いと考えられる。ここでの「お／ご〜する」に関する調査、「お／ご〜される」に関する調査の信頼性係数は、それぞれ、0.648、0.715 となっており、十分に信頼性が高いことが確認できている。
＊5　前の質問項目が後の質問の回答結果に影響を与えるもので、心理調査・社会調査等でよく問題となる。
＊6　因子分析は多変量解析の一手法。多数の変数から得られたデータを小数の因子とよばれるモデル上、仮説的に構成された変数によって説明しようとするものである。各数値は変数と因子の相関係数の形で表される。なお、ここでで用いたバリマックス回転によって得られた因子は、因子間の相関が0である。
＊7　鈴木（1997）に〈聞き手の領域〉に関する段階性についての記述がある。ここではそれをふまえている。

第13章
受益表現と敬意をめぐる問題

1　はじめに

　本章では、前章までの調査結果を用いて、授受補助動詞「てくれる」と「てもらう」の利益性の認知と敬意判断について取り上げるものとする（以下、それぞれを用いた文について「てくれる」文、および「てもらう」文とする）。
　「てくれる」文と「てもらう」文は、これまで格表示の面、視点の所在や恩恵の授受、働きかけ性などの観点から議論が重ねられてきた。恩恵に関して言えば、両者は基本的には恩恵を表す形式であるとされているのが一般的であろう。
　だが、そもそも恩恵とは、ある主体の行為やあり方をめぐって、その直接的あるいは間接的受影者の内面に生じた一つの感情のありかたであり、語、あるいは文法形式がそれ自体の持つ意味として実現しているものとは考えられにくいのではないか。そしてこれまでの議論は、ほぼ「受益」イコール「恩恵」として展開されているが、こうした点についてはほぼ不問にされているものと思われる。恩恵の大きさが語や文法形式によって実現されないものとすれば、それは表現主体（実際にはほとんどが話し手）が行為の参与者間の関係をどのように認識しているかに関わってくることになるが、両表現の使用による恩恵の大きさや、それに関する認識についても十分には論じられていない。
　また、「てくれる」文と「てもらう」文は、待遇表現とも関わりうる。というのも、授受表現は、表現主体が事態の参与者間の行為をめぐる関係性のあり方をどう捉えるかによって表現選択を行うものであり、それによって社会的あるいは心理的な待遇把握も示し得るという点において、敬語と共通であるからである。

本章では、こうした受益と恩恵との関係について再検討するとともに、それに加えて、恩恵の大きさと関連した話者の丁寧度意識について、「てくれる」文と「てもらう」文の二形式の選択を通して考察することを目的とする。ただし、「てくれる」文と「てもらう」文における受益と恩恵の関係について扱うため、例えば、山田（2004）の言う非恩恵型の表現*1などについては扱わない。

2　先行研究

　「てくれる」と「てもらう」は一般には恩恵の授受表現であるとされるが、構文上「てくれる」文はガ格名詞が行為者になるのに対し、「てもらう」文はガ格名詞が被行為者になるという違いがある。また、これを丁寧さに関連させると、従来の解釈では、「てもらう」文の方が、恩恵の与え手すなわち行為者に関する表現が間接的になるため、より「丁寧」な印象を受けるとされる。例えば以下の記述、

(1)　「〜てもらう」は動作主を主語にしないため、「〜てくれる」と比べてやや丁寧な印象を与えます。（傍点は本書筆者による）

（松岡弘監修、庵、他著『初級を教える人のための日本語文法ハンドブック』2000: 113）

などにみられるものである。

　さらに、表現形自体に恩恵が内在するか、といった点については、論者によって様々である。「てくれる」と「てもらう」の受益や恩恵についてふれた論文は膨大な数になるが、松下（1930）を最初として、豊田（1974）以降の主なものを挙げてみる（出典はそれぞれ参考文献欄に記載）。

①松下（1930）　授受表現を「利益態」としている。「てくれる」を他行自利態、「てもらう」を自行自利態とし、「余り憎らしいから殴って遣った」などついても、「害を利として表す」として、表現形の意味として基本的に利益を認めている。

②豊田（1974）「てくれる」「てもらう」を事実の受給関係に関わらない、「話し手がわからする一方通行の受給関係の表現」ととらえ、授受補助動詞文の意味を利益、あるいは恩恵の解釈と直接的に結び付けない。

③井島（1997）授受補助動詞に〈利益（被害）性〉と行為の〈方向性〉、行為の〈意志性〉の三要素を認め、それらの発現の仕方によって各種の表現が発生すると判断する。

④益岡（2001）本動詞構文の「もらう」の中に、「恩恵性の萌芽」があるとしている。「やる（あげる）」等は単に事物の授受を表すだけではなく、授受の対象の事物が当事者にとって「好ましい」ものである、という意味を表すということから、授受補助動詞においても、そうした恩恵の意味拡張とみている。

⑤山田（2004）授受補助動詞の三系列七形式をベネファクティブとし、その無標の状態を恩恵を表すものとして認めつつ、例えば非恩恵型ヤルについては、恩恵・非恩恵の意味に解釈される理由として、「豊田（1974）の指摘する通り文脈からの推論である。」ともしている。

以上、いくつかを提示したが、表現形に恩恵を認めるか否かに対する立場は様々であり、恩恵の対象にしても、論者によって見解が異なる。そして受益と恩恵の両者について明確に別のものとして論じたものは管見の限りでは見あたらないようにも思われる。

3　授受補助動詞における受益と恩恵

3.1　「てくれる」文における受益と恩恵

上述のように、「てくれる」文と「てもらう」文の受益、恩恵を

取り上げる際、これまで両者は同一のものとして扱われることがほとんどであった*2。だが、ここでは基本的に「受益」と「恩恵」とを分けて考える。そして受益には、「行為者の何らかの行為やあり方そのものから事態内の参与者が得るものとしての受益」と、「行為やあり方によって生じる、または生じた事態とそれに関わる状況全体から話し手側が得る受益」の二つがあり、「恩恵」とは、「事態とそれに関わる状況全体から、その直接的あるいは間接的な受影者の内面に生じた一つの感情のありかた」であるという見方をとる。

　ここでは、山田（2004）を中心に、いくつかの先行研究を再検討し、その有効性を確認してみたい。「てくれる」文からみていくことにする。

　山田（2004）では、「てやる」「てくれる」「てもらう」について、これらを用いた構文をベネファクティブとして精緻な分析、記述を行っている。その中の構文的特徴について論じた箇所では、事態に直接関わる参与者の立場から描いたものを直接構造とし、その事態には直接に関与はしないが、間接的に何らかの関わりを持つ参与者の立場から描いたものを間接構造として、動作の対象と受益者の一致・不一致とを関連づけて論じている。そして、それについて論じた部分では以下の例を挙げている。

（2）何をしているか位は弟に話してくれたっていいではないか。
（3）近所の婆あさんが這入って来ました。留守の間、弟に薬を飲ませたり何かしてくれるように、わたくしの頼んで置いた婆あさんなのでございます。

（ともに山田 2004: 182 での例）

　山田（2004）では（2）について、「動作・行為の対象である「弟」が受益者である場合と、事態に直接関与しない「私」が受益者の場合とが考えられる」とし、また、（3）については、「文脈から間接構造としての読みが強く感じられるが基本的には同様に多義である」（同: 182）としている。すなわち、（2）（3）とも、直接構造か間接構造かがそのままでは決定しにくく、受益者も一義的に決定できず、解釈が多義になると指摘しているのである。

そして、このようなケースは、「基本的には動作の対象あるいは対象の所有者が「私の弟」など話し手との関係に依存するウチの人間を表す名詞句の場合と考えられる。」(同: 182–183)とも述べている。

他方、こうした山田(2004)に対して、澤田(2007)*3では、(3)の受益者は話し手であり、「てくれる」構文は「弟」の恩恵的な感情を表してはいないとし、「重要なことは、非主語が話し手のウチの人間(話し手側の者)かソトの人間かに関わりなく、受益者は話し手になるということである」(同: 90)としている。そして、以下の例文を挙げている。

(4) 田中さんが行儀の悪い{うちの／よその}子供を叱ってくれた。　　　　　　　　　　　　　　　　　　　　(同: 90)

受益者は話し手になるので「うちの」「よその」という、非主語が「ウチ」「ソト」の両方の場合とも自然な表現になるというのである。また、

(5) 太郎が花子をほめ{てやった／てくれた}。

について、これまでの多くの分析では、両方とも非主語「花子」にとっての恩恵性を表し、受益者は「花子」になる、としていると指摘し、

(6) 太郎が花子をほめてやってくれた。

を挙げ、「てやる」の受益者は「花子」、「てくれる」のそれは話し手とみなすことで、両構文が同時に表れる例も説明できるとしている。澤田(2007)は、「「てくれる」構文は事象を捉える「認知主体(話し手、聞き手、主文主語)」にとっての恩恵性を表す構文である。」(同: 要旨)という一般化を図り、これまでとは別の枠組みも用いて従来の議論の問題点の解決を図ろうとしたものであり、その点において優れた指摘であると思われる。

ただ、ここで、澤田(2007)においては受益と恩恵(性)がほとんど同義に用いられていることには注意したい。

そのことについて、(3)の例をとり「弟」「婆あさん」「話し手」の三者の関係のありかたについて検討してみる。

まずは、事態内での参与者である「弟」と「婆あさん」との関係

であるが、「(弟に)薬を飲ませてくれる」行為では、「薬を飲ませる」という「行為者の行為そのもの」のレベル*4で弟に受益があるように判断される。そしてそこに、「(本人に代わって)飲ませる」という代行性、さらには「弟が病気で満足に自分のことができない」という推意*5が働くことにより、弟にとって大きな受益があるように感じられることにもなるのである。ここでは「てくれる」自体は積極的に受益には関わらないものと思われる。

　他方、「話し手」と「婆あさん」との関係のあり方であるが、「弟に薬を飲ませる」ことが、例えば、金銭授受を伴う契約に基づく行為などの場合、話し手は特に恩恵を感じる必要はない。そしてその点で言えば、「てくれる」を用いる理由もなく、(3)は、次のように言うことも可能ではある。

(7)　…留守の間、弟に薬を飲ませたり何かしたりするように、わたくしの頼んで置いた婆あさんなのでございます。

多少の不自然さはあるかもしれないが、使用できないものではないと思われる*6。それゆえ、この「てくれる」は、以下の二点において機能していると判断できる。

(8)　a．「私側」の人間である被行為者の「弟」に視点が置かれていること*7を示す。
　　　b．「弟に薬を飲ませたり何かする」という行為とそれに関わる文脈等の全体について、表現主体である話し手がそれを受益と捉え、恩恵として感じている、ということを示す。

このようにみると(3)の場合では、「弟」が「婆あさん」から得るものとしての「受益」と、「話し手」が、事態とそれをめぐる状況全体から得るものとしての「受益」は別に扱うべきものであることがわかる。「行為者の行為やあり方そのもの」の次元で行為者から被行為者が受け取るものとしての「受益」と、事態とそれをめぐる状況全体から話し手が受け取るものとしての「受益」とは異なるものなのである。そして後者の受益を表現しているのが「てくれる」なのである。

　すなわち、受益には二つの異なるレベルがあり、一つは、「行為

者の行為やあり方そのものから事態内の参与者が得るもの」、もう一つは、「事態とそれに関わる状況全体から話し手が得るもの」である。そして後者について話し手が「恩恵」と感じているわけである。ゆえに、「恩恵」とは、「事態とそれに関わる状況全体から、その直接的あるいは間接的な受影者の内面に生じた一つの感情のありかた」であり、その前提として受益があるということになるのである。

また、直接構造である「太郎が私を手伝ってくれた。」を例にとると、その場合には、前者の受益と後者の受益が一致し、事態内の参与者としての「私」と、話し手の「私」の違いが見えず、受益者は「私」と解釈できることになるのである。言いかえると、「私を手伝う」という行為から得られる、事態内の参与者としての「私」にとっての受益と、「太郎が私を手伝ってくれる」という事態とそれに関係する状況から得られる「話し手」にとっての受益の二つの受益が一体化することによって、「被行為者＝話し手」の受益となる*8のである。

繰り返すが、前者の受益はあくまで「てくれる」に前接する動詞とその項を中心にして表現された行為者の行為やあり方そのものから得られるものであるが、後者の受益は、事態とそれをとりまく状況全体から表現主体である話し手が得られたものなのである。

恩恵の所在に関するこれまでの議論では、前者の受益（被行為者の受益）に対して、状況や背景といった推意を含んでしまい、しかも、その際に被行為者に対して一種の心理的な同化*9が行われてしまうために、被行為者に対して恩恵があるように思われてしまうのである。その意味でいえば、山田（2004）の（3）に関する指摘は、被主語が「弟」というウチの人間であるから同化が起こりやすいという意味においては正しく、直接構造と間接構造とを截然と分けることの難しさの指摘と読み取るべきであろう。

他方、そうした同化が行われない、あるいは行われにくい場合には、二つの受益は明確に分離し、恩恵は、表現主体である話し手にとってのものとして安定して見える。

これまでは、二つの受益が明確に分けられておらず、また、受益

と恩恵が一体化して扱われることがほとんどであったために、「受益イコール恩恵」という前提のもとに、しかも、それが「ある一方向のみ」に向いているかのように扱われてきたといえるのではあるまいか。

　それゆえ、一旦、受益と恩恵とを分け、二つの受益のあり方を再検討することによって、「てくれる」文の持つ受益と恩恵の所在が見えてくるものと思われる。

　他の例を挙げよう。

　　(9)　a．太郎が花子を手伝ってくれた。
　　　　 b．太郎がお客さんを手伝ってくれた。
　　　　 c．太郎が花子を叩いてくれた*10。
　　　　 d．太郎が花子を手伝ってくれたそうよ。

　(9a)では、「手伝う」という行為者（太郎）の行為そのものから「花子」への受益が発生し、事態とそれをめぐる状況全体から話し手に受益があることが「てくれる」で示され、結果的に話し手が恩恵と感じていることになる。ただ、「花子」に対して、話し手が自分側ととらえ、そこで心理的な同化が行われると、「花子」に恩恵があるように感じられてしまうことにもなる。しかも、そこに「花子が一人で困っている」などの推意が加わると、その恩恵はさらに大きく見えてしまうであろう。

　そのことは、(9b)のように、被行為者を「お客さん」にすることで確認できる。「お客さん」の場合には、同化は行われにくく、したがって恩恵の主体は話し手側に大きく傾くことが確認できるだろう。

　さらに、(9c)では、当然ながら「叩く」という行為そのものからは、「花子」にとっての受益はない。表現された事態全体（「太郎が花子を叩く」こと）からも、話し手にとって受益になるとはいえない。だが、例えば、「話し手にとって花子が許せない」といった文脈、状況が加わることで、全体的に受益となり、そこから話し手が恩恵を得ていることになる。そして、そうした状況を加えて受益に解釈することを「てくれる」が可能にしているのである。(9d)では、伝聞「そうだ」が使用されているが、伝聞内容の元発話者は

「花子」であり、それゆえ、被行為者の「花子」の受益と元発話者の「花子」の受益の二つの受益が一体化し、恩恵も「花子」にとってのもの、となるのである。

なお、澤田（2007）では、前述のように恩恵の主体として話し手のほかに聞き手、主文主語の場合とを挙げている。それぞれについて澤田（2007）の例を挙げると、

(10) 山田先生がほめてくれたの？（聞き手の場合）　　（同：92）
(11) 加害者になったほうは、難聴の老女とは知らずにベルの音で当然よけてくれると思ったらしい。（主文主語の場合）
（同：94）

となる。そして（10）については、「他人の心的経験に共感していることを表す陳述副詞」の「さぞ」を添加しても不自然ではないことをあわせて挙げている。

(12) （あなたを）山田先生がほめてくれたの？　さぞ嬉しいだろうね。
（澤田2007：92）

そして、疑問文や条件文において聞き手の恩恵的なとらえ方が可能となる理由を「非確言性」に求め、「非確言性により、他者である聞き手の恩恵的な捉え方を表す余地が生じる」（同：93）としている。

だが、本章の立場からすれば、あくまで、受益と恩恵とは切り離して考えるべきことである。「ほめる」という聞き手にとっての受益的行為に対し、話し手が聞き手に対して心理的に同化し、そのために「話し手の恩恵＝聞き手の恩恵」となって聞き手にとっての恩恵となる、と解釈できるのではあるまいか。「非確言的」であるからこそ、話し手が、自身と他者である聞き手とを重ね合わせやすくなっているといえるだろう。大筋においては澤田に近いが、その点において本稿の見解は異なるものである。例えば仮に、

(13) 山田先生があなたを叱ってくれたの？さぞ嬉しいだろうね。

とした場合、一見すると不自然ではあるが、話し手が、「聞き手が叱られたことを受益と捉えている」と判断できる場合には自然である。つまりこの場合には、事態に対して、「聞き手が今まで山田先生から本気で叱られた事がなく、その事を不満に思っていた」など

の状況が加わり、「山田先生があなたを叱った」ことが聞き手（＝あなた）にとって受益性がある、と話し手が判断し、さらにそこで聞き手との心理的な同化が行われ、聞き手の立場で述べられているために、聞き手にとっての受益かつ恩恵となるのである。

　そうした見方から（11）を見ると、語り手（書き手）が「加害者」の内面を推し量ることで心理的な同化が行われ、加害者にとっての受益かつ恩恵と解釈されるわけである。

　このようにみると、恩恵対象が聞き手や主文主語になる場合は、表現主体である話し手が心理的な同化を行いやすい、という点で「話し手側」の人物が恩恵主体（恩恵を感じる主体）になっている。また、その意味において、恩恵主体は「話し手側」である、という言い方も可能になるのではあるまいか*11。なお、こうした見方は、

（14）a．雨が降ってくれた。
　　　b．おっと、パスが通ってくれません。
　　　　　　　　　　　　　　　　　（実況中継、山田 2004: 72 での例）
　　　c．雨は多くの恵みをもたらしてくれる。

のような、いずれも行為者にあたるものが無情物か、あるいは明示されない場合で、（14a）のように、受益者が話し手の場合、（14b）のように受益者がチームのメンバーや関係者、サポーターといった複数にわたる場合、（14c）のように、受益者が人間全体（生物全体ともとれる）場合などにも有効であると思われるが、ここではこれ以上は扱わない。

3.2　「てもらう」文における受益と恩恵

　ここまで「てくれる」文を中心に論じてきたが、ここでは「てもらう」文について少し触れておきたい。「てくれる」文と比較して以下にいくつかの例を示す。

（15）a．太郎は私を手伝ってくれた。
　　　b．私は太郎に手伝ってもらった。
　　　c．太郎が息子を褒めてくれた。
　　　d．太郎に息子を褒めてもらった。

（15a）（15b）は話し手が被行為者の場合であり、山田（2004）

の言う直接構造である。(15c)(15d)は、話し手が被行為者とは異なる間接構造である。ここから、(15d)の「てもらう」文の場合にも、「褒める」行為による「息子」の受益と、「息子を褒めてもらう」という事態とそれをめぐる状況全体から、この場合に省略されているガ格名詞「私」が得る受益、そしてそこから生じる恩恵とを区別することは意味のあることがわかる＊12。

また、これまで見てきたように、話し手側にとっての受益は、事態とそれに関わる状況全体、文脈から判断されるものであるから、状況や文脈的な支えを必要とする面が大きく、それが非受益的なものの場合、「てくれる」「てもらう」は、行為の方向と影響性を表す働きが主になってしまうともいえるだろう。

ちなみに山田（2004）では、「てもらう」文を働きかけ性の程度によって、「依頼的テモラウ」「許容的テモラウ」「単純受影的テモラウ」とに分けて考察している（同：121-125）が、その違いによってみた場合でも、受益と恩恵とを分けて扱うことの意義は失われない。

なお、「てもらう」文についてもう少し言えば、「てやる」に対する「てくれる」のような表現が存在しないこともあり、次のような文も実際には使われている。

(16) a．（私から）まだプリントを<u>もらって</u>いない人はいませんか？（本動詞の場合）
　　 b．（私から）まだ面接して<u>もらって</u>いない人はいませんか？（補助動詞の場合）

(16a)(16b)は非文ではない。また特に不自然ともいえないものである。しかも、聞き手がこうした発話に対して、恩恵の押しつけと感じることは想定されにくい。これは、話し手が聞き手の立場に立って、つまり、これまで述べてきたように、臨時に聞き手の心理に同化して表現したものとも言えるだろう。(16b)は、

(17)（私から）まだ面接して<u>もらって</u>いない、<u>という</u>人はいませんか？

という引用形式と同義である。「てもらう」文においても心理的な同化は行われやすいのである。そのほかにも受益と恩恵の実際につ

いてふれるべき点は多いが、ここでは、「てくれる」文と「てもらう」文の全容を明らかにすることが目的ではない。受益と恩恵とを分けて語ることの有効性を確認することが主目的である。それゆえ、これ以上はここでは立ち入らない。

4　受益と恩恵に関する新しい視点の有効性

　前節までで「受益」と「恩恵」は分けて扱うべきであること、恩恵とは、話し手側が事態とそれに関わる状況全体について受益と判断した際に生じる一つの感情のありかたであることを確認した。例えば、「てくれる」文の場合、話し手側にとっての受益は、事態内での行為を通した参与者間の関係自体から決定するものではなく、事態とそれをめぐる状況から総合的に得られるものであり、ゆえに受益の程度も様々に変わり得る。したがって恩恵も、状況によって様々な程度で得られるものとなる。恩恵の大きさは、行為自体、さらには事態だけから決定するものではないのである。

　また、一般に恩恵もしくはそれによって話し手に生じる義理を大きく表明することは、より丁寧な言い方になると言われる。それゆえ、話し手にとって恩恵が大きいと感じた場合、丁寧度の高い表現が選択されることが想定できる。ただ、丁寧度には、恩恵以外の要素の影響もあることは当然であり、丁寧度が高ければ恩恵が大きいと判断されるとは限らない。

　ここでは依頼表現を扱うが、一般に日本語の依頼表現には「てくれる」「てもらう」を含むことが多いといわれる。依頼表現は基本的に話し手側にとって受益となる行為を被依頼者に促すものであるから、「てくれる」「てもらう」が使用される場合が多いということ[*13]がその基本的な理由になろう。ちなみに、依頼と命令とを比べた場合、「相手に働きかけ、相手に動きを起こさせるもの」という意味では両者は連続したものであり、明確な線引きは難しいといわれる。ただ、相手の好意や意志を前提とし、それに働きかけるという点で命令とは異なるのが依頼表現である、という見方は可能であろう[*14]。

そうした点をふまえつつ、前章での調査項目である、否定形を含んだ依頼表現「教えてくれませんか」と「教えてもらえませんか」を用い、丁寧度の違いと、その発生要因について少し考えてみたい。
　本章の考察にあたっては、「てくれる」と「てもらう」を用いた表現「教えてくれませんか」と「教えてもらえませんか」について、どちらを「より丁寧に感じるか」、他の表現の丁寧度判断とあわせて質問紙による調査を実施*15した。
　調査では以下の①〜⑥の文を提示し、aとbのどちらが「丁寧」に感じられるか、あるいは差がないか、について判断を求めた。その際、敬意の程度と丁寧の程度は同一に考えられているということをあらかじめ確認している。したがって、ここでは敬意の程度と丁寧度を同一のものとして扱う。判断に用いた表現形の組合せは次の通りである。

---

① 　a．きのうお伺いしました。
　　 b．昨日（さくじつ）お伺いしました。
② 　a．これは山田さんの荷物ですか。
　　 b．これって山田さんの荷物ですか。
③ 　a．貸してくれますか。　　　b．貸してくれませんか。
④ 　a．ご旅行はどちらへ行かれたのですか。
　　 b．ご旅行はどちらへおいでになったのですか。
⑤ 　a．教えてもらえませんか。　b．教えてくれませんか。
⑥ 　a．（あなたが）ご説明なさいますか。
　　 b．（あなたが）ご説明されますか。

　調査文作成にあたっては、結果比較を考慮し、『国語に関する世論調査』（1997〜2004）や国立国語研究所（1983）の例を参照した。結果に関しては、それぞれ①はb、②はa、③はb、④はb、⑤はa、⑥はaの選択率が高いことが予想されたが、本調査は、そうした「丁寧度」判断が被調査者のどのような意識が反映した結果と言えるものなのか、について考察を行うことを目的としたものである。

まず、全体結果であるが、当初の予想通り、先行調査（上述した『国語に関する世論調査』と一般的な傾向）による傾向予測と一致した。

図表1　敬語および敬語的表現における丁寧度判断比較

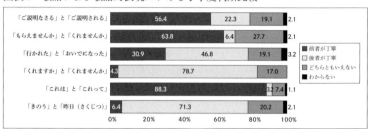

したがって被調査者の判断傾向に関しては、ある程度一般化が可能なものであるといえる。

5　依頼表現にみる「てくれる」文と「てもらう」文

さて、「てくれませんか」と「てもらえませんか」の丁寧度の比較であるが、前章で述べたように、一般的には「てもらう」文の方が丁寧とされる。これについては日本人とアメリカ人の敬語行動を調査した井出、他（1986）の指摘等もある。よって、「てもらう」文を「てくれる」文より丁寧度が高いとする結果は調査前より予想されたものであった。

ただ、これまで「てもらう」文が「てくれる」文より丁寧度が高く感じられる理由に関しては十分な説明がなされていないことも事実である。第1節で挙げたように、一般的には以下のように説明されている。(1)を再掲する。

(1)「〜てもらう」は動作主を主語にしないため、「〜てくれる」と比べてやや丁寧な印象を与えます。（傍点は本書筆者による）

（松岡弘監修、庵、他著『初級を教える人のための日本語文法ハンドブック』2000: 113）

これを見ると、「やや丁寧」とする根拠が、動作主を主語にする

か否かというだけであり、十分に納得できる説明になっているとは言い難い。また、「やや丁寧」ということは、表現形自体の有する丁寧度に明確な差があるのではなく、使用者の判断に依存する面も大きいということも示唆している。主語となる人物の違い、視点の違い、という観点からの文法的説明の他に、話者の意識が大きな意味を持っているということも考えられるのである。したがってここでは、両表現の丁寧度の違いを引き起こす要因はどのようなものか、丁寧度に関連する待遇意識と文法面との両面から検討するものとしたい。

　ちなみに、待遇表現選択に関わる話者の待遇意識は大きく二つに分けることができる。

（A）話し手の依頼の際、その行為を行う人物に対する話し手側の待遇意識
（B）話し手の依頼の際、その行為を行うことに対する話し手側の配慮意識

　（A）は、依頼者と、被依頼者との人間関係に対する意識である。例えば、同じ依頼行為であっても相手が友人の場合と上司の場合、親しい人や見知らぬ人の場合では、待遇意識に差が生じることなどが予想される。また、（B）に関していえば、依頼行為である以上、被依頼者への何らかの「働きかけ」はなされているが、依頼する行為の負担度等によって配慮意識に差が生じることなどが予想される。ただし、ここでの「働きかけ」は、「表現形に内在するものとしての働きかけ」ではなく、「依頼行為としての働きかけ」である。

　なお、こうした「てくれる」文と「てもらう」文の丁寧度に関し、熊田（2000, 2001）では、実際の見聞やテレビ、シナリオ等から「てくれる」「てもらう」を抜き出し、「恩恵の与え手に対する待遇意識」と「恩恵行為に対する配慮意識」に関して考察[16]を行っている。具体的には以下の通りである。

（18）a．恩恵の与え手に対する待遇意識
　　　　　「待遇意識を強く働かせるべき相手」では「てもらう」

　　　　系の使用比率が高い。
　　　　「待遇意識をそれほど働かせなくてもよい相手」では、
　　　　90％以上が「てくれる」を使用している。（同2000: 69）
　　b．恩恵行為に対する配慮意識
　　　　一般的に高い配慮意識が要求される場合、「てもらう」
　　　　の使用率が「てくれる」と比較して高く、また、依頼
　　　　行為の負担度が大きい場合も「てもらう」表現の使用
　　　　率が高い。　　　　　　　　　　　（同2001: 24–28）

　熊田（2000, 2001）の結果は、先行研究の成果を具体例をもとに検証したものといえる。

　だが、(18a) に関して言えば、「待遇意識を強く働かせるべき相手」には個人によって認識に差があり、またそうした待遇意識が、相手の「人的要素」のどのような人点に及んでいるのか、といった点は不明である。すなわち、待遇意識が、年齢・地位・役割などによる上下・尊卑の関係、付き合い・面識の程度による親疎・遠近の関係、組織・集団による内外の関係、などのどういった要素に作用しているのか、といった問題である。

　こうした観点から今回の調査結果を分析した際、一つの興味深い結果が得られた。それは、「敬語の役割に関する指向意識」との相関である。調査では、敬語の機能に関しても様々な項目を設けているが、「てくれる」文と「てもらう」文の選択に関して有意差が見られたのは、「敬語の役割に関する指向意識」の中の「敬語は社会的な上下関係を明確にするものとして使われるべきだ。」という選択肢に関するものであった。質問項目は以下の通りである。

「敬語の役割に関する指向意識」の質問項目

1. 敬語は社会的な上下関係を明確にするものとして使われるべきだ。
2. 敬語は聞き手に対する礼儀の一種として使われるべきだ。
3. 敬語は「敬意を表す意図がある」ことの表現として使われるべきだ。
4. 敬語は他者に対する敬意そのものとして使われるべきだ。
5. 敬語は話者の品格を高める表現として使われるべきだ。
6. 敬語は相手との心理的距離を表現するものとして使われるべきだ。
7. その他（　　　　　　　　　　　　　　　　　　　）

回答は「当てはまる」と思うものを全て選択してもらう形で行った。関連性が高かったのは、この中の番号1である。結果を以下に示す（1を「上下関係意識」とする）。

図表2　上下関係意識と「てくれる」「てもらう」の選択（数値は行%）

意識／表現形	「てくれる」	「てもらう」	違いなし、他	合計（人数）
上下関係意識有	3.0	73.5	23.5	100.0（34）
上下関係意識無	8.6	58.6	32.8	100.0（58）
全体	6.4	63.8	29.8	100.0（92）

（$\eta = 0.162$）　$p<0.10$

χ^2検定の結果、10%水準で有意[17]であった。表から、「敬語は社会的な上下関係を明確にするものとして使われるべきだ」という項目を選択した被調査者とそうでない調査者では、選択率が有意に異なることがわかる。「敬語の役割」に関しては、一般に「上下関係」と言われるものから、親疎、ウチ・ソトといった関係、対者への礼儀、話者の品格保持といった観点があり、質問項目はそれらもふまえて設定しているが、上下関係意識以外の項目との相関は認められなかった。

もちろん、一言で「上下関係」と概括されそうな関係であっても、

親子や親族関係、上司と部下の関係、経験年数の関係等、多様な人間関係があることは確かであり、それが常に保たれている関係か、臨時的な関係かによっても違いがある。そうしたものも含みつつ考えると、熊田（2000）で示された「待遇意識を強く意識する相手」とは、親疎、ウチ・ソトといった、いわゆるヨコ的関係でなく、タテの「上下」意識が働く相手であることが確認できる。そして、それが安定的に機能するものであるにせよ、臨時的に発生するものであるにせよ、発話時点において成立している上下意識が「てくれる」と「てもらう」の使い分けに大きく影響していることは間違いない。

　次に、こうした点もふまえ、「てくれる」と「てもらう」に関する先行研究もふまえながら、調査文そのものに起因すると思われる点も含めて考察する。

6　「てくれる」文と「てもらう」文の丁寧度の違い

　前述した調査で用いた文をもう一度提示する*18。
　ａ．教えてもらえませんか。　　ｂ．教えてくれませんか。
　両者は、ともに丁寧語「ます」と否定表現を含んだ依頼文であり、形式上の違いは「てもらう」と「てくれる」（下線部）のみである。また両者とも、構文上は疑問の形をとりながら、依頼として機能する形式である。つまり、聞き手に対して疑問形という形で、その好意や協力の意志を前提にして行為を促す形であると言える。ただし、山田（2004）でも指摘するように、疑問は命令に比べて必ずしも聞き手を必要としないという点で働きかけが弱い。その意味でいえば間接的な表現でもあるが、それゆえにこそ、恩恵や丁寧度の程度をめぐっては、様々な要素が影響しやすいと言えるだろう。

　また「てもらう」文の場合には、依頼表現において受益者を明示する場合、
（19）ａ．（私が）教えてもらった。
　　　ｂ．（私に）教えてもらえませんか？（依頼表現）
　　　ｃ．（私に）教えてくれた。

　　　　d．（私に）教えてくれませんか？（依頼表現）

という形に、格表示が変更され（(19b)）、結果的に「てくれる」と同様になる。「てもらう」による依頼表現が受益者をガ格表示しないことには、依頼という行為では高い丁寧度が要求されるということが深く関わっていると思われるが、ここではそれについて述べる余裕がない。ただ、格表示が「てくれる」と一致するゆえにこそ、(19b) と（19d）の「丁寧度の違い」は、「てもらう（てもらえる）」「てくれる」によって発生するものとして扱うことが可能である。ただし、依頼表現の場合、「てもらう」は「てもらえる」の形に、いわば可能形をとる。なお、これについて山田（2004）では、「渋谷（1993）の言う「外的状況可能」であり、自発に近いものであると考えられる」（同：264）としている。この点も丁寧度に関わることが想定されるが、これについては後でまたふれる。

　以下、上下関係の内実についてもう少し検討し、両表現使用の際の丁寧度の違いが発生する要因について考える。

7　敬語における上下意識と丁寧度

　話し手がより大きな恩恵を感じた場合、より高い丁寧度を持つ表現を用いると思われるが、被調査者によって、丁寧度そのものに関する感覚、あるいは丁寧と判断する際の要因が異なることは想定される。

　そうした観点とあわせ、上下関係を認めない被調査者の場合について考えると、「てくれる」文と「てもらう」文の「丁寧度」判断においては、以下のような要因が作用していると想定される。

1. 敬語やそれに類する表現についての「丁寧度」に対する感覚をあまり持たない。
2. 「丁寧さ」を「狭義の敬語」（調査文の場合、いわゆる丁寧語の「ます」）によって実現されるものと意識しており、それのみを丁寧度の指標とする傾向が強い。
3. 「てくれる」を用いても「てもらう」を用いても、「事態としての意味は変わらない」ため、依頼者と被依頼者の立場の違

い以上には両者の関係のあり方を捉えようとはしない。

しかしながら、他の敬語的表現(「きのう」と「昨日(さくじつ)」)等の調査項目において「上下志向意識」が低い被調査者と高い被調査者とに差はみられず、丁寧語自体に関する判断の問題ではないことが確認できるため、その点において1と2は否定される。そうなると残るのは3であり、それについて検討する必要が出てくる。

そこでここで、もう一度「上下意識」について考えてみることにする。これまで、「上下」という枠組みで概括され、その前提のもとに議論されてきた人間関係の中には様々なものがある[19]。以下に列挙する。

Ⅰ．生得的に生ずる関係
　ア．年齢の上下関係。
　イ．親子、兄弟姉妹等の血縁関係。
　ウ．血縁社会における本家と分家等の関係。
Ⅱ．後発的あるいは臨時的に生ずる関係
　エ．恩恵を与える側と受ける側の関係。
　オ．経験や技量の差などによって生ずる関係。

このうち、ア・イ・ウに関しては、国立国語研究所による各種調査や真田(1973)[20]による一集落における全数調査などがある。また、オに関しては、国立国語研究所の『企業の中の敬語』(1982)などがある。それらによると、Ⅱに含まれる、企業における年齢の上下関係は「親疎」的なものである、などの報告がなされている。「上下関係」とされる人間関係の中にも、それとは異質な認知がなされていたり、関係自体が変質している面もあるのである。「上下関係」とされるものでも、その内実は実質的な「上下」と同義にはならないということが確認されるのである。そうした点にも留意しつつ、丁寧度の差の発生要因について考える。

8 両形式の丁寧度の違いの発生要因

　これまで見てきたように、敬語の機能に関して水平方向での機能（いわゆるヨコ敬語）的な志向意識を強く持つ被調査者は、「てくれる」と「てもらう」といった違いには「丁寧度」の差が大きいとは認めない傾向にあるのであるから、ここでこれまでの分析をまとめて、選択傾向の差を生み出すものについて観点別に整理してみる。

　「てくれる」「てもらう」の語としての意味特徴のレベルと、それを用いた事態の表現方法としての構文レベル、そして他の形式や形式の持つ諸側面との干渉によるレベルとに分けて示したい。「丁寧度」は、被調査者の実感で決定するものであるから、それらの相互作用によって丁寧度が決定されていると思われるからである。

Ⅰ．語レベル
　→形式の持つ意味特徴では「てくれる」と「てもらう」の差はない。
　「てもらう」と「てくれる」自体には、受益の程度差は内在していない。受益による恩恵表明は、「聞き手への配慮イコール丁寧さ」とつながってくるが、恩恵の程度は文脈等の状況も含んで決定されるものであり、しかもその決定者は、それを恩恵と認めた主体である。したがって語レベルにおいて「丁寧さ」に差が生じるとはいえない。

Ⅱ．構文レベル
　→「てもらう」のほうが「てくれる」よりも丁寧。個人差なく作用する。考えられる要素を以下に示す。ただし、2と3は同一現象の二側面ともとれる。
1. 「教えてくれませんか」「教えてもらえませんか」も、依頼者を格表示した場合、ニ格で表される点では同じであり、格表示からは丁寧さの違いは生じない。
2. 依頼者と被依頼者のどちらを主語として焦点化するか、に伴い、丁寧度の違いが発生する。これまでは、被依頼者の行動に対して直接的に触れない「てもらう」方が「丁寧さ」が高

くなると言われている。被依頼者の動作主性に触れない言い方による丁寧さの実現である。
3. 「てもらう」という形で、依頼者側の立場から直接的に受益を表示することが、同時に依頼者自身の「義理」（この場合、聞き手の行為に対する返礼）も生み、「てくれる」より丁寧な表現とつながる。
4. 可能形「てもらえる」の使用によって、「受益とそれによる恩恵」が実現可能な状況になることを被依頼者に要求する、という形での依頼になり、「てくれる」と比較して、より間接性の高い表現となる。そのため「てもらう」の方が、より丁寧になる。

III. 形式の有する諸側面のレベル

→1、2とも「てくれる」の方が丁寧度が高い。ただ、これについては個人差が大きい。また、両者は同一現象の二側面ともとれる。

1. 「てもらう」が基本的には「働きかけ性」を持ち、なおかつそれが依頼行為であるということから、両者をあわせた強い働きかけ性（「強制」に近い）を持ったものとして意識（ただし、「もらえる」となり、実際には強制性は弱められる）される。他方、「てくれる」には、例えば「電車が遅れてくれて助かった／*電車に遅れてもらって助かった（ただし、擬人的表現なら可能）」などにわかるように、働きかけ性はなく、ゆえに「てくれる」の方が丁寧と感じられる。
2. 「てくれる」は「働きかけ」に対して応ずる行為ではなく、「太郎が私に手伝ってくれた」などのような被依頼者の意志的な行為の表現と感じられ*21、結果的に「てくれる」の方が丁寧になる。

　以上のようになる。このようにしてみると、三つのレベルのうち、II（ただし1を除く）は「てもらう」の方が丁寧度が高く感じられる要因になり、IIIは「てくれる」が丁寧度が高く感じられる要因になる。そして被調査者の意識上、これらの作用の仕方によって丁寧

度が決定するものと思われる。

　そこで、Ⅱの結果を「上下関係志向」意識を持つ被調査者と関連させると次のように解釈可能である。

　(20)「上下意識」志向のある被調査者の場合、依頼行為を通じて、依頼者と被依頼者との関係が、臨時的・立場的に上位と下位に置かれて意識される。そして「上下意識」は「聞き手の領域」侵害に関する制限をより強く発動する＊22ため、聞き手である被依頼者の行動に直接に触れない「てもらう」の言い方の方が、「上下意識」志向のない被調査者に比べ、より丁寧に感じられる。

　他方で、「上下関係志向」意識の希薄な被調査者の場合には、二者の間の上下関係が強く意識されず、それを持つ被調査者と比べ、(20)のような意識は相対的に弱いということができる。また、上下関係ではなく、水平距離の感覚で敬語や敬語的表現をとらえるため、Ⅲの2のような意識も働きやすいということになる。そして、そうした被調査者の場合には、「てくれる」と「てもらう」の丁寧度判断において個人差が大きいのであるから、ⅡとⅢの各要因が様々な強度を持ちながら影響しあい、その判断を形成しているとみることができるだろう。

　このように、「てくれる」と「てもらう」の両表現の「丁寧度」に対する感覚の違いは、被調査者の特性によって上記要因の働き方が異なるがゆえに生じているものと思われる。

　最後に、以下に被調査者の判断がどのように形成されるのか、その「典型的なバリエーション」を、上記要因を用いて図表に示す＊23。

　勿論、それぞれの要因の働きの強さには個人差があり、しかもⅡ～Ⅲで下位区分した要素が被調査者の内面で絡み合うことで丁寧度判断を様々にしている。そうした個人差を含みながら、依頼文としての「てくれる」文と「てもらう」文から得られる受益と恩恵、そしてそれと連動する形での丁寧度の判断が決定しているといえるだろう。

図表3 「てくれる」文と「てもらう」文との「丁寧度」に関する判断形成

丁寧度判断に関わる要因の強さ	丁寧度に関する判断	
（判断1）→「てもらう」のほうが丁寧。 Ⅱ＞Ⅲ（Ⅱの方がⅢよりも強く作用）	「てもらう」の方が丁寧。 （平均選択率63.8％）	高 ↑ 選 択 率 ↓ 低
（判断2）→丁寧度に差はない。 Ⅱ＝Ⅲ（ⅡとⅢが同程度で働く）	「てくれる」と「てもらう」 に丁寧度の差はない。 （平均選択率29.8％）	
（判断3）→「てくれる」のほうが丁寧。 Ⅱ＜Ⅲ（ⅡよりⅢのほうが強く作用）	「てくれる」の方が丁寧。 （平均選択率6.4％）	

9 おわりに

　本章では、これまで受益と恩恵を同様に扱ってきた多くの先行研究に対し、両者を分けて扱うべきとし、その有効性を確認した。さらに、恩恵と関わる丁寧度の判断について、「てくれる」と「てもらう」を含む依頼表現を用い、丁寧度判断がどのように行われるか、についての一つの見通しを得た。受益と恩恵とを分けて考えることにより、恩恵が強く感じられるものと、あまり感じられないものとの違いが生じる理由、被行為者にとっての受益と話し手側にとっての受益の違いなどを明らかにすることができると思われる。

　また、これまでは（1）のように、「てもらう」の方が「てくれる」に対して「動作主を主語にしない」ことから丁寧とされてきたが、後半での考察から、「丁寧度」は文法的側面からのみ決定することではないことが確認できた。話し手の有する敬語に対する多様な意識・判断のあり方こそが、丁寧度を決定するのである。

　ただ、ここでの「てくれる」依頼表現と「てもらう」依頼表現における丁寧度の違いの要因に関する考察は、いわば試論、というよりラフスケッチの域を出ないだろう。また、前半部分での「てもらう」についての考察もまだ不十分であり、多様な構文を用いて説明の妥当性を検証する必要があることも確かである。

＊1　山田（2004）では、「ベネファクティブのヴォイス的特徴」とする章の中で「非恩恵型テモラウ」をテハ節、現場依存性という観点から扱い、「非恩恵型ベネファクティブ」の章の中で、「非恩恵型テクレル」を詳細に扱っている。いわゆる「とんでもないことをしてくれた」などの、いずれも参与者あるいは話し手にとって受益、恩恵が感じられないものの例を挙げて論じている。
＊2　恩恵という用語のみを用いているもの、受益と恩恵という二語を用いつつ、内実は同じものをさしているものなどがみられる。
＊3　「日本語の授受構文が表す恩恵性の本質―「てくれる」構文の受益者を中心として―」（『日本語文法』7-2）による。
＊4　「行為者の行為そのもの」とは、語用論的な要素、推論は含まれない、ということである。
＊5　ここでの「推意」とは、表意（explicature）に対するものとしての推意（implicature）である。推意が様々に働くことによって、「弟」の受益が大きいように感じられるわけである。だが、当然ながらあくまで表現自体（表意）は、そうした面は持たない。
＊6　「わたくしの頼んでおいた」だと、依頼性が明示されるために、「てくれる」と共起しやすくなる。他方、「わたくしの言いつけておいた」にすると、(7)はかなり自然になると思われる。
＊7　「てくれる」の使用条件については、久野（1978）の視点制約がよく知られているが、それによると、この場合、「弟」が「婆あさん」よりも共感度（E）が高く、非主語である「弟」に視点が置かれている点で矛盾がないことになる。ただし、久野（1978）の分析については、それに合致しない例も指摘されており、強い制約とは言えないことも確かであろう。
＊8　あるいは、「太郎が私を手伝ってくれた。」の場合、「私」は事態内の参与者にすぎず、話し手が「太郎が私を手伝う」という事態からの受益と、「てくれた」で、それに関わる状況全体から話し手が受益として受け取っているとも言えよう。それでも二つの受益者は一致し、「私」となる。そのように考えると、間接構造のうちの「被行為者＝話し手」という場合が直接構造である、という見方も可能になる。
＊9　この場合の「心理的な同化」とは、話し手が視点の移動によって、被行為者である参与者の立場に立ち、その心理に没入することをいう。
＊10　ただし、いわゆる皮肉の用法は除く。
＊11　澤田（2007）の場合は構文上の分析であり、その点で本稿の場合とは異なっている。したがって澤田（2007）の見解自体に否定的なのではない。
＊12　「太郎に息子を褒めてもらった。」だと、息子に心理的な同化が行われやすいために、息子に恩恵があるように見えてしまうのである。ただし、「花子は太郎に息子を褒めてもらった」という構文もあるが、ここでは扱わない。
＊13　第Ⅰ部で述べたように森（2016: 161）では、「話し手に利益のある事態は受益表現で示さなければならない」という語用論的制約があるという。
＊14　森（2016）では、両者をともに行為指示表現として、「話し手上位」の場合が「命令指示」、「聞き手上位」の場合が「依頼」としている。聞き手が上位者であるからこそ、依頼の場合、聞き手の好意や当該行為に関わる遂行の意

志を推し量った上で行われるものといえる。
* 15　調査の概要は以下の通りである（第12章で提示したものと同じ）。
・調査方法：質問紙による調査。有意サンプルにより実施。（調査に関わる被調査者の負担度等を考慮し、より適切であると判断したため。）
・調査対象：秋田県由利本荘市の高校生と20〜50代の成人男女。内訳は高校生50名（男23名、女27名）、20〜50代の成人44名（男14名、女30名）の計94名。
・調査時期：2002年10月下旬。
　有意サンプルの場合、母集団特性を推定するための標本であるとは言いがたいが、調査項目が多岐にわたっており、調査の信頼度を上げるといった面から採用したものである。調査結果からは信頼性係数等を算出、調査の信頼性と妥当性、被調査者の回答姿勢等の適切性を確認している。また、被調査者は、いずれも秋田県由利本荘市の在住者であるが、方言からの影響・転移等も考えられたため、本調査ではあらかじめ、他の全国調査や先行研究とも結果比較を行い、被調査者の特性を確認した上で、分析・考察を行っており、特に違いが認められないことも確認している。ちなみに、山田（2004）では、ここでの調査文のような依頼表現を分類し、「テクレマセンカ」をB2類、「テモラエマセンカ」をC2類として考察を行っている（同：227–231）。
* 16　ただ熊田（2000, 2001）では、待遇意識や配慮意識について本書で試みているような詳細な分析がなされているわけではない。
* 17　一般的には5％水準を用いるため、有意差に対する検証としては多少不十分な面はある。
* 18　調査の際、「てくれる」文と「てもらう」文の提示順が逆になってしまったが、感覚に関する調査である以上、提示順は意味を持つものであり、ここではそのままの順で提示した。
* 19　上下関係は、当然ながら社会構造の変化等に連動して変化するものではある。
* 20　「越中五ヶ山郷における待遇表現の実態」『国語学』93に代表される一連の研究である。
* 21　「太郎が私を手伝ってくれた」に対して、「てもらう」を用いると「私が太郎に手伝ってもらった」となるが、後者の場合、太郎に対して私側からの働きかけの含意が生じる。他方で、「てくれる」の場合、太郎がガ格に立つため、太郎の意識的な行為として感じられる。このように「てくれる」と「てもらう」だけでは、丁寧度は決定しないものと思われる。
* 22　ここでの「聞き手の領域」とは、聞き手の感情や思考、判断、行動など、聞き手自身の裁量による領域のことを指す。前述したように、鈴木（1997）では、普通体で話す「普通体世界」と丁寧体で話す「丁寧体世界」とに文をわけ、丁寧体世界において、〈聞き手の領域〉に関する内容の発話が避けられる場合の例を挙げている。そして〈聞き手の領域の内部〉の中心にあって一番制限の強いものとして、「聞き手の欲求・願望・意志・能力・感情・感覚などの個人のアイデンティティーに深くかかわる《聞き手の私的領域》」（同：58）を提示している。本稿の「聞き手の領域」はそれに準じたものである。
* 23　ここでの立場は、語の意味特徴や構文の特徴、他の用法からの影響等に

ついて、その扱いを対等なものとみなす、いわゆる機能主義的な見方であるといえるかもしれない。ただ、こうした見方に問題があることも確かであり、その点で再考の必要はある。

第14章
謙譲語に関する自然度判断とその要因

1　はじめに

　第Ⅰ部において、いわゆる「（さ）せていただく」（以下「させていただく」と表記）の成立とその展開について扱ったが、それをふまえ、ここでは「させていただく」に現在起きていることについて先行研究の指摘を検証しつつ、今後の変化を探るものとする。

　さて、「させていただく」は、本来は「〜（さ）せる」という「使役・許可」表現に「〜ていただく」という授受補助動詞が組み合わされたものであるが、特に近年、使役・許可者による受益の形が（擬似的にも）不要な場合等にまで用法を拡張していることで話題になることの多い表現である。その表現形は文法的には以下の三タイプに分けられる。

　　a.「和語動詞（一段・カ変動詞）未然形」+「させていただく」
　　　　例：始めさせていただく、等。
　　b.「和語動詞（五段・サ変動詞）未然形」+「せていただく」
　　　　例：読ませていただく、等。
　　c.「漢語サ変動詞未然形」+「せていただく」（または「語幹+させていただく」）
　　　　例：終了させていただく、等。

　このうち、bタイプについては、aとcからの類推から、「読まさせていただく」等の、いわゆる「さ入れ表現」の多用も指摘されている。また、用法については、菊地（1997）を例にとると、そこでは次の4タイプに分類されている（同：41–43）。

> （Ⅰ）（本当に）"恩恵／許しをいただく"という場合（「最も基本的な使い方」）
> （Ⅱ）"恩恵／許しを得てそうする"と捉えられる場合（「拡張」）
> （Ⅲ）"恩恵／許しを得てそうする"と（辛うじて）見立てることができる場合
> （Ⅳ）"恩恵／許しを得てそうする"とは全く捉えられない場合

（Ⅰ）から（Ⅲ）までは、〈程度／好みの問題〉だが、（Ⅳ）については、規範的には〈（現時点では）誤り〉、規範を離れて述べれば〈新しい用法〉（同：43）とし、補語を高める機能を持つ謙譲語Aに対して、聞き手に対して自分側の行為を辞を低くして述べるだけの謙譲語Bと位置づけられている。加えて、謙譲語Aから謙譲語Bへの歴史的変化として「まいる」等の例を挙げるとともに、謙譲語Bの代表形ともいえる「いたす」が下接しうる動詞タイプの少なさ（和語動詞には下接不可能、など）を挙げ、謙譲語Bタイプとしてもっとも生産性の高い表現であるとして、機能変化の理由に関する分析を試みている（同：44–46）。

一方、「させていただく」は、実使用場面において特に商業敬語として多用されていることも指摘されており（「発表は商品の発送をもってかえさせていただきます」「本日休業させていただきます」等）、それらは定型句的なものとして、さほど敬意を感じることなく使用されているともいわれる。

本章はこうした使用実態もふまえ、様々なタイプの「させていただく」表現に対して話し手が感じる自然度や、敬意の程度等について心理統計的手法を用いて検査・調査し、その判断要因を探ることを目的とする。

2　主な先行研究

言及されることの多い「させていただく」表現であるが、先行研

究はいくつかのタイプに分けられる。一つは、使用実態に関するものであり、使用の可否（または適否）に関わるアンケート調査や実場面での、あるいはコーパスを用いた用例調査である。これらによれば、「させていただく」が広がったのは、1950年代であり、その後、使役・許可者が想定されにくい場合にまで広がったとされる*1。また、場面的な特徴に関しては、結婚式等での挨拶や公的場面、商業的場面における使用が多いともされている。

　他方、文法的な分析を試みたものとして、使役・許可者（あるいは与益者、等）の想定可能性と、動詞の項、敬語上の補語とを関連させた研究がある。上述の菊地（1997）以外を挙げると、例えば前述した日高（1995）では、まず、謙譲語A（オ・ゴ〜スル類）と謙譲語B（〜イタス類）とを比較し、次に「〜サセテイタダク」の構文的特徴を記述しつつ、構文上は使役・許可者が必須であるにもかかわらず、実質的に存在しない、あるいは明示できない例を挙げ、「機能的には〜イタス類と同様の振舞を見せる場合がある」（同：683）とし、謙譲語B相当の機能を果たす場合があることを指摘する。

　また、山田（2004）では、山田（2001a, b）をふまえた「〜させてもらう」文に関する一連の考察*2の中で、タイプの違いの指摘とともに、表現の必然性について論じている。そこでの例（同：144）を挙げる。

（1）　こちらから資料を送らせていただきます。
（2）　お送りいただいた資料は、早速、弊社支局にも送らせていただきます。

　山田（2004）では、構造上の使役者が「資料を送る」という動作の広い意味での対象者となっている（1）に対し、（2）では、使役者（聞き手）と「送る」対象者が異なっている、として、便宜的に（1）を直接サセテモラウ文とし、（2）を間接サセテモラウ文としている。そして、（1）の場合は「お送りします」に置換可能だが、（2）の場合には、敬意のありかた、方向性の点から謙譲語の文（「お送りします」「お送りいたします」など）にできないことを述べる。さらに、和語動詞の場合は「いたす」を後接させることが

不可能であることを挙げ、「何らかの迂言形式を持ってそこを埋めなければならない必要性がある」(同: 145)とし、そこに用いられるものとして「させていただく」があるとする。ただし、そうした使用を認めながらも「させていただく」を謙譲語Bであると断言してはおらず、また、(1)を「お送りする」に置換可能である、とする点からは、基本的には謙譲語Aと認めているとも解釈できる。

さらに、第4章でも触れたが、姫野(2004)では、与益・使役者が動作対象と一致する場合とそれが異なる場合、動作対象がない場合との三タイプに分け、動作対象が聞き手と一致するかどうか、という観点からさらに細分化して詳細な記述を試みている*3。そこでは、「「～させていただく」は、基本的に補語を高めるA類の謙譲語であるが、高められる補語には、動作対象と与益・使役者の2種が区別できた。この2者は一致する場合もあれば、一致しない場合もある。」とし、「与益・使役者が聞き手以外である場合には不自然になりやすい。」(同: 11)と述べている。あわせてその特徴を以下のように整理している。

(3) a．補語を高める。
b．使役者を設定することで多くの行為を聞き手とかかわりのある行為と位置づけることを可能にする。
c．話し手受益を表す。
d．和語動詞・漢語動詞を問わず形成できる。

(a～dともに姫野2004: 11)

姫野(2004)の場合、「させていただく」の敬意対象を与益・使役者の場合と動作対象の場合の二つがある、としている点で、より精緻な分析であるといえる。だが、与益・使役者と動作対象が異なる場合があることは確かであるものの、敬意対象が動作対象で、かつ与益・使役者以外の場合は想定しにくいものと思われる。姫野(2004)での与益・使役者が動作対象と異なる場合の例((4b)は山田2001b, 2004での用例である)を挙げる。

(4) a．「早速伺わせていただきます」吟子は深々と頭を下げた。
b．お送りいただいた資料は、早速、弊社支局にも送らせていただきます。

　　　　　ｃ．私から両親に報告させていただきました。

　いずれも「させていただく」の敬意の方向性は、与益・使役者であり、かつ動作対象ではない＊4。このように、「させていただく」の場合は、「お～する」（謙譲語Ａ）のように、動詞の項、または「～ために」で表される行為の影響の及ぶ方面に敬意が向けられるのではなく、あくまで敬意対象としてふさわしい使役・許可者の側に及ぶものであると考えられる。話題に関係する人物に対する敬意である点では謙譲語Ａということになるが、実使用では使役・許可者と聞き手が一致する場合が多いため、敬意の方向が一致し、結果的に謙譲語Ｂのように見えるのであろう。それゆえ、結果的に「させていただく」の成立条件は、使役・許可者の想定が可能かどうかにかかっていることになるのであるが、その想定が全く不可能な場合での使用に限り、自分側を低める謙譲語Ｂと解釈できるのではないか。

　このように見ると、「させていただく」は基本的には謙譲語Ａでありつつも、使役・許可者が不在の場合には謙譲語Ｂとして使用されつつある、というべきであろう。

　以上が、主な先行研究の概観である＊5。ただし、本章での考察は、心理学的手法を用い、様々な表現の使用および自然さに関する判断要因についての新たな知見を盛り込むことを目的としている。あくまでそうした点から「させていただく」を扱うものである。

3　調査方法の実際

　「させていただく」の機能と使用実態、および今後の変化傾向等について分析、考察する手始めとして、若年層を対象とした調査を行った。調査にあたっては、まず敬語機能に関する志向意識を確認し、次に全16個の表現形を用いて、「表現自然度」および「敬意の程度」について質問する形で実施した。実施対象として高校生を選んだが、表現の適格性に関して敏感かつ柔軟な使用がみられる世代である点、また、今後の変化傾向を探る意味においても有効なデータが得られるということが期待されたためである。

対象は、筆者の調査当時の居住地である秋田県秋田市の高等学校の生徒である。

調査方法：質問紙法による調査
調査対象：秋田県秋田市の高等学校生徒55名（男子31名、女子24名）
調査日　：2009年1月27日（水）、2011年2月7日（月）

　次に、調査に用いた表現形であるが、前章でも挙げた敬語の役割に関する志向意識（以下①に再掲）に加え、全16個の表現形を用いて、「表現自然度」「敬意の程度」について尋ねた（以下②）。なお、表現形の1から7までは、菊地（1997: 40）で用いられたものであり、8から16までは、実使用例を考慮しつつ独自に設定したものである。1から7までの表現形は、調査対象者の傾向把握、および結果比較のために用いたものである。

①「敬語の役割に関する志向意識」の質問項目

　あなたは敬語の役割についてどうあるべきだと思いますか。次の1～7について、<u>当てはまると思うもの全てに○をつけてください。</u>（番号の上に○をつけてください。）

1. 敬語は社会的な上下関係を明確にするものとして使われるべきだ。
2. 敬語は聞き手に対する礼儀の一種として使われるべきだ。
3. 敬語は「敬意を表す意図がある」ことの表現として使われるべきだ。
4. 敬語は他者に対する敬意そのものとして使われるべきた。
5. 敬語は話者の品格を高める表現として使われるべきだ。
6. 敬語は相手との心理的距離を表現するものとして使われるべきだ。
7. その他（　　　　　　　　　　　　　　　　　　　　　　）

上記の質問項目は、前回調査（先述の2001年・秋田県由利本荘市での調査）から数年経っていることもあり、再度行ったものである。
　以下、調査に用いた表現形を挙げる。

②「表現自然度」および「敬意の程度」の調査に用いた表現形（全16個）

1. （パーティーの出欠の返事で）出席させていただきます。
2. （セールスマンが客に）私どもはこのたび新製品を開発させていただきまして…。
3. （学生が教員に）すみませんが、先生の本を使わせていただけないでしょうか。
4. （近所の人に）私どもは、正月はハワイで過ごさせていただきます。
5. （結婚式で媒酌人が）媒酌人として一言ご挨拶させていただきます。
6. （結婚式での、新婦の友人のスピーチ）私は新婦と三年間一緒にテニスをさせていただいた田中と申します。
7. （結婚式での、新郎の友人のスピーチ）新郎とは十年来のおつきあいをさせていただいております。
8. （結婚式で司会者が）ここで祝電を読まさせていただきます。
9. （家電店での表示）表示価格よりさらに値引きさせていただきます。
10. （送付した履歴書に添えた手紙）履歴書を送付させていただきます。
11. （店の張り紙で）新年は1月2日より営業させていただきます。
12. （商店からの連絡）本日商品を発送させていただきました。
13. （学校案内で）本校の最近の様子をご紹介させていただきます。
14. （店のチラシ）ご不要の品はお引き取りさせていただきま

> 15. (店の張り紙で)明日は休業させていただきます。
> 16. (懸賞で)発表は商品の発送をもってかえさせていただきます。

次に、個々の表現形の設定理由・特徴等について確認する。
③各表現形について
　菊地（1997）の例である1～7は省略し、8～16についての特徴を簡単に説明する。

> 8. 5から続く「結婚式場面」を想定した際のいわゆる「さ入れ」表現。場と関連させて、また「させていただく」という語形の固定化の状況をみるための項目。
> 9. 商業敬語。「値上げ」と違い、「値下げ」には特に客の「使役・許可」は不要なはずの表現。
> 10. 話し手（この場合は書き手）と相手（この場合は送り先）の立場の違いによる「(擬似的)使役・許可者」の設定がかろうじて可能と思われるもの。
> 11. 商業敬語。「営業」には、許認可権者に対する発話でない限り、「使役・許可者」は不要なはず（具体的対象が設定しにくい）である。だが、「1月1日までは休業する」という含意が発生することにより、客からの「許可」性も発生し、判断が分かれるもの。
> 12. 特に最近のインターネット販売にみられる表現。「相手の都合とは無関係に発送」と解釈すれば、「(擬似的)使役・許可者」の存在をふまえた表現ともいえるもの。
> 13. 本来不要と思われるが、インターネットのホームページ上に見られる。一方的な情報提供の緩和のために「使役・許可」の形をとった表現ともみられるもの。
> 14. 商業敬語。「不要品の引き取り」には客からの許可は不要なはずであるが、よく使用される。
> 15. 客を意識した「使役・許可者」の見立てが可能な表現。

> 定型句として、頻用されるもの。
> 16. 商業敬語。定型句的表現としてかなり一般化しているものと思われる。「当選者の発表を省略する」ことに対する「使役・許可者」の見立てが可能な表現。

　以上の想定のもとに上記の表現形を設定している。また、各表現形に対する質問（選択肢）は次の通りである。

④**各表現形に関する質問の選択肢**

表現自然度
1. とても自然な言い方だと思う。
2. ほぼ自然な言い方だと思う。
3. どちらとも言えない。
4. やや不自然な言い方だと思う。
5. 非常に不自然な言い方だと思う。

敬意の程度
1. とても感じる。
2. 少し感じる。
3. どちらとも言えない。
4. あまり感じない。
5. まったく感じない。

4　結果と分析

　はじめに、各表現形の自然度の平均値、標準偏差を示す。

　ここからわかるように、調査人数が55名と少なく、母集団推定のための基本統計量を満たしているとは言い難い*6が、菊地（1997）での調査項目と重なる表現形1〜7の結果を見る限り、被調査者の回答姿勢は一貫しているとみてよい。表現形1〜7までの自然度の順位も菊地（1997）と同じであり、データとしては十分に一般性のあるものと思われる。あわせて、回答の男女差は有意なものとしては作用していないことも確認された。

図表1　各表現形の自然度

番号	表現形	平均値	標準偏差
1	（パーティーの出欠の返事で）出席させていただきます。	1.87	0.92
2	私どもはこのたび新製品を開発させていただきまして…。	3.75	1.00
3	すみませんが、先生の本を使わせていただけないでしょうか。	1.60	0.89
4	私どもは、正月はハワイで過ごさせていただきます。	4.44	0.79
5	（結婚式で）媒酌人として一言ご挨拶させていただきます。	1.93	1.09
6	私は新婦と三年間一緒にテニスをさせていただいた田中と…。	3.71	0.99
7	新郎とは十年来のおつきあいをさせていただいております。	2.60	1.18
8	（結婚式で司会者が）ここで祝電を読まさせていただきます。	3.33	1.43
9	（家電店で）表示価格よりさらに値引きさせていただきます。	2.62	1.21
10	（履歴書に添えた手紙）履歴書を送付させていただきます。	2.16	1.13
11	（店の張り紙で）新年は1月2日より営業させていただきます。	2.15	1.18
12	（商店からの連絡）本日商品を発送させていただきました。	2.73	1.42
13	（学校案内で）本校の最近の様子をご紹介させていただきます。	3.27	1.22
14	（店のチラシ）ご不要の品はお引き取りさせていただきます。	2.85	1.34
15	（店の張り紙で）明日は休業させていただきます。	2.11	1.08
16	（懸賞で）発表は商品の発送をもってかえさせていただきます。	1.91	0.97

N＝55（KMO＝0.649）

※5段階スケール（1「とても自然」から5「非常に不自然」まで）の形で回答を求めた。

　さて、データから読み取れるものとして、1〜7までは、妥当な結果と思われるが、8のいわゆる「さ入れ」の形の標準偏差が1.43

と、他項目に比較して最も大きな値である。偏差の大きさの要因を見るために、まず、8と「敬語の役割に関する志向意識」の各項目との相関を調べてみたが、機能2「聞き手に対する礼儀の一種」にチェックした群に自然度が高い傾向が見られたものの、有意とまではいえなかった。ただ、敬語機能について多様な機能を容認する群（多くの選択数に○を付した群）とそうでない群との間には有意差が認められた。以下は、その結果である。

図表2 「さ入れ」表現の自然度に対する判断

敬語機能数	非常に自然	やや自然	どちらでもない	やや不自然	非常に不自然	合計
1	–	1	1	3	2	7
2	2	3	4	3	4	16
3	3	3	1	5	7	19
4	2	–	2	1	2	7
5	–	1	–	–	–	1
6	–	3	–	–	1	4
合計	7	11	8	12	16	54
合計%	13.0	20.4	14.8	22.2	29.6	100

(N = 54)

※敬語機能数は、「敬語機能に関する志向意識」の1～7の内、○を付した数である。χ^2乗検定（$p<0.05$）で有意差が認められた。

　図表2から、多くの敬語機能を認める群が「さ入れ」を受容傾向にあることが確認できる。さらに、表現形8とそれ以外の全表現形との相関係数（pearson）を算出したところ、表現形16「発表は商品の発送をもってかえさせていただきます。」との相関係数が、0.290と、5％水準で有意という高い値を示した（相関表は省略）。表現形16は、「～かえます」だと一方的な宣言に近いものであるが、「させていただく」の使用によって「許可を得てする」の形になり、形式上、敬度の高い表現となるため広く用いられ受容されているものである。表現形16に続いているのが、5％水準で有意とは言えないものの、順に表現形2（0.240）、表現形13（0.234）、表現形

7（0.233）であった。2 は使役・許可者がかなり想定しにくい場合であり、13、7 は、その判断に個人差が見られる場合である。他方で、使役・許可者がそもそも想定され得ない 4 との相関は -0.080 という相関が全くないと言えるものであった。

　そのように見ると、8 の「さ入れ」表現を容認する群は、使役・許可者の想定可能性をめぐる判断の微妙な表現について容認傾向のある群であるとも言えるだろう。

　こうした結果から、今後の「さ入れ」の動向については、多くの敬語機能を認めている群（以下、「多機能容認群」とする）が中心的担い手となり、現在判断の分かれるものを積極的に認めていく流れとともに進行していくということが予想される。ただし、4 との相関の低さに見て取れるように、その流れはまだ謙譲語 B タイプとしての使用を全面的に認めるまでには至ってはいないともいえる。

　次にこうした点もふまえつつ、各表現形について、因子分析（主因子法）[7]を行った結果を示す。因子分析により、被調査者の自然度判断要因を精査することが可能になるものと思われる。まず、自然度判断に関わる因子分析の結果を示す。

図表3　各表現の自然度に関する因子分析結果

番号	表現形（略語形）	因子 1	2	3	4	5	6
1	出席させていただきます。	0.245	0.310	**0.605**	-0.114	-0.275	0.128
2	新製品を開発させていただきまして…。	**0.450**	0.280	0.082	0.057	-0.004	0.235
3	先生の本を使わせていただけないでしょうか。	-0.140	-0.149	**0.565**	0.061	0.019	-0.190
4	正月はハワイで過こさせていただきます。	-0.021	0.030	0.026	0.055	**0.988**	-0.128
5	媒酌人として一言ご挨拶させていただきます。	0.346	-0.061	**0.545**	0.056	0.292	0.115
6	三年間一緒にテニスをさせていただいた田中と…。	0.076	**0.698**	-0.165	0.006	0.071	0.002
7	新郎とは十年来のおつきあいをさせて…。	-0.059	-0.051	-0.093	-0.012	-0.051	**0.420**
8	ここで祝電を読ませていただきます。	-0.007	0.069	0.098	0.170	-0.019	**0.651**
9	表示価格よりさらに値引きさせていただきます。	**0.540**	0.259	0.096	**0.553**	0.128	-0.116
10	履歴書を送付させていただきます。	**0.732**	-0.162	0.241	0.194	0.039	-0.114
11	新年は1月2日より営業させていただきます。	**0.532**	0.132	-0.040	0.086	0.001	-0.060
12	本日商品を発送させていただきます。	**0.506**	0.436	0.106	0.070	-0.057	-0.170
13	本校の最近の様子をご紹介させていただきます。	0.359	**0.473**	0.180	0.295	-0.142	0.211
14	ご不要の品はお引き取りさせていただきます。	**0.402**	0.116	-0.187	-0.045	-0.047	0.265
15	明日は休業させていただきます。	**0.469**	0.358	0.269	0.132	-0.250	-0.202
16	商品の発送をもってかえさせていただきます。	0.132	0.013	-0.011	**0.858**	0.029	0.187

※因子抽出法：主因子法、回転法：Kaiserの正規化を伴うバリマックス法（N＝55）

図表4　各因子の因子寄与率（％）

合計	因子寄与率	因子寄与累積
因子1	14.419	14.419
因子2	8.510	22.929
因子3	7.837	30.766
因子4	7.837	38.603
因子5	7.823	46.426
因子6	6.211	52.637

※寄与率およびその累積％は少数第4位を四捨五入している。

　前述したように基本統計量の問題はあるが、因子分析の結果、6個の因子が抽出された。各因子について検討する。

　まず、因子1であるが、値が大きいものとして表現形2、9、10、11、12、14、15が挙げられ、なかでも、10が0.732と最も大きな値を示している。因子の解釈を行うと、まず、使役・許可者が自然に想定可能なものとあわせて、2、9、10、14など、その想定が困難、あるいは不要と思われるものが入っており、それゆえ使役・許可者の想定に関する因子とは解釈できない。また、商業場面で用いられるものが多いが、そう解釈できるはずの16は因子負荷量が小さく、また10は商業場面とは言えず、そうした解釈も不可能である。他方で因子負荷量が最も大きい10は、履歴書送付という実質的な立場上、大きな上下関係があるケースであり、そうした上下関係という点においては他の表現形も共通である。また、いずれも話し手都合での行為の遂行・情報をその及ぶ相手に伝達する、いわば通告文である。そのように考えると、因子1は、「上下関係をふまえたうえでの通告文」という解釈が可能である。例えば16などは、話し手である懸賞の抽選・発送者の側が応募者より立場的に下になるとはいえ、因子負荷量が小さいと説明もできる。

　次に因子2であるが、表現形6、12、13の因子負荷量が大きい。これらは、いずれも「使役・許可者の想定とそれによる受益」という捉え方が可能かどうか、判断の分かれるものである。個人差が最も大きく影響するところと言ってもよい。菊地（1997）のタイプで言えば、ほぼ、

（Ⅲ）"恩恵／許しを得てそうする"と（辛うじて）見立てるこ
　　　とができる場合　　　　　　　　　　　　　　　（同：43）
にあたる。因子分析は話し手が自然度を判断する際、どういう要因
がその判断規準になっているかを遡及的に想定するものであるが、
「させていただく」の自然度判断にはやはり、「使役・許可者の想定
とそれによる受益」という判断・見立てが可能かどうかが、大きく
作用していることがわかる。これは当然ともいえる結果であろう。
因子2は「使役・許可者の想定可能性」と名づけることができる。
　次に因子3であるが、表現形1、3、5が突出している。これらは
いずれも「させていただく」の本来の使用とその延長といえるもの
であり、使役・許可者が存在するものである。菊地（1997：41-
42）の言う、以下の場合にあたる。
　　（Ⅰ）（本当に）"恩恵／許しをいただく"という場合
　　（Ⅱ）"恩恵／許しを得てそうする"と捉えられる場合（「拡
　　　張」）
　このように見ると、因子3は「本来の使用」ということができる。
いずれもごく自然な表現と思われるものである。
　さらに因子4であるが、商業場面で使用される表現形9、16の
みが突出して高い。9は家電量販店等で、16は懸賞等でみられる
定型句であり、他の表現形より慣用・定型性の高いものであるとい
える。したがって因子4は安定した定型句かどうか、という判断で
あると想定できる。ゆえに「商業場面的定型句」と名づけることが
できよう。
　次の因子5であるが、表現形4が完全に突出している。4は今回
の調査で最も自然度が低かったものである。これは、菊地（1997）
での、「(Ⅳ) "恩恵／許しを得てそうする"とは全く捉えられない
場合」にあたるものである。だが、これを、「使役・許可者の想定」
の観点で解釈してしまうと、因子2の「使役・許可者の想定可能
性」と同様となってしまい、因子間の区別が不明確になってしまう。
バリマックス（直交）回転では基本的に因子間の相関を認めること
はできないので、二つの因子が同要因になっているという解釈は不
自然なものになってしまうのである。

だが、これは、別の見方をとることによって可能になる。その見方とは、菊地（1997）の（Ⅰ）から（Ⅳ）は連続するものではなく、（Ⅳ）のみは、あくまで他者に一切関係しない、という意味において別のものであるという見方である。つまり、4は「ハワイで過ごす」という自分側の領域に属する行為に使われているものであり、その行為は聞き手を含む他者とは全く無関係に行われるものである。よって、因子5は「行為の他者との関与性」ということができよう。

　最後、因子6を見ると、表現形8の因子負荷量が突出している。8は「さ入れ」であり、それゆえ「させていただく」という形の「語形の定型化」因子であるといえる。

　以上、6因子について解釈してきたが、まとめると以下のようになる。

図表5　各因子の解読結果

因子	因子解釈の際の着眼点	因子解釈
因子1	上下関係をふまえた上での行為等の通告か。	上下関係認識を伴う通告文
因子2	「使役・許可者」の想定が可能かどうか。	使役・許可者の想定可能性
因子3	本来の使い方とその延長にあるか否か。	本来の使用法（正用意識）
因子4	商業場面における定型句的使用か否か。	商業場面的定型句
因子5	行為に他者との関与性があるかどうか。	行為の他者との関与性
因子6	語形の独立性・定型性が高いかどうか。	語形の独立・定型性

　「因子解釈の際の着眼点」は因子解釈の際に因子負荷量の大きいものに共通性を見いだすための判断基準であり、そこから導出した因子タイプがそれぞれ右の「因子解釈」になる。次に、解釈した因子それぞれについて、「させていただく」の今後の「用法拡大」の要因と「現状維持」の要因という観点から整理すると、以下のようになる。（　）内は寄与率である。

```
因子 1 （14.419）  上下関係認識を伴う通告文
                              →「用法拡大」要因
因子 2 （8.510）   使役・許可者の想定可能性
                              →「現状維持」要因
因子 3 （7.837）   本来の使用法（正用意識）
                              →「現状維持」要因
因子 4 （7.837）   商業場面的定型句   →「用法拡大」要因
因子 5 （7.823）   行為の他者との関与性 →「現状維持」要因
因子 6 （6.211）   語形の独立・定型性  →「用法拡大」要因
```

　上記の要因のうち、因子2、3、5は、「させていただく」の現状を維持する方向に働く判断要因といえる。また、因子1は、実質的な上下関係がある場面において話し手都合による行為等を通告する場合であり、これは話し手側を一方的に下げる謙譲語B化を促進する（つまり用法を拡大する）方向で働くものである。定型句に対する意識である因子4も同様の方向で機能するとみることができよう。そして因子6は、「させていただく」の語形の定型化に関わる判断である。現状では自然度は低いものの、敬語機能の多機能容認群の増大とともに進行するものと考えられ、それゆえ用法拡大要因であるといえよう。以上が自然度判断に関わる因子分析の結果である。

　なお、表現形1から16に対する「敬意の程度」についての結果であるが、これは、表現形の定型句としての程度の違いや使役・許可者の想定可能性等と、話し手の感じる「敬意の程度」との関係性を調査したものである。これについては、明確な傾向があるかどうかはまだ十分に把握できておらず、詳細に要因分析を行う必要もある。

5　考察

　敬語機能に関する志向意識と、様々な「させていただく」表現に対する自然度、因子分析の結果に関する考察等から、全体として次

のことがわかった。

　（1）上下関係が想定される場面において話し手の都合・事情による行為等を行う際、そのことを上位者として認識される相手に通告する場合に「させていただく」を使用しやすいという意識がある。これは、いわば話し手の「場に対する判断」である。現状では行為が相手とは全く無関係な場合には使用しにくいが、相手上位、話し手都合・事情による行為、という場に関する二点を軸にして、話し手側を一方的に下げる謙譲語Bとして用法が拡張していく可能性がある。そしてそれを助長するのが、特に商業場面における定型句と、敬語機能の多機能容認群による「さ入れ」を認める傾向である。特に「さ入れ」の進行は、和語動詞には後接不可能な「いたす」に対して、謙譲語Bの万能型となっていく傾向を助長するものである。

　（2）（1）に対し、使役・許容者の存在の有無、また、そうした存在が想定可能かどうか、さらに「させていただく」でマークする行為が他者への関与性を持つものかどうか、という、いわば話し手の「文法的・意味的判断」は、「させていただく」の謙譲語B化を阻む方向で作用する。

　（3）（1）と関係するが、敬語機能が上下一辺倒から多様なものへと変化してきているという事実からすれば、多機能容認群の傾向とあわせて、「させていただく」が謙譲語Bの機能を果たす一つの文法形式になっていくことが想定される。

　要因の作用の合力等についてはもう少し考える必要があるが、これまでの分析および考察から、「させていただく」の用法拡張と現状維持要因について、通時的変化傾向に関する予測と関連させて整理すると次の図表6になる。

図表6 「させていただく」の自然度判断と変化要因

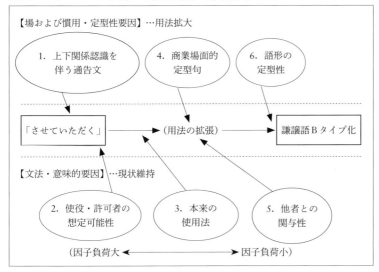

※楕円は因子であり、楕円の大きさは因子寄与率の大きさにほぼ対応させている。

　少人数・高校生を対象にした、いわば「小調査」であったが、「させていただく」表現の判断要因分析から、今後の拡張傾向とその要因についての示唆が得られたことは確かであろう。ただし、高校生という集団の、いわば置かれた環境の特殊性や、「現在の」高校生という集団依存性があるものかどうかは今後精査し、かつ検討する必要があることはいうまでもない。その点、今回の調査・分析は試行的なものともいえる。

　今後の「させていただく」について、ほぼこうした判断傾向を維持しつつゆっくりと変化していくものなのか、あるいは商業・マニュアル敬語等の使用の影響下に、そうしたものに対する受容意識が一挙に進んでいくものか、さらには、完全に謙譲語Bとしての意識が優勢になっていくものなのかは定かではない。だが、今回こうした手法をとることにより、そうした諸ファクターの、いわば「力のせめぎあい」のありさまの一端がみてとることができたとはいえまいか。

　ただし、因子分析の手法は、一種の「ブラックボックス」として

の要因に対して整合的・構造的な解釈を施そうとするものであり、恣意的判断の介入の余地があることは否めないことも確かである。文法的、語彙的、語用論的要因と併せて考察を進める必要があることはもちろんである。

6 おわりに

　本章では、現在変化し続け、今後さらに機能上・あるいは運用上の変化が進むことが予測されている「させていただく」の変化要因と今後の方向性について述べた。

　ここで用いた調査・検査は、話し手を均質のものとみなすのではなく、話し手それぞれが、敬語に関する価値意識や規範意識、機能の捉え方、指向意識等、異なっていることを前提の上でその相互作用・総体として変化を予測しようという試みである。特に、変化に関わる潜在因子の探索による予測は、従来までのそれとは異なり、それなりの根拠があるともいえる。今後は他の形式についても調査を行い、第Ⅰ部で扱った現在までの通時的変化とあわせて、今後の謙譲語全体の方向性と、そこにみられる潜在的要因、法則性等について探っていくことが求められよう。

---

*1　その辺の経緯については井上（1999）に詳しい。また、ここでは「させていただく」の、いわば「させる」側を「使役・許可者」として扱う。論者によっては、「恩恵を与える側」、あるいは後述する姫野（2004）などのように「与益者」とすることもあるが、その場合も同じ対象を指す。

*2　山田（2004）では、「サセテモラウ文」を使役のあり方から三種類に分類する（同: 137-144）。原因的なものがある場合（「（ヒヨドリの声に）いつも楽しませてもらう」など）と、使役が許容の意味を持つ場合、そして、使役者が事態生起・持続に非関与的（間接受影）な場合（「最後にみなさんに一言言わせていただきたい」など）である。「させていただく」も基本的にそうした枠の中で扱っている。

*3　姫野（2004）では、前二者についてはそれぞれ「与益・使役者が聞き手である場合」「与益・使役者が聞き手でない場合」に分け、「動作対象がない場

合」については、「与益・使役者が聞き手である場合」と「自己完結型」とに分けている。

＊4　このことは、例えば以下の例などでも確認できる。
　（1）私は（先生／?友人／??息子）の車を使わせていただいた。
「先生」の場合は、使役・許可者が「先生」となり自然な表現になる。他方、「友人」「息子」の場合はそれぞれを使役・許可者ととると敬意対象の面から不自然になるが、使用する車に対する裁量権を有する使役・許可者としての人物から「どの車を使ってもいい」と言われた場合だと許容度があがる。こうしたことからも、「させていただく」は、敬意対象としてふさわしい受益・使役者が想定される場合にその人物に対する敬意として機能する、と確認できる。

＊5　なお、「させていただく」については、先行研究を丁寧に検討しつつ、その拡大要因について多面的かつ詳細に論じた椎名（2021）が最新のものであろう。特に、近接化ストラテジーと遠隔化ストラテジーといった、遠近両方のストラテジーを用いた「新丁重語」への変化過程であるという捉え方は大いに参考になる。椎名（2021）では、本章で述べた内容についても触れられている。

＊6　調査人数の少なさと高校生対象という調査対象に関する問題等については椎名（2021）に指摘がある。

＊7　主因子法は多変量解析の中の一手法である因子分析に属するものである。因子分析は、多数の変数から得られたデータを、小数の因子とよばれる仮説的に構成された変数によって説明しようとするものであり、この場合、各数値は変数と因子の相関係数の形で表される。ここではバリマックス（Varimax）回転を用いている。

終章

今後の研究の方向性と課題

　第Ⅰ部では、序章における先行研究の再検討をもとに、現代の「お／ご～する」を軸にして、他形式との関連性、各形式の消長と生成・発展理由について考察したが、まずは扱う資料の幅と量を広げ、ここで展開した議論をより精緻なものにしていく必要があるだろう＊1。調査資料が文学テクストに大きく依存していること、また、個々の用例に対する詳細な場面分析等が不十分なことが当面の大きな課題である。さらにまた、扱う語形についても広げ、詳細にかつ丁寧に議論することが求められよう。

　なおかつ、例えば井出（2017）が指摘するような「場の語用論」＊2についても考える必要があるかもしれない。第Ⅰ部で述べた「受影性配慮」とは、あくまで個人レベルで、事態を外的に見て働くものなのか、それとも、それは「場」という意識のもとに、話者が内的な視点からみた上で働くものなのか。また、それについて質的変容があるものなのか。こうした点も今後研究を進めていく上で重要になろう。

　また、第Ⅱ部については、統計解析の手法中心の記述であったが、統計的な分析手法とは、データに対するいわば「後付け的な解釈」といった面もあり、そこに恣意的側面の介入を避けることは難しい。また、その中の主要な方法として用いた因子分析であるが、個々の因子解釈に関して言えば、一種のブラックボックスに対して合理的な解釈を行おうとする側面があるということは否めないだろう。他の手法とどう組み合わせて、整合的かつ説得的な議論を展開していくか、今後の大きな課題であろう。

　また、そこで注視された、敬語に関わる「上下関係意識」であるが、それ自体は次第になくなる方向性にあるともいわれている。同時に、従来「上下」と扱われたものの中にも、より多様な意識が存

在しているともいわれている。また、臨時的に設定する「上下関係」意識は、「聞き手領域」に対する侵害忌避意識を強く発動させている。

　別の見方をすれば、こうした忌避意識は、「上下関係」意識に支えられている面が大きいものであるといえるだろう。「上下関係意識」から「役割意識」へ、また「上下関係意識」自体が多様化していく中で、こうした「聞き手領域」に関する顧慮がどのように多様化していくのか、関連分野も含めたより多面的な調査が必要であり、その上で、第Ⅰ部での通時的変化の研究と接続させていくことが肝要であろう。

　そのようにしてみて、はじめて敬語という言語形式が現在も大きな役割を持っている理由、それを使用・要求する話し手の内面、それを成立させている背景等が少しずつ見えてくるものではないか。

　今後の課題として考えていきたい。

＊1　序論で触れているが、本書はあくまで後期江戸語・東京語を中心としたものであり、方言敬語等は分析対象にしていない。その点において課題も大きい。

＊2　井出（2017: 3）では、「話し手が存在する場所に生成する意味的空間」を「場」とし、従来の語用論は「個人が自分の意図を話すという暗黙の了解のもとに構築された理論である」し、そこには「人と人との関係や、発話を取り巻くコンテクストへの配慮の観点は欠けている」として、「場」を意識した語用論構築の必要性を述べている。

あとがき

　本書は2018年3月に東京大学大学院人文社会系研究科へ提出した博士学位論文「近・現代日本語の謙譲表現に関する研究」に加除修正を施すとともに、その後の論考を一部加えたものである。
　人と人が対峙する際、相手や話題の人物に対する言葉の選択には、意味内容の他に様々な要因が複雑に働いているであろう。当然ながらそれは敬語の使用・不使用という範疇には到底収まらない極めて多様なものであるはずだ。そこには、時代や社会、世代特有の感覚とそれに基づく選択、その場が与える空気がもたらす選択、見えない他者への配慮や個人的な思いによる選択など、言語内要因の他に無限の言語外要因も複合的に作用している。そうしたものの一端を、近代以降の日本語史の中でつかみとりたいという思いがあった。
　それを強く実感させてくれたのが、長らく勤務した高校教員としての生活であり、日々向き合ってきた高校生達であった。彼らとの毎日の会話や様々な場面でのやりとりから、研究のテーマはもとより、研究の方向性や多くの手がかり、仮説までを得てきた。そして、何よりも、自己実現を目指して悩みつつも少しずつ進もうとする姿に一番影響を受けたのかもしれない。これまで私と関わってくれた歴代の生徒達には深く感謝している。彼らとの日々のやりとりがなければ、研究を続けることは到底できなかっただろう。そしてまた、現在においても勤務先の学生達から多くの影響を受けながら、研究に関するヒント、そして何よりも「生きる力」をもらっている。本書を世に出すことにいささかの意義や価値があるとすれば、私に関わってくれた生徒達・学生達に対する感謝という意味においてであろう。
　ともあれ、様々な論文執筆中は、常に「自分のやっていることは根本的に間違っているのではないか」「参照した先行論文について

十分にその意図を理解していないのではないか」などという不安との戦いでもあった。事実、本書でも、扱った資料の量はもとより、その時代、ジャンルにおける偏りや扱い方等、不備な面も多いことだろう。扱った資料と内容は明治期以降の東京語にほぼ限られること、また、第Ⅱ部で用いた統計解析の方法等についても厳密性に欠けるとともに、最適な方法とはいえないかもしれない。本書を書き終えた今、修正すべき点、今後取り組むべき課題の多さを深く実感している。

　これまで曲がりなりにも研究を積み重ねてこられたのは、研究を長く離れた社会人としての生活から、新規に学生として受け入れてくださった東北大学、東京大学の先生方をはじめとする多くの方々のおかげである。

　研究の方法や現在の水準・到達点すら理解しないまま修士課程に入学させていただいた東北大学国語学研究室では、小林隆先生・斎藤倫明先生・村上雅孝先生から、研究方法と議論の組み立て方、それに対する姿勢について多大なるご指導を賜った。

　また、その後数年間を経て入学した東京大学国語研究室では、井島正博先生・月本雅幸先生・尾上圭介先生・肥爪周二先生・鈴木泰先生から、先行研究の読み込み方や発想の生かし方、論文として結実させる方法等について多大なる学恩を賜った。また、敬語研究の泰斗である菊地康人先生には、大学院での授業等を通じて多くのご指導並びにご助言を頂戴した。

　修士課程・博士課程を通じて、一回り以上も若い大学院生の方々からは、いつも新鮮な刺激をいただいた。現在は気鋭の研究者・あるいは諸分野の第一線で活躍していらっしゃる方も多く、様々に励まされるとともに常に元気をいただくことができた。

　お一人お一人にこの場を借りて深く感謝申し上げたい。

　本書は令和6年度科学研究費補助金（研究成果公開促進費・JP24HP5053）によって出版するものである。本書の刊行にあたっては、ひつじ書房の松本功社長から丁寧なご助言をいただいた。また、ご担当くださった海老澤絵莉様には大変お世話になった。厚く御礼申し上げたい。

最後に、本書の刊行を見ずに数年前に他界した父、母に本書を献げたい。家庭人としての安定した生活も持たず、深慮のないまま思いついた方向に向かっていく自分を見守り、支えてくれたのは両親、そして家族である。心より深く感謝したい。

参考文献等一覧

(1) 参考文献
穐田　定樹（1976）『中古中世の敬語の研究』清文堂出版
茜　八重子（2002）「「～（さ）せていただく」について『講座日本語教育』38, 28-52, 早稲田大学日本語研究教育センター
庵　功雄（2001）『新しい日本語学入門―ことばのしくみを考える』, スリーエーネットワーク
石坂　正蔵（1944）『敬語史論考』大八州出版
石野　博史（1986）「敬語の乱れ―誤用の観点から―」『ことばシリーズ24 続敬語』, 44-54, 文化庁
井島　正博（1997）「授受動詞の多層的分析」『成蹊大学文学部紀要』32, 63-94
井島　正博（2011）『中古語過去・完了表現の研究』ひつじ書房
井出祥子・荻野綱男・川崎晶子・生田少子（1986）『日本人とアメリカ人の敬語行動』南雲堂
井出　祥子（2017）「敬意表現と日本文化―「場の考え」からのアプローチ―」『日本語学』36 巻 6 号, 2-8, 明治書院
伊藤　博美（2009）「承接形謙譲語に関する適切性判断と尊敬語転用―「お／ご～する」と「お／ご～される」をめぐって―」『日本語学論集』5, 162-180, 東京大学大学院人文社会系研究科国語研究室
伊藤　博美（2010）「授受構文における受益と恩恵および丁寧さ―「てくれる」文と「てもらう」文を中心として―」『日本語学論集』6, 132-151, 東京大学大学院人文社会系研究科国語研究室
伊藤　博美（2011）「「（さ）せていただく」表現における自然度と判断要因」『日本語学論集』7, 139-152, 東京大学大学院人文社会系研究科国語研究室
伊藤　博美（2013a）「働きかけの諸相からみた「お／ご～する」の条件」『国語と国文学』90 巻 1 号, 50-67, 東京大学国語国文学会
伊藤　博美（2013b）「「お／ご～申す」と「お／ご～する」―働きかけのあり方とその消長―」『近代語研究』17, 57-73, 武蔵野書院
伊藤　博美（2015）「近代以降の謙譲表現における受影性配慮について―「お／ご～申す」「お／ご～する」「させていただく」―」『近代語研究』18, 165-185, 武蔵野書院
伊藤　博美（2016）「お／ご～申す」と「お／ご～いたす」―聞手意識と受影

　　　　　　　性配慮―『近代語研究』19，87-102，武蔵野書院
伊藤　博美（2018a）「近・現代の謙譲語形式の消長とその背景―「お／ご〜」
　　　　　　　の四形式―」『近代語研究』20，205-222，武蔵野書院
伊藤　博美（2018b）「近現代の謙譲語における補語の権限領域配慮について」
　　　　　　　『日本語学論集』14，52-64，東京大学大学院人文社会系研究
　　　　　　　科国語研究室
伊藤　博美（2019）「近・現代の敬語形式にみる対象配慮の諸相」『近代語研
　　　　　　　究』21，133-149，武蔵野書院
伊藤　博美（2021）「現代の謙譲語形式における参与者間の関係性について」
　　　　　　　『近代語研究』22，89-104，武蔵野書院
伊藤　博美（2022）「授受補助動詞における用法・機能拡張―「ていただく」
　　　　　　　を中心に―」『近代語研究』23，205-221，武蔵野書院
井上　史雄（1999）「敬語の西高東低」『言語』28巻11号，74-83，大修館書
　　　　　　　店
井上　史雄（1999）『敬語はこわくない―最新用例と基礎知識』講談社現代新
　　　　　　　書
井上史雄編（2017）『敬語は変わる―大規模調査からわかる百年の動き』大修
　　　　　　　館書店
岩下　豊彦（1983）『ＳＤ法によるイメージの測定』川島書店
上原由美子（2007）「「ていただく」の機能―尊敬語との互換性に着目して―」
　　　　　　　『Scientific approaches to language』6，185-207，神田外語大
　　　　　　　学
宇佐美まゆみ（2001）「『ディスコース・ポライトネス』という観点から見た敬
　　　　　　　語使用の機能―敬語使用の新しい捉え方がポライトネスの談話
　　　　　　　理論に示唆すること」『語学研究所論集』6号，1-29，東京外国
　　　　　　　語大学語学研究所
宇佐美まゆみ（2002）「ポライトネス理論の展開③ B&L のポライトネス理論
　　　　　　　（3）その位置づけと構成」『言語』31巻3号，108-113，大修
　　　　　　　館書店
大石初太郎（1975）『敬語』筑摩書房
大石初太郎（1976）「待遇語の体系」『佐伯梅友博士喜寿記念国語学論集』，
　　　　　　　881-903，表現社
大石初太郎（1983）『現代敬語研究』筑摩書房
大曽美恵子（1987）「誤用分析6　あした試験をお受けします」『日本語学』6
　　　　　　　巻2号，131-134，明治書院
小椋　秀樹（2019）「書き言葉コーパスに見る尊敬表現―「お（ご）〜になる」
　　　　　　　「お（ご）〜なさる」をめぐって―」『日本語学』38巻2号，
　　　　　　　22-31，明治書院
荻野千砂子（2007）「授受動詞の視点の成立」『日本語の研究』3巻3号，1-16，
　　　　　　　日本語学会
荻野千砂子（2009）「授受動詞イタダクの成立に関して」『東アジア日本語教
　　　　　　　育・日本文化研究学会誌』12，83-92，東アジア日本語教育・
　　　　　　　日本文化研究学会

荻野　綱男（1986）「待遇表現の社会言語学的研究」『日本語学』5 巻 12 号，55–64，明治書院

小野　正樹（2001）「「ト思う」述語文のコミュニケーション機能について」『日本語教育』110，22–31，日本語教育学会

影山　太郎（1993）『文法と語形成』ひつじ書房

加藤　正信（1973）「全国方言の敬語概観」『敬語講座⑥現代の敬語』，25–83，明治書院

金澤　裕之（2007）「「〜てくださる」と「〜ていただく」について」『日本語の研究』3 巻 2 号，47–53，日本語学会

金澤　裕之（2011）「時代を超えた言語変化の特性―動態の普遍性を考える」『近世語研究のパースペクティブ―言語文化をどう捉えるか』，11–33，笠間書院

蒲谷　宏（1992）「「お・ご〜する」に関する一考察」『辻村敏樹教授古稀記念　日本語史の諸問題』，141–157，明治書院

蒲谷宏・川口義一・坂本恵（1998）『敬語表現』大修館書店

蒲谷　宏（2003）「「表現行為」の観点から見た敬語」『朝倉日本語講座 8 敬語』，53–72，朝倉書店

蒲谷　宏（2008）「なぜ敬語は三分類では不十分なのか」『文学』9 巻 6 号，24–31，岩波書店

蒲谷　宏（2013）『待遇コミュニケーション論』大修館書店

菊地　康人（1978）「敬語の性格分析―先学の敬語論と私自身の把握―」『国語と国文学』55 巻 12 号，42–56，東京大学国語国文学会

菊地　康人（1979）「「謙譲語」について」『言語』8 巻 6 号，32–37，大修館書店

菊地　康人（1980）「上下待遇表現の記述」『国語学』122，39–54，国語学会

菊地　康人（1994）『敬語』角川書店
　　　　　　（本書での引用等は講談社学術文庫版 1997 年による）

菊地　康人（1996）『敬語再入門』丸善ライブラリー

菊地　康人（1997）「変わりゆく「させていただく」」『言語』26 巻 6 号，40–47，大修館書店

菊地　康人（2005）「「敬語とは何か」がどう変わってきているか」『日本語学』24 巻 11 号，14–21，明治書院

菊地　康人（2008）「敬語の現在」『文学』9 巻 6 号，8–23，岩波書店

菊地　康人（2017）「敬語的なものを広く捉えようとすることについて」『日本語学』36 巻 6 号，10–15，明治書院

菊地　康人（2022）「「敬語の指針についての覚書と、もう一つの敬語分類案」『敬語の文法と語用論』近藤泰弘・澤田淳［編］，17–58，開拓社

北原保雄編（1978）『論集日本語研究 9 敬語』，有精堂

金水　敏（1989）「敬語優位から人称性優位へ」『女子大文学』国文篇 40，1–17，大阪女子大学

金水　敏（2004）「敬語動詞における視点中和の原理について」『文法と音声 IV』音声文法研究会（編），181–192，くろしお出版

金水　　敏（2010）「「敬語優位から人称性優位へ」再考」『語文』92・93, 74–80, 大阪大学国語国文学会
国広　哲弥（1982）『意味論の方法』大修館書店
久野　　暲（1973）『日本文法研究』大修館書店
久野　　暲（1978）『談話の文法』大修館書店
窪田　富男・池尾　スミ（著作権者は文化庁）（1971）『日本語教育指導書2 待遇表現』大蔵省印刷局
窪田　富男（1993）「敬語動詞の状態性と動作性」『松田徳一郎教授還暦退官記念論集』湯本昭南・桜井雅人・馬場彰（編）, 325–340, 研究社
窪田　富男（2002）「「お〜する」の語用論的考察の一側面」『日本語学と言語学』玉村文郎（編）, 402–410, 明治書院
熊田　道子（2000）「待遇意識からみた「〜てくれる」系表現と「〜てもらう」系表現」早稲田大学大学院文学研究科紀要. 第3分冊, 63–72, 早稲田大学大学院文学研究科編 46
熊田　道子（2001）「待遇意識からみた「〜てくれる」系表現と「〜てもらう」系表現―恩恵の与え手が恩恵行為を行うことに対する配慮意識を中心に―」『国語学研究と資料』24, 15–28, 早稲田大学
国語審議会（1952）「これからの敬語」（文部大臣に対する建議）
　　　　　　　　https://www.bunka.go.jp/kokugo_nihongo/sisaku/joho/joho_kakuki/01/tosin06/index.html
国立国語研究所（1957）『敬語と敬語意識』国立国語研究所報告 11, 国立国活研究所
国立国語研究所（1982）『企業の中の敬語』国立国語研究所報告 73, 三省堂
国立国語研究所（1983）『敬語と敬語意識―岡崎における 20 年前との比較―』国立国語研究所報告 77, 三省堂
国立国語研究所（2016）『敬語表現の成人後採用―岡崎における半世紀の変化』国立国語研究所
小島　俊夫（1998）『日本敬語史研究―後期中世以降』笠間書院
小松　寿雄（1963）「待遇表現の分類」『国文学言語と文芸』5 巻 2 号, 東京教育大学国語国文学会
　　　　　　　　（参照は『論集日本語研究 9 敬語』有精堂 1978, 122–128 による）
小松　寿雄（1967）「「お…する」の成立」『国語と国文学』44 巻 4 号, 93–102, 東京大学国語国文学会
小松　寿雄（1968）「「お…する」「お…いたす」「お…申しあげる」の用法」『近代語研究』2, 313–328, 武蔵野書院
小松　寿雄（1971）「近代の国語 II」『講座国語史 5 敬語史』辻村敏樹（編）, 283–366, 大修館書店
近藤　泰弘（1986）「敬語の一特質」『築島裕博士還暦記念国語学論集』, 85–104, 明治書院
近藤　泰弘（2000）『日本語記述文法の理論』ひつじ書房
真田　信治（1973）「越中五ヶ山郷における待遇表現の実態」『国語学』93,

48-64，国語学会
澤田　淳（2007）「日本語の授受構文が表す恩恵性の本質―「てくれる」構文の受益を中心として」『日本語文法』7巻2号，83-100，日本語文法学会
椎名　美智（2021）『「させていただく」の語用論―人はなぜ使いたくなるのか』ひつじ書房
柴谷　方良（1978）『日本語の分析―生成文法の方法―』大修館書店
渋谷　勝己（1993）「日本語可能表現の諸相と発展」『大阪大学文学部紀要』33巻1号
杉崎　一雄（1988）『平安時代敬語法の研究―かしこまりの語法とその周辺―』有精堂
杉崎　夏夫（2003）『後期江戸語の待遇表現』おうふう
杉戸　清樹（1999）「変わりゆく敬語意識―敬語の役割を考えるために」『言語』28巻11号，22-29，大修館書店
鈴木　睦（1989）「聞き手の私的領域と丁寧表現―日本語の丁寧さは如何にして成り立つか―」『日本語学』18巻2号，58-67，明治書院
鈴木　睦（1997）「日本語教育における丁寧体世界と普通体世界」『視点と言語行動』田窪行則（編），45-76，くろしお出版
砂川有里子（1984）「「ニ」と「カラ」の使い分けと動詞の意味構造について」『日本語・日本文化』12，71-87，大阪外国語大学研究留学生別科
高見　健一（2000）「被害受身文と「〜にＶしてもらう」構文」『日本語学』19巻5号，215-223，明治書院
滝浦　真人（2001）「〈敬意〉の綻び」『言語』30巻12号，26-33，大修館書店
滝浦　真人（2005）『日本の敬語論―ポライトネス理論からの再検討―』大修館書店
滝浦　真人（2008a）『ポライトネス入門』研究社
滝浦　真人（2008b）「ポライトネスから見た敬語、敬語から見たポライトネス」『社会言語科学』11巻1号，23-38，社会言語科学会
田中　良久（1977）『心理学的測定法』東京大学出版会
辻村　敏樹（1951）「『お……になる』考」『国文学研究』復刊4（1968）
　　　　　　（参照は『敬語の史的研究』東京堂出版1968，251-275より）
辻村　敏樹（1963）「敬語の分類について」『国文学言語と文芸』5巻2号，学燈社（北原編1978『論集日本語研究9敬語』有精堂所収）
辻村　敏樹（1968）『敬語の史的研究』東京堂出版
辻村　敏樹（1971）「敬語史の方法と問題」『講座国語史5』，3-32，大修館書店
辻村　敏樹（1974）「明治大正時代の敬語概観」『敬語講座⑤明治大正時代の敬語』，7-33，明治書院
辻村敏樹編（1991）『敬語の用法　角川小辞典6』角川書店
辻村敏樹・川岸敬子（1991）「敬語の歴史」『講座日本語と日本語教育10　日本語の歴史』，202-224，明治書院
辻村　敏樹（1992）『敬語論考』明治書院

角田　太作（1991）『世界の言語と日本語』くろしお出版
時枝　誠記（1941）『国語学原論』岩波書店
豊田　豊子（1974）「補助動詞「やる・くれる・もらう」について」『日本語学校論集』1，77–96，東京外国語大学外国語学部付属日本語学校
中右　　実（2008）「敬語と主観性（上）―原田敬語論から考える」『言語』37巻9号，20–27，大修館書店
中右　　実（2008）「敬語と主観性（中）―敬語の発話行為性」『言語』37巻10号，20–27，大修館書店
永田　高志（2001）『第三者待遇表現史の研究』和泉書院
中村　春作（1994）「「敬語」論と内なる「他者」」『現代思想』22巻9号，130–145，青土社
西田　直敏（1998）『日本人の敬語生活史』翰林書房
沼田　善子（1999）「授受動詞文と対人認知」『日本語学』18巻9号，46–54，明治書院
芳賀　　純（1997）「ことばと心理」『日本語学』16巻10号，4–14，明治書院
橋元　良明（2001）「授受表現の語用論」『言語』30巻5号，46–51，大修館書店
原口　　裕（1974）「「『お―になる』考」続貂」『国語学』96，23–32，国語学会
日高　水穂（1995）「オ・ゴ～スル類と～イタス類と～サセテイタダク―謙譲表現―」宮島達夫・仁田義雄編『日本語類義表現の文法（上）』，676–684，くろしお出版
日高　水穂（2007）『授与動詞の対照方言学的研究』ひつじ書房
姫野　伴子（2004）「「～させていただく」文の与益・使役者と動作対象について」『留学生教育』6，1–12，埼玉大学留学生センター
福島　直恭（2017）「敬語史への新視点」『日本語学』36巻6号，28–37，明治書院
文化庁　編（1976）『ことばシリーズ5　言葉に関する問答集2』大蔵省印刷局
文化審議会答申（2007）「敬語の指針」（答申）
　　　　　　　https://www.bunka.go.jp/seisaku/bunkashingikai/sokai/sokai_6/42/pdf/shiryo_2.pdf
益岡　隆志（1991）『モダリティの文法』くろしお出版
益岡　隆志（2001）「日本語における授受動詞と恩恵性」『言語』30巻5号，26–32，大修館書店
益岡　隆志（2013）『日本語構文意味論』くろしお出版
松岡弘監修・庵功雄・高梨信乃・中西久美子・山田敏弘（2000）『初級を教える人のための日本語文法ハンドブック』，スリーエーネットワーク
松下大三郎（1923）「国語より観たる日本の国民性」『国学院雑誌』29巻5号，36–72，国学院大学
松下大三郎（1930）『改撰標準日本文法（昭和5年訂正版）』中文館書店
松村　　明（1957）『江戸語東京語の研究』明治書院
丸元聡子・白土保・井左原均（2000）「敬語表現の誤用」『信学技報』TL-

2000-38，33-38，電子情報通信学会
南　不二男（1973）「敬語の体系」『敬語講座①敬語の体系』，47-142，明治書院
南　不二男（1987）『敬語』岩波書店
南　不二男（1997）『現代日本語研究』三省堂
三牧　陽子（2008）「話題の選択と展開に見るポライトネス―ディスコースレベルから捉えた相互行為―」『文学』9巻6号，32-42，岩波書店
宮地　裕（1965）「「やる・くれる・もらう」を述語とする文の構造について」『国語学』63，21-33，国語学会
宮地　裕（1967）「現代敬語の一考察」『国語学』72，92-98，国語学会
宮地　裕（1971）『文論　現代語の文法と表現の研究1』明治書院
宮地　裕（1975）「受給表現補助動詞「やる・くれる・もらう」発達の意味について」『鈴木知太郎博士古稀記念　国語学論攷』，803-817，桜風社
（参照は『敬語・慣用句表現論―現代語の文法と表現の研究（二）―』1999，明治書院による）
宮地　裕（2008）「『敬語の指針』について」『日本語学』27巻7号，4-9，明治書院
森田　良行（1994）『動詞の意味論的文法研究』明治書院
森山　卓郎（1992）「文末思考動詞「思う」をめぐって」『日本語学』11巻5号，105-116，明治書院
森山　卓郎（2013）「丁寧語について」『国語と国文学』90巻7号，3-18，東京大学国語国文学会
森山由紀子（1990）「謙譲語成立の条件―「謙譲」の意味をさぐる試みとして―」『奈良女子大学文学部研究年報』33，1-20，奈良女子大学
森山由紀子（1993）「謙譲語の何が変わったのか―用法・意味・機能の再考を通して」『同志社女子大学日本語日本文学』9，1-16，同志社女子大学
森山由紀子（2002）「尊者定位重視の敬語から自己定位重視の敬語へ」『同志社女子大学学術研究年報』53巻1号，147-167，同志社女子大学
森山由紀子（2003）「謙譲語から見た敬語史、丁寧語から見た敬語史―「尊者定位」から「自己定位」へ―」『朝倉日本語講座8 敬語』，200-224，朝倉書店
森山由紀子（2010）「現代日本語の敬語の機能とポライトネス―「上下」の素材敬語と「距離」の聞き手敬語―」『同志社女子大学日本語日本文学』22，1-19，同志社女子大学
森　勇太（2012）「オ型謙譲語の用法の歴史―受益者を高める用法をめぐって―」『語文』98，40-50，大阪大学国語国文学会
森　勇太（2016）『発話行為から見た日本語授受表現の歴史的研究』ひつじ書房
森　勇太（2017）「敬語運用への新視点―多様性から捉え直す日本語の敬語―」『日本語学』36巻6号，16-26，明治書院

山口　響史（2016）「テイタダクの成立と展開」『国語国文』85巻7号，34–51，臨川書店
山口　響史（2020）「近代関西語を中心としたサセテモラウの発達―サ入れ言葉の出現と意志用法の伸長―」『日本語文法学会第21回大会発表予稿集』，114–121，日本語文法学会
山崎　久之（1963）『国語待遇表現体系の研究』武蔵野書院
山崎　久之（1990）『続国語待遇表現体系の研究』武蔵野書院
山田　巌（1959）「明治初期の文献にあらわれた尊敬表現「お（ご）……になる」について」『ことばの研究』1，201–214，国立国語研究所
山田　敏弘（2001a）「日本語におけるベネファクティブの記述的研究　第12回〜させてもらう（1）」『日本語学』20巻10号，92–99，明治書院
山田　敏弘（2001b）「日本語におけるベネファクティブの記述的研究　第13回〜させてもらう（2）」『日本語学』20巻12号，100–108，明治書院
山田　敏弘（2004）『日本語のベネファクティブ―「てやる」「てくれる」「てもらう」の文法―』明治書院
山田　孝雄（[1924] 1981）『敬語法の研究』宝文館出版
山田　里奈（2013）「尊敬表現形式「お（ご）〜になる」系の使用―江戸末期から明治20年代まで―」『近代語研究』17，75–96，武蔵野書院
山梨　正明（1995）『認知文法論』ひつじ書房
吉岡　泰夫（2000）「敬語使用と規範意識の社会差・地域差」『計量国語学』22巻6号，239–251，計量国語学会
湯澤幸吉郎（1954）『増訂江戸言葉の研究』明治書院（1992増訂版）
湯澤幸吉郎（1955）『徳川時代言語の研究』風間書房
リーチ G. N（1987）『語用論』池上嘉彦・河上誓作訳　紀伊國屋書店
ロドリゲス／土井忠生訳（1955）『日本大文典』三省堂
渡辺　実（1960）「敬語が正しい・正しくないということ」『言語生活』102，48–57，筑摩書房
渡辺　実（1971）『国語構文論』塙書房
渡辺　実（1973）「上代・中古敬語の概観」『敬語講座②上代・中古の敬語』，7–27，明治書院
渡辺　実（1974）『国語文法論』笠間書院
渡辺　実（2008）「敬語における使用規則不使用規則」『文学』9巻6号，2–7，岩波書店
Brown, Penerope and Levinson, Stephan C. (1987) *Politeness: Some universals in language usage*. Cambridge University Press.
Leech, Geoffrey (1983) *Principles of pragmatics*. Longman.（池上嘉彦，河上誓作（訳）1987『語用論』紀伊國屋書店）
Matsumoto, Yoshiko (1997) The rise and fall of Japanese nonsubject honorifics: The case of 'o-Verb–suru.' *Journal of Pragmatics* 28

Takashi Masuoka (1981) "Semantics of the Benefactive Constructions in Japanese" *Descriptive and Applied Linguistics*, 14 ICU

(2) 調査・用例出典
○江戸語資料
　お染久松色読販・小袖蘇我薊色縫『歌舞伎脚本集下』(平安期に材をとった『名歌徳三舛玉垣』は表現によって除いた)、『黄表紙洒落本集』全作品、鹿の子餅・聞上手・鯛の味噌津・無事志有意『江戸笑話集』、春色梅児誉美・春色辰巳園『春色梅児誉美』、『東海道中膝栗毛』『浮世風呂』いずれも日本古典文学大系（岩波書店）、『噺本大系』（東京堂出版）第9巻〜16巻、『花筺』（東京大学国語研究室蔵）

○明治期〜資料
　英國孝子之傳・眞景累ヶ淵・名人長二『三遊亭円朝集』明治文学全集10（筑摩書房）、『二人女房』（岩波文庫）、『当世書生気質』（東京大学総合図書館蔵）、『CD-ROM版明治の文豪』『CD-ROM版大正の文豪』（新潮社）全作品（ただし、文体の特殊性から前時代的な表現の多い、芥川の『白』以外の作品、菊池寛『藤十郎の恋』、鷗外の歴史、翻訳物等は除いた。)、『CD-ROM版新潮文庫の100冊』（新潮社）、『太陽コーパス』『近代女性雑誌コーパス』、『漱石全集』第11巻（1994）（岩波書店）、「有島武郎集」『近代日本文学22』（1976）（筑摩書房）、武者小路実篤『その妹』武者小路実篤全集（小学館）、宮本百合子『日記』宮本百合子全集第17巻（新日本出版社）、池谷信三郎「橋」『現代日本文学全集86』（筑摩書房）、『太宰治全集4』（1998・筑摩書房）、国立国語研究所(2017)『日本語歴史コーパス明治・大正編Ⅰ雑誌』（短単位データ 1.1)、国立国語研究所（髙橋雄太・服部紀子ほか）編（2021）『日本語歴史コーパス　明治・大正編』（短単位データ 1.0, 中納言バージョン 2.5.2）https://ccd.ninjal.ac.jp/chj/meiji_taisho.html（本書第10章・2022年3月28日確認）

○上記以外　『竹取物語』『源氏物語』いずれも新編日本古典文学全集（小学館）、『浜松中納言物語』日本古典文学大系（岩波書店）

(3) 参考資料
小泉保・船城道雄・本田皛治・仁田義雄・塚本秀樹編（1989）『日本語基本動
　　　　詞用法辞典』大修館書店
文化庁文化部国語課（1997, 1998, 1999, 2000, 2001, 2002, 2003, 2004）『国語
　　　　に関する世論調査』
新潮社（1995）『CD-ROM版新潮文庫の100冊』新潮社
Crystal, D (1987, 訳1992) The Cambridge Encyclopedia of Language,
　　　　Cambridge University Press, 1987『言語学百科事典』風間喜代
　　　　三・長谷川欣佑監訳　大修館書店

初出一覧

序章　本書の目的と方法
　　　書き下ろし
　Ⅰ　近・現代における謙譲語の成立と展開
第1章　現代の謙譲語の成立条件　「お／ご〜する」を例に
　　　働きかけの諸相からみた「お／ご〜する」の条件
　　　『国語と国文学』第90巻第1号（2013.1）pp.50–pp.67
　　　東京大学国語国文学会を改編
第2章　近・現代の謙譲語の成立と展開1　先行研究と明治・大正期の使用例から
　　　書き下ろし
第3章　近・現代の謙譲語の成立と展開2　「お／ご〜申す」と「お／ご〜する」を中心に
　　　「お／ご〜申す」と「お／ご〜する」―働きかけのあり方とその消長―
　　　『近代語研究第17集』（2013.10）pp.57–pp.73　近代語学会　武蔵野書院を改編
第4章　近・現代の謙譲語の成立と展開3　「お／ご〜する」への移行と「させていただく」
　　　近代以降の謙譲表現における受影性配慮について
　　　―「お／ご〜申す」「お／ご〜する」「させていただく」―
　　　『近代語研究第18集』（2015.2）pp.165–pp.185　近代語学会　武蔵野書院を改編
第5章　近・現代の謙譲語の成立と展開4　「お／ご〜申す」と「お／ご〜いたす」
　　　「お／ご〜いたす」と「お／ご〜申す」―聞手意識と受影性配慮―
　　　『近代語研究第19集』（2016.9）pp.87–pp.102　近代語学会　武蔵野書院を改編
第6章　近・現代の謙譲語の成立と展開5　形式の消長と受影性配慮
　　　近現代における謙譲語形式の成立と展開について
　　　―「お／ご〜申す」「お／ご〜いたす」「お／ご〜する」「お／ご〜申し上げる」の四形式をめぐって―（2011.7）近代語学会発表原稿（2011.7）を改編し一部修正
第7章　近・現代の謙譲語の成立と展開6　「差し上げる」「てさしあげる」を中心に
　　　近現代の謙譲語における補語の権限領域配慮について（2018.3）

『日本語学論集』14, pp.52-pp.64, 東京大学大学院人文社会系研究科国語研究室

第8章　近・現代の謙譲語の対象配慮の諸相　受身形と使役形を中心に
　　　近・現代の敬語形式にみる対象配慮の諸相（2019.9）
　　　『近代語研究21集』, pp.133-pp.149, 武蔵野書院
第9章　謙譲語形式における参与者間の関係性について
　　　現代の謙譲語形式における参与者間の関係性について
　　　『近代語研究22集』, pp.89-pp.104, 武蔵野書院
第10章　近・現代の謙譲語の成立と展開7　「ていただく」を中心に
　　　授受補助動詞における用法・機能拡張―「ていただく」を中心に―（2022.9）
　　　『近代語研究23集』, pp.205-pp.221, 武蔵野書院
Ⅱ　謙譲語使用に関する意識と今後の変化
第11章　謙譲語と関連表現にみる「話者認知」という視点
　　　博士論文を改編しつつ書き下ろし
第12章　謙譲語における話し手の判断の多様性
　　　承接形謙譲語に関する適切性判断と尊敬語転用―「お／ご～する」と「お／ご～される」をめぐって―（2009.3）
　　　『日本語学論集』5, pp.162-pp.180, 東京大学大学院人文社会系研究科国語研究室
第13章　受益表現と敬意をめぐる問題
　　　授受構文における受益と恩恵および丁寧さ―「てくれる」文と「てもらう」文を中心として―（2010.3），『日本語学論集』6, pp.132-pp.151, 東京大学大学院人文社会系研究科国語研究室
第14章　謙譲語に関する自然度判断とその要因
　　　「（さ）せていただく」表現における自然度と判断要因（2011.3）
　　　『日本語学論集』7, pp.139-pp.152, 東京大学大学院人文社会系研究科国語研究室
終章　今後の研究の方向性と課題

索引

い

I型 99, 101, 102, 111
一方的行為 89
意図的加害性 43, 47, 48, 50, 54, 84, 132, 136, 140, 143, 155, 174, 181
因子負荷量 233, 236, 239, 288
因子分析 30, 217, 230, 231, 236, 286, 288

う

内の視点 189

お

恩恵 247, 250, 258

え

A群 44

か

外的 17
χ^2検定 263
加速化 241, 242
間接構造 104, 250, 253
間接的受影性 102, 103, 110, 144, 147, 149

き

擬似的許可 173
規範的立場 213, 228

キ

キャリーオーバー効果 233
狭義の敬語 265
強制性 48, 86

け

敬語の指針 19, 141, 187
敬語抑制 12
敬譲関係 177, 194
現状維持 290, 291
謙譲語I 2, 187
謙譲語A 2, 14, 16, 40, 105, 135, 187, 276
謙譲語AB 2, 14, 126, 137, 146, 187
謙譲語II 2, 187
謙譲語B 2, 14, 104, 105, 116, 187, 276

こ

語彙的与益 159, 163
国語に関する世論調査 217, 224, 225, 236, 259
個人差 30
語用論的制約 159, 168, 172, 173
顧慮 57

さ

さ入れ 282, 284, 286
させていただく 103, 104, 275, 276
三分法 4, 72

し

C群 54

使役・許可者　105-108, 149, 173, 205, 206, 277
指向意識　262
自己卑下　115
自然度判断　230
事態生起　200
社会通念　155
受影性配慮　95, 96, 98, 109, 110, 116, 126, 138, 139, 144-149, 156, 164, 171, 177, 179, 185, 190, 195
授益者上位　197
授益性　44
主語　40
上下　25
上下関係　186, 197, 263, 265, 266, 269
人格　43
人格的領域　43, 47, 48, 51, 54, 84, 86
信頼性係数　224, 227
心理検査　217, 219

せ

正誤　23, 24, 28, 39
生産性　39, 41
絶対敬語　13, 90, 218

そ

相関係数　226, 285
相対敬語　13, 90, 218
属性差　30
素材敬語　11
外の視点　188
尊敬語　22, 178, 180
尊敬語化　219
尊敬語互換　203, 205
尊敬語転用　145, 222

た

代行　51, 52
対者敬語　11
対話の敬語　15

多機能容認群　291, 292
立てる　23

ち

直接構造　104, 250, 253
直接的受影性　99, 102, 103

て

t検定　225
丁重語　4, 14, 125
丁寧語　3
丁寧度　217, 258, 261, 265, 268, 270
適切性判断　215

と

同化　253, 254, 256, 257

な

内外（ウチソト）　25

に

II型　99, 100-102, 111
二重ヲ格制約　237, 239, 243
二方面敬語　178, 181
ニュートラル　47, 76

ね

ネガティブ・ポライトネス　18

ひ

B群　51, 193
非意図的行為　54
非恩恵型　248
美化語　72, 240
表現自然度　279
標準偏差　236, 283

品格保持　12, 13, 263

ふ

フェイス　18, 20

ほ

補語　40, 76
補語共動性　41
補語の受影性　97, 98

む

無生物主語　162, 167

よ

用法拡大　290, 291
ヨコ敬語　267

ら

ランダムサンプリング　216, 224

ろ

労力軽減　83, 99, 101

わ

話者認知　30, 215
話題の敬語　15

を

ヲ格　70, 71, 73
ヲ格挿入　237, 238

伊藤博美（いとう　ひろみ）

　略歴

1965年秋田県生まれ。東京大学大学院人文社会系研究科博士課程修了。博士（文学）。高等学校教員、東北大学特任教授を経て、現在、岩手県立大学盛岡短期大学部教授。

　主な著書・論文

『詳説古典文法』（共著、筑摩書房2012年、同改訂版2021年）、「働きかけの諸相からみた「お／ご～する」の条件」『国語と国文学』第90巻第1号（2013年）、「言葉の連続性を意識した国語教育と日本語研究」『国語と国文学』第92巻第11号（2015年）、「授受補助動詞における用法・機能拡張―「ていただく」を中心に―」『近代語研究　第二十三集』（2022年）など。

ひつじ研究叢書〈言語編〉第208巻
近・現代日本語謙譲表現の研究

Humble Expressions in Modern Japanese
Ito Hiromi

発行	2025年2月20日　初版1刷
定価	7200円＋税
著者	Ⓒ 伊藤博美
発行者	松本功
ブックデザイン	白井敬尚形成事務所
印刷・製本所	日之出印刷株式会社
発行所	株式会社 ひつじ書房
	〒112-0011　東京都文京区千石2-1-2　大和ビル2階
	Tel: 03-5319-4916　Fax: 03-5319-4917
	郵便振替 00120-8-142852
	toiawase@hituzi.co.jp　https://www.hituzi.co.jp/

ISBN978-4-8234-1268-4

造本には充分注意しておりますが、落丁・乱丁などがございましたら、小社かお買上げ書店にておとりかえいたします。
ご意見、ご感想など、小社までお寄せ下されば幸いです。